Thomas Seeger

Kino im Kopf

Narrative Predigten und Impulse

THOMAS SEEGER

KINO IM KOPF

NARRATIVE PREDIGTEN UND IMPULSE

Bibelzitate: Verwendung mit freundlicher Genehmigung der Herausgeber
Wenn nicht anders angegeben, wurden die Bibelzitate
folgender Ausgabe entnommen:
BasisBibel, © 2021 Deutsche Bibelgesellschaft, Stuttgart

Weiter wurde verwendet:
Lutherbibel, revidiert 2017, © 2016 Deutsche Bibelgesellschaft, Stuttgart

Im Auftrag des Deutschen Jugendverbandes
„Entschieden für Christus" (EC) e.V.

MIX
Papier | Fördert gute Waldnutzung
FSC® C083411

Umschlaggestaltung: Andreas Sonnhüter · grafikbuero-sonnhueter.de
unter Verwendung von Shutterstock
Lektorat: Steffi Pfalzer
Satz: Uhl + Massopust, Aalen
Druck und Verarbeitung: CPI books GmbH, Leck
Printed in Germany

ISBN: 978-3-8709-2638-0
Bestellnummer 182.638

INHALTSVERZEICHNIS

VORWORT

Ich liebe es, biblische Geschichten im Heute zum Klingen zu bringen. Ich liebe es, unterschiedliche Geschichten miteinander ins Gespräch zu bringen und zu helfen, dass die Bibel sich selbst in unserem Leben zu Wort meldet. Dafür wähle ich sehr gerne das Stilmittel einer lebendigen Erzählung. Manchmal entstehen dabei Knoten im Kopf, wenn alte Geschichten auf mein heutiges Leben prallen. Ich liebe das. Das fordert und fördert eine ernste Auseinandersetzung. Und manchmal läuft ein ganz neuer Film bei mir ab. Auf einmal wird nicht nur der Text lebendig, sondern ich erlebe auch, dass Gott selbst lebendig ist und in mein Leben spricht. **Ich liebe Kino im Kopf.** Oft wird mir gesagt, dass das Menschen hilft, einen neuen Blick für biblische Inhalte zu gewinnen. Deshalb habe ich dieses Buch geschrieben. – Eigentlich habe ich nur verschiedene Predigten und Impulse zusammengestellt, die ich im Laufe der letzten Jahre schon zu Papier gebracht habe. Es darf gerne eine Hilfe sein beim eigenständigen Bibellesen und/oder als „Steinbruch" dienen, selbst die gute Nachricht Gottes anderen Menschen nahezubringen. Auch wenn du einzelne Texte nur vorlesen solltest, soll mir das recht sein...

Ich formuliere meine Impulse immer aus. Schon allein deshalb, weil ich gerne mit Worten spiele und in viele kleine Wortspiele so verliebt bin, dass ich sie genau so wiedergeben möchte. Im Laufe der Jahre habe ich meine eigene Form gefunden, meine Texte zu memorieren. Memorieren heißt, ich arbeite sie optisch so auf, dass ich mich leicht in ihnen zurechtfinde und das „Ablesen" möglichst wenig auffällt und damit auch möglichst wenig ablenkt. Ich habe mich entschlossen, dir diese Schreibweise in diesem Vorwort vorzustellen. Dazu habe ich eine kleine Legende erstellt, um aus den verschiedenen Stilelementen ein Kino im Kopf entstehen zu lassen. Wahrscheinlich musst du dein eigenes System finden, aber unter Umständen inspiriert dich meine Form. Wie auch immer: Ich will dir Mut machen, die Texte als Malbuch zu verstehen. Streiche darin rum. Markiere Wichtiges oder Rätselhaftes. Bearbeite Sätze oder Passagen so, dass sie dir ihren Sinn auf den ersten Blick freisetzen, denn manche Sätze sind abhängig von ihrer Betonung. Schließlich macht oft der Ton erst die Musik!

Mit dem Buch hier kannst du direkt loslegen, dein eigenes System der Memorierung auszuprobieren. Einzig und allein ein paar Sätze in den einzelnen Einheiten, die ich als prägend und nachdenkenswert erachtet habe, sind bereits grau hinterlegt und damit besonders hervorgehoben. Ansonsten mache ich dir Mut, Passagen zu unterstreichen, zu markieren und auf deine Art und Weise hervorzuheben!

Hier mein System der Textmemorierung kurz als Legende erklärt:

Fettgedruckter Text:
Das sind einzelne Stichpunkte, die mir helfen, mich schnell zu orientieren.

Kursive Worte:
Damit mache ich die betonten Worte eines Satzes deutlich. Nicht jeder Satz hat das nötig. Viele Betonungen verstehen sich von selbst. Aber eben nicht alle. Damit ich nicht einen Satz wiederholen muss, weil ich beim ersten Anlauf die Betonung missverständlich gesetzt habe, habe ich diese Markierungshilfe eingeführt.

Wellige Unterstreichungen:
Auf diese Art versuche ich Passagen zu kennzeichnen, die zusammengehören. So weiß ich auf den ersten Blick, dass ich zwischen diesen Worten keine Atempause und keinen Sinnabschnitt einbauen sollte.

Grau Hinterlegtes:
Hierbei handelt es sich um Bibelzitate. – Meist sind das einzelne Verse, die ich aus dem behandelten Text oder aus anderen biblischen Stellen zitieren will.

(**tiefgestellte Anmerkungen in Klammern**):
Meistens gebe ich hinter Bibelzitaten kleingedruckt und in Klammern stehend die genaue Bibelstelle an. Die lese ich dann nicht mit. Aber falls ich einmal drauf angesprochen werden sollte, will ich gerne direkt Auskunft geben können, woher ich diese Stellen habe.
Manchmal sind es auch andere Kommentare, die eher kleine Nebenbemerkungen (**oder Witze**) sind. Da entscheide ich spontan, ob ich sie mit einbauen möchte. Aber ich weiß dann, dass ich mich daran nicht aufhängen darf...

Striche am Rand:
Damit weiß ich auf einen Blick, dass es sich um Beispiele handelt. Hier kann ich in aller Regel leichter einmal vom Text abweichen und in „freie Rede“ verfallen. Mit den fettgedruckten Passagen finde ich mich dann meistens wieder ausreichend zurecht.

NEUTESTAMENTLICHES

Jesus selbst erzählt viele Geschichten. Schon damals war Kino im Kopf ein geeignetes Mittel, Menschen wichtige Inhalte verständlich und einprägsam zu verdeutlichen. Aber nicht nur die Gleichnisse, die Jesus erzählt, und die Bilder, die er benutzt, sollen heute immer noch bildreich erzählt werden, um verständlich zu bleiben. Auch die Begegnungen und Situationen, die von Jesus handeln, sind einprägsamer und lehrreicher, wenn ich mich selbst in ihnen wiederfinde.

Mir hilft es, meinen Platz innerhalb einer Geschichte zu finden, um selbst zu verstehen, wo vielleicht auch ich gemeint bin und wo mir die 2.000 Jahre alte Überlieferung heute noch etwas zu sagen hat. Deshalb biete ich unterschiedliche und manchmal ungewöhnliche Blickwinkel an, um ein neues Licht auf manche bekannte Geschichte zu werfen. Vielleicht entdeckt der ein oder andere ja mit mir gemeinsam noch etwas Neues.

Ewiges Leben – Zwei Pharisäer treffen sich an Silvester

Länge:	ca. 8 Minuten
Bibelstellen:	**Lukas 10,25–37** | **Lukas 18,18–27** | 5. Mose 6,5 | 3. Mose 19,18 | Matthäus 22,37–40 I Johannes 14,1
Thema:	Wie bekommt man ewiges Leben? – Vor Gott hast du nichts in der Hand. Den Himmel kann man sich nicht verdienen.
Aufbau:	Geschichte I: Nächstenliebe: Auch ein Samariter kann dein Nächster sein. Geschichte II: Besitzverzicht: Verkaufe alles, was du hast.

Zwischenfazit: Kann es sein, dass die Hürde immer etwas zu hoch ist?
Wer kann dann in den Himmel kommen? –
Unmögliches ist möglich bei Gott.
Entweder: Sei vollkommen! – Oder: Sei willkommen!

Da treffen sich zwei Schriftgelehrte zur Silvesterfeier. Und die beiden kommen darüber ins Gespräch, was ihr persönliches Highlight im vergangenen Jahr war. Sie stellen fest: Ihre Geschichten ähneln sich. Beide haben im vergangenen Jahr Jesus getroffen und diese Begegnung hat sie aus der Bahn geworfen. Beide wollten Jesus fragen, wie man das ewige Leben bekommt. Der eine, um Jesus eine Falle zu stellen [**Lukas 10,25–37**], um ihn loszuwerden. Der andere aus echtem, ernstem Interesse [**Lukas 18,18–27**].

Der erste dachte: „Wie bekommt man ewiges Leben?", das will ich Jesus fragen. Wenn Jesus sagt, dass man sich an die Gebote halten muss, dann sagt er überhaupt nichts Neues. Dann stellt er keine Gefahr für uns und unser System dar. Dann brauchen wir uns wegen ihm keine Sorgen machen. Wenn er aber doch etwas Neues sagt, dann wird es auf jeden Fall der jüdischen Lehre widersprechen und damit ist dieser Jesus nicht von Gott. „Also Jesus: Wie bekommt man ewiges Leben?"

Doch Jesus riecht diese Falle und kehrt die Situation um. Er gibt die Frage zurück. Und der Schriftgelehrte weiß genau, wie man in den Himmel kommt, wie man das ewige Leben bekommt. Er zitiert das Doppelgebot der Liebe: *„Du sollst den Herrn, deinen Gott, lieben mit deinem ganzen Herzen, mit deiner ganzen Seele, mit deiner ganzen Kraft und mit deinem ganzen Denken."* [**5. Mose 6,5**] Und: *„Liebe deinen Mitmenschen wie dich selbst"* [**3. Mose 19,18**].

„Siehst du, da hast du dir deine Frage doch selbst beantwortet", sagt Jesus. „Und jetzt geh nach Hause und lebe danach!" Gute Antwort! Aber die Antwort hat einen entscheidenden Haken: Jesus legt dieses Gesetz unangenehm umfassend aus! Er erzählt die Geschichte vom barmherzigen Samariter. „Auch ein Samariter kann dein Nächster sein." Und das schlägt dem Fass den Boden aus. Das überfordert unseren Schriftgelehrten. „Nicht die Samariter! Die sind doch der Inbegriff der Gottlosigkeit. Die Samariter sind alles andere als uns nahe stehend." Das kann der Schriftgelehrte nicht denken. Das überfordert ihn. Wenn das die Bedingungen sind, unter denen man das ewige Leben bekommt, dann ist ihm das unmöglich. Diese Begegnung haut den Schriftgelehrten aus der Bahn. Für ihn ist es zu schwierig, die Anforderungen für das ewige Leben zu erfüllen.

Und dann ist da noch der zweite Schriftgelehrte. Die Bibel sagt nicht ausdrücklich, dass es ein Schriftgelehrter war, aber er könnte einer gewesen sein. Auf jeden Fall war es ein Oberer, ein Vorsteher, eine hohe Persönlichkeit. Und die Frage, wie man das ewige Leben bekommt, beschäftigt ihn zutiefst. Auch ihm ist das Gesetz wichtig. Deshalb legt das die Vermutung nahe, dass er vielleicht auch ein Schriftgelehrter oder Pharisäer gewesen sein könnte. Seit er denken kann, hat er sich an die Gebote gehalten. An alle Gebote! Er hält sich sogar an alle selbst auferlegten Regeln, die verhindern sollen, dass man einem göttlichen Gebot auch nur zu nahe käme. Das nennt man den „Zaun um die Tora" – den Sicherheitsabstand ums Gesetz. Und dabei kommen ganz komische Regeln raus.

Als Beispiel: Aus „Du sollst den Feiertag heiligen", wurde die Regel: „Man darf am Feiertag nicht arbeiten". Aus „nicht arbeiten" wurde „nicht mal weit gehen". Aus „nicht weit gehen" wurde „sich überhaupt nicht weit fortbewegen", mit der Ausnahme: über Wasser. Über Wasser reisen, das ist okay. Das ist ja keine Arbeit. Schon allein, weil man ein Schiff ja gar nicht einen ganzen Tag lang anhalten kann, nur weil Feiertag ist. Und wenn, dann wäre dieses Anhalten selbst ja schon Arbeit... Also: „Über Wasser zu reisen, ist okay."

Wenn man jetzt mit dem Esel unterwegs war und es wurde Sabbat, bevor man zu Hause ankam, legte man sicherheitshalber seinen Wasser-Beutel zwischen sich und den Sattel und die Reise wurde zu einer Reise „über Wasser". So wurde der Feiertag auf jeden Fall geheiligt.

Alle Gebote und Regeln hatte unser junger Schriftgelehrter eingehalten. Selbst die komischen. Er hatte sich dem Gesetz nicht mal von Weitem gezeigt. Aber es fehlt ihm einer, der seine Bemühungen würdigt. Einer, der ihm auf die Schulter klopft und sagt: „So! Damit hast du das ewige

Leben in der Hand. Hier hast du eine Eintrittskarte, damit kommst du in den Himmel.“ Und er hofft, bei Jesus solch eine Reaktion zu finden. Immerhin: Jesus ist für klare Worte bekannt. Und er hält sich selbst für den direkten Vertreter Gottes. „Also, den frage ich, wie ich das ewige Leben gewinne.“ Gesagt, getan. Er würdigt Jesus damit als eine Instanz, die das zu entscheiden hat. „Komme ich in den Himmel? Sag du es mir, Jesus!“ Wenn Jesus ihm ewiges Leben zubilligt, dann will er endlich glauben, dass er es geschafft hat. Er nennt ihn also einen vollkommenen Lehrer, eine „akzeptierte Instanz“. Also: „Vollkommener Lehrer, wie bekomme ich das ewige Leben?“

Und jetzt erlebt Jesus ein kleines Déjà-vu. „Da war doch schon mal jemand mit der gleichen Frage da. Und ihr habt es immer noch nicht begriffen?! Was sucht ihr eine irdische Instanz, die das entscheidet? Gott allein ist vollkommen. Und hier in der Unvollkommenheit soll einer für euch diese Entscheidung treffen? Das geht nicht! Diese Entscheidung macht sich einzig und allein an Gott fest. Und seine Gebote kennst du.“

Okay, kurzer Schreck für den jungen Mann. Keiner trifft für ihn diese Entscheidung... Aber schnell merkt er, das entwickelt sich doch noch zum Heimspiel: in der Tat. Die Gebote kennt er nicht nur, er hat sie auch alle von Jugend auf eingehalten. Das kann selbst Jesus nicht bezweifeln. Und das tut er auch gar nicht. Aber wie beim letzten Schriftgelehrten auch legt Jesus noch eine Schippe drauf. Er geht über die elementaren Forderungen hinaus. – **Orientiere dich nicht an der Grenze. Orientiere dich an der Mitte.** Eiere nicht auf dem Grenzstreifen. Vermeide den Eiertanz zwischen den Grenzmienen. Das geht schief. Ihr mit eurem Zaun ums Gesetz! Ihr guckt mehr auf die Grenzen als auf die Mitte. Ihr konzentriert euch mehr auf die Gebote als auf Gott.

Denke vom Zentrum aus. Halte dich an die Mitte, dann sind die Grenzen gar keine Frage mehr. Halte dich an den Vollkommenen. Halte dich an Gott. Und damit halte dich an mich, der direkt aus dem „Reich der Mitte“ oder aus dem Zentrum kommt. Der, der der Sohn vom Vollkommenen ist. „Und jetzt nimm alles. Alles, was dich von der Mitte ablenkt. Alles, was dich an die Grenzen bindet. Alles, was du scheinbar allein erreicht hast, und gib es weg. Und dann halte dich an mich. Denke von der Mitte her. Deine leeren Hände sind die Eintrittskarte. Besitz ist dafür da, ihn zu gebrauchen. Und zwar sinnvoll. Und zu nichts anderem ist er nütze. Deine leeren Hände will ich sehen. Damit erwirbst du einen Schatz im Himmel.“

Und wieder geht Jesus einen Schritt weiter, als sein Gegenüber gehen kann. Und diese Begegnung wirft auch diesen jungen Mann aus der Bahn. Fast macht es den Eindruck, als wenn es für Menschen einfach nicht möglich ist, die Anforderungen zu erfüllen.

Die Zuversicht des Mannes wandelt sich in Traurigkeit. Seine Frage war eigentlich ganz anders gemeint. Er wollte gar nicht fragen: „Ist es grundsätzlich möglich, dass ich in den Himmel komme?“ Seine Frage war: „Was muss ich tun? Ich bin mir sicher, ich schaffe das. Nenn mir nur die Bedingungen.“ Aber das haut dem Fass jetzt den Boden aus. Das ist mehr, als er im Moment denken kann. Alles verkaufen…

Unsere beiden Schriftgelehrten erzählen sich ihre Geschichten und es überkommt sie das Gefühl: Egal, was wir tun, die Hürde ist immer noch ein Stückchen höher. Sobald wir diese von Jesus angesprochene Hürde genommen haben, gibt es da bestimmt noch eine, die noch ein Stückchen höher ist. Erst waren da die Gebote. Die sind schon fast unmenschlich hart einzuhalten. Und schafft man das, dann kommt die Sache mit dem „Verkaufe alles.“ Geht das überhaupt? Und dann kommt „Folge mir nach.“ Gib also auch noch alles auf, was ideelle Werte für dich hat. Deine Familie, deine Freunde, deine Zukunftsplanung usw. Was käme danach?

Und dann erzählt der zweite von den beiden Schriftgelehrten, wie es bei ihm weiterging: „Jesus sah mich und ich glaube, er hate gemerkt, dass ich verunsichert war und er sagte zu allen, die die Szene mitbekommen hatten: Es ist quasi unmöglich, dass ein Reicher ins Himmelreich kommt. Zugang zum Himmel zu bekommen, ist unermesslich schwer. Besonders für die, die gewohnt sind, alles zu kaufen, zu erwerben und zu bekommen.“

Als Jesus das gesagt hatte, wandelte sich die Zuversicht und Selbstsicherheit des Mannes in Traurigkeit. „Ich wollte im ersten Moment nur noch wegrennen. Ich hatte einen Kloß im Hals und war wie angewurzelt. Und dann fragte einer der Umstehenden das, was ich selbst gerne gefragt hätte, aber nicht formulieren konnte: Wer kann denn dann die Anforderungen erfüllen? Reichtum ist das, wonach wir alle streben. Und Reichtum gilt gemeinhin als Indiz für göttlichen Segen. Wenn dieser Reichtum vom ewigen Leben ausschließt, dann ist der Himmel trostlos leer. Wer kann dann überhaupt in den Himmel kommen? Und Jesu Antwort war mächtig gelassen: Das für Menschen Unmögliche ist möglich bei Gott. – Das war alles. Damit bin ich nach Hause. Und diese Begegnung hat mich bis heute nicht mehr losgelassen. Das für Menschen Unmögliche ist möglich bei Gott."

Die beiden Schriftgelehrten stehen noch eine ganze Weile zusammen – auf der Silvesterfeier. Dann entdecken sie am anderen Ende des Raumes Jesus – er ist auch da. Die beiden gucken sich an, bis einer sagt: „Jetzt hat uns diese Geschichte fast ein ganzes Jahr lang bewegt. Jetzt gehe ich hin und frage nochmal nach." Gesagt, getan. Sie stellen ihre Sektgläser ab, kämpfen sich durchs Gedränge, tippen Jesus auf die Schulter und fragen: „Das für Menschen Unmögliche ist möglich bei Gott?! – Wie hast du das gemeint?"

Jesus erkennt die beiden wieder, lächelt sie an und sagt sinngemäß: „Das für Menschen Unmögliche ist möglich bei Gott. Das ist der Clou. – Wenn ihr das gelernt habt, dann habt ihr das Wesentliche begriffen. ‚Was muss ich tun, damit ich in den Himmel komme?' Wenn das eure Frage ist, dann kann die Antwort nur lauten: ‚Vergiss es! Das ist unmöglich für Menschen!' Du willst in den Himmel? Du willst ewiges Leben? Du willst bei dem einzig Vollkommenen sein? Also: Dann sei vollkommen! Aber ich sage euch gleich: Das klappt nicht! Dafür seid ihr nicht gemacht! Ihr müsst in diesem Punkt mit Scheitern leben lernen. Das ist für Menschen unmöglich! Wenn du das begriffen hast – und erst dann – dann kann Gott das Unmögliche möglich machen. Heil und Unheil eines Menschen hängen einzig und allein an der Güte und Gnade Gottes. Und die ist nicht zu kaufen.

Ihr seid vielleicht reich. Aber Gottes Reich ist größer. Das kann man sich ganz einfach merken. Ein Bild – als Eselsbrücke sozusagen: Nehmen wir den Satz: Ich bin reich. Bei dem Satz schreibt man ‚reich' klein (weil es ein Adjektiv ist). Gottes Reich schreibt man groß. Also: **Mein kleines reich** reicht nicht für Gottes großes Reich. Wenn du zum Vollkommenen willst, dann musst du vollkommen sein. Und das schaffst du nicht. Du kommst nur als Unvollkommener zu Gott. Sei dir dessen bewusst. Gott liebt die Sünder, die gescheiterten Existenzen. Gott liebt die Unvollkommenen. Und er liebt es, gerade denen, die erkannt haben, dass sie es nicht selbst schaffen, das Unmögliche zu ermöglichen. Ob reich oder arm, in jedem Fall hat ein Kamel es leichter durch ein Nadelöhr zu kommen. Einfach weil es für Menschen generell unmöglich ist, ewiges Leben zu bekommen. Sowohl für Arme als auch für Reiche ist das nicht möglich. Nur: Wer arm ist, begreift schneller, dass er nicht alles selbst erreichen kann.

Um ewiges Leben zu bekommen, gibt es nur eine Unmöglichkeit und eine Möglichkeit. Entweder: Sei vollkommen! – Das ist die Unmöglichkeit. Weil es nicht klappt. Oder: Sei willkommen! – das ist die Möglichkeit. Sei willkommen! – Das ist die von Gott ermöglichte Möglichkeit.

Wenn das heute an Silvester rauskommt, dann hat es sich gelohnt, dass euch dieser Vers ein ganzes Jahr beschäftigt hat."

„Was für Menschen unmöglich ist, das ist möglich bei Gott!" [**Lukas 18,27**]. *„Lasst euch im Herzen keine Angst machen. Glaubt an Gott und glaubt an mich"* [**Johannes 14,1**].

Amen.

Der verlorene Sohn – 1.000 Tode

Länge:	ca. 10 Minuten
Bibelstellen:	**Lukas 15,11–32**
Thema:	„Für mich bist du gestorben." – Gott stirbt 1.000 Tode unseretwegen. | Die beiden verlorenen Söhne
Aufbau:	Tausend Tode eines Vaters. Der Vater ist für den Sohn gestorben.
Ergänzende Medien:	Blumentopf feat. Pohlmann – Bin dann mal weg
Musikvideo:	**Blumentopf feat. Pohlmann – Bin dann mal weg**

Tausend Tode war er gestorben, seit der Junge weg war. Jeden einzelnen Tag aufs Neue. Und trotzdem stand er jeden Tag wieder auf. – Vaterliebe für einen verlorenen Sohn.

Tausend Tode war er gestorben und starb er immer noch. Alles fing mit diesem Tag im September an. Mit diesem Tag, als sein kleiner Sohn zu ihm kam und sein Erbe wollte.

„Papa, ich muss hier raus. Ich bin jetzt erwachsen. Ich will was von der großen weiten Welt sehen. – Zahl mir mein Erbe aus."

„Papa, ich bin dann mal weg. Ich tausche deine Regeln gegen meine Freiheit aus. Ich will meine eigenen Entscheidungen treffen. – Zahl mir mein Erbe aus."

„Papa, du sagst mir nicht mehr, was ich machen soll. Ich bin jetzt selbst groß. Ich will frei sein. Hier kotzt mich alles an. Für mich bist du gestorben! – Zahl mir mein Erbe aus."

„Für mich bist du gestorben." Das war der erste von tausend Toden, die er gestorben war. In der darauffolgenden Woche hatte sich das ganze Dorf über ihn totgelacht. – Oder hat es ihn totgelacht? „Da tritt der Junge den Vater mit Füßen, und er schmeißt ihm sein Erbe nach." „Gib mir, was mir zusteht", sagte der Sohn. „Einen Arschtritt hätte er kriegen müssen, aber Papa zahlt das Taxi und winkt ihm traurig hinterher." Das ganze Dorf hat ihn verlacht und tut das bis heute. Sowas kann man gesellschaftlich nicht überleben.

Und wirtschaftlich? Nicht nur die Hälfte von Haus und Hof ist er los. Der Sohn hat's auch noch verschleudert. In Eile hat er's verkauft. Den Familienbetrieb, das Traditionsunternehmen verramscht. Er war mal hoch angesehen. Aber jetzt, wo alles unter Wert verkauft ist, nimmt ihn auch wirtschaftlich kaum noch einer ernst. Und so gut die Geschäfte auch laufen mögen, sein Ansehen, seine Reputation, sein guter Name haben gelitten. „Man opfert nicht seine Existenz für ein undankbares Kind. – Das macht Man(n) nicht."

Selbst in der Familie ist Totenstille. Die Kinder streiten sich nicht mehr. Wie auch, die eine Hälfte ist ja weg. Aber auch der Rest der Familie hat sich entfernt. „Du hättest ihn nicht gehen lassen dürfen – er ist doch unser Kind", hatte die Mutter gesagt. „Du hättest den Betrieb zusammenhalten müssen – er ist doch dein Baby", war die Meinung des Bruders.

Tausend Tode war er gestorben. Persönlich, gesellschaftlich, wirtschaftlich, familiär.

Tausend Tode. Und jeden Tag kommt einer hinzu: Jeden Morgen steht er vor dem Haus – und wartet. Verrückt, das weiß er selbst. Aber: Er wartet. Und jeden Abend stirbt zuletzt die Hoffnung. Die Hoffnung stirbt zuletzt. Aber sie stirbt. Jeden Abend aufs Neue.

Jeder, der ihn so sieht, der schreit ihm förmlich zu: „Hake ihn ab. Lass ihn gehen und lass ihn sterben. Aus den Augen, aus dem Sinn. Selbst schuld. Er hat den Tod verdient. Die Sorge bringt dich noch um."

Aber was soll er denn machen? Es ist doch sein Sohn. Und wenn es ihn jeden Tag umbringt... „Papa, für mich bist du gestorben." Dieser Satz hat ihn verletzt. Aber seit diesem Tag wünscht sich der Vater nichts anderes, als dass er für seinen Sohn gestorben wäre...

::: **SZENENWECHSEL!** :::

Ein junger Mann denkt an sein altes Leben: Ich habe gelebt wie Gott in Frankreich. Es war der Himmel auf Erden. Aber es war nicht mein Himmel! Kinder werden groß! Das ist doch normal. Kinder werden flügge. Und dann wollen sie auch fliegen. – Aber wohin fliegt man, wenn man schon im Himmel ist? Auf die Nase!

Verkehrte Welt: Den Himmel mit Füßen getreten und den Kopf in den Sand gesteckt.

Wo begann das eigentlich, schief zu gehen? Je länger ich darüber nachdenke, desto mehr bleibe ich an diesem einen Satz hängen: „Papa, für mich bist du gestorben." Das war der Anfang vom Ende... „Gib mir, was mir zusteht." Was für ein Satz...

Was steht mir eigentlich zu? Und warum? Was davon habe ich verdient? Gute Frage. Aber Papa fragte nicht lange, hat die Entscheidung akzeptiert. Und hat mich ziehen lassen. Schweren Herzens. Er hat mir die Welt zu Füßen gelegt. Seine Welt, die er sich aufgebaut hatte. Gerade so, als hätte er sie für mich gemacht.

Das muss Liebe sein: Nichts hatte ich verdient, aber alles habe ich bekommen. Und das, obwohl ich gesagt habe, dass ich nichts mehr mit ihm zu tun haben will. Mir wird klar: Nicht mal die Liebe habe ich verdient. Aber mit dieser Liebe habe ich alles bekommen.

Und ich habe alles genommen. Ich hab's genossen. Ich hab's bejubelt und ich hab's verjubelt. Ich hab's verprasst....

Was ich zum Leben hatte, das geht zu Ende. **Ich hab Schwein gehabt. – Und bin bei den Säuen gelandet.** – Mein Leben ist vor die Hunde gegangen. Ich kann nicht mehr für mein Leben sorgen. Ich hab's nicht mehr in der Hand. Ich muss mich um mein Leben sorgen.

Das ist ein himmelweiter Unterschied. Das macht es beschissen: Ich wollte selbst für mein Leben sorgen. Selbst entscheiden, selbst genießen, selbst feiern. „So ein Tag, so wunderschön wie heute, so ein Tag, der sollte nie vergehen." Alles sollte sich um mich drehen. Und jetzt dreht sich alles um dieses beschissene Leben. Als wenn es kein morgen gäbe. Und ich muss mir eingestehen: Das, was ich zum Leben brauche und was ich in der Hand habe, das reicht nicht ewig(!). Ich wollte selbst für mein Leben sorgen und jetzt muss ich mich selbst um mein Leben sorgen...

Wenn es doch einen Weg zurück gäbe... aber ich habe alles in den Wind geschossen.

::: SZENENWECHSEL! :::

Es gibt einen Weg zurück! Tausend Tode ist der Vater gestorben. Jeden Tag aufs Neue. Aus Liebe. Er hätte ebenfalls sagen können: „Für mich bist du dann auch gestorben!" Aber das hat er nicht. Seine Liebe hält die Tür offen. Offen, um zurückzukommen. Seine Liebe lässt ihn jeden Tag sagen: „Wäre ich doch bloß für dich gestorben."

Seitdem du weg bist, fährt dein Leben gegen die Wand – geht dein Leben vor die Hunde – verliert dein Leben an Perspektive. Wo soll das denn hinführen? Das überlebst du nicht, wenn du so weitermachst. Irgendwann stirbt nämlich jeder. Und dann? **Das, was du zum Leben hast, das reicht nicht ewig(!). Und selbst wenn es zum Leben zu viel ist, es ist zum Sterben zu wenig.** Und selbst wenn es zum Verprassen reicht, man kann damit nicht sterben. Und du stirbst, wenn du so weiter machst. Irgendwann stirbt nämlich jeder.

Ich z. B. bin für dich schon lange gestorben! Du weißt es nur noch nicht. Ich hab dich mit meinem Kreuz geschützt. Als du gegangen bist und das ganze Dorf dich steinigen wollte – wegen Verrat, hab ich die Schande auf mich genommen. Hab mich mit breitem Kreuz hingestellt – hab meinen Rücken gerade gemacht und hab dich verabschiedet. Mit Tränen in den Augen. Ich hab mich lächerlich gemacht, damit man nicht mehr über dich lacht. Eigentlich warst du für die ganze Welt gestorben, aber dann haben sie sich über mich totgelacht. – Mein Kreuz hat dich gerettet. Am Kreuz bin ich für dich gestorben. Ich liebe dich. Und auf diese Liebe zu dir habe ich mich festnageln lassen. Ich steh dazu! Und du darfst gerne zu Kreuze kriechen. Du darfst davon profitieren. Du darfst zurückkommen. Auch wenn du nichts zu bieten hast. Gerade, wenn du nichts zu bieten hast. Gerade dann geh ich für dich durch die Hölle.

Du hattest nichts verdient und hast alles bekommen. Du hast alles genommen und hast nichts davon retten können. Merkst du was? Du bist so! Und ich weiß das doch! Und so liebe ich dich! Du darfst zu Kreuze kriechen. Ich liebe dich. Ich steh dazu. Darauf lasse ich mich festnageln.

::: SZENENWECHSEL! :::

Da ist noch ein zweiter Sohn. Er ist im Familienbetrieb geblieben. Er war nie weg. Er hat die Firmenphilosophie mit der Muttermilch aufgesogen und sich immer ganz in den Dienst der Familie gestellt. Er gibt dem Traditionsunternehmen ein modernes Gesicht. Er ist ’ne gute Partie. Der Schwarm aller Schwiegermütter. So jemanden wünscht man sich. Er vertritt den Betrieb im Sinne seines Vaters. Alles, was er tut, trägt die Handschrift seines Vaters. Er gibt sich alle Mühe, seiner Aufgabe gerecht zu werden und vor allem, seinem Vater gerecht zu werden.

Aber immer wieder hat er sich in den letzten drei Jahren betrogen gefühlt: Sein Bruder verprasst, wofür er sich jeden Tag krumm macht. Sein Bruder lässt die Sau raus, die er zweimal am Tag gefüttert hat. Er arbeitet den ganzen Tag, dafür, dass der Bruder überhaupt ein Zuhause hat, an das er jetzt zurückdenken kann. Er schuftet dafür, dass der Laden noch läuft, wenn der Bruder zurückkommt.

Aber irgendwie wird das zu wenig gewürdigt. Er würde auch gerne mal ausbrechen. Mal tun, was alle tun. Mal so richtig auf den Putz hauen. – Er tut es nicht. Weil er weiß, was richtig ist. Weil er ein guter Sohn sein will. Weil sein Vater stolz auf ihn sein soll. – Aber manchmal würde er eigentlich gern...

Und wenn er jetzt seinen kleinen Bruder sieht: Der hat was von der Welt gesehen. Der hat gelebt. Und jetzt wird ein Fest für ihn gefeiert. Ein Fest, das er in seinem ganzen Leben nicht mehr vergessen wird. Jedes Jahr kann er sich an den Tag seiner Umkehr, seiner Bekehrung erinnern. Sowas kennt der Ältere nicht. Würde er aber gern.

Und er kann sich nicht mitfreuen. Und das Interessante ist: Auch dieser Sohn macht dem Vater das Leben schwer. Der Vater hat auch diesen Sohn im Blick. Und er leidet darunter. Und auch dieser Sohn merkt es nicht. Einer von den Tausend Toden, die der Vater gestorben ist, war auch für den älteren Sohn.

Und der Vater geht hin und redet mit ihm: „Meinst du, ich merke nicht, was mit dir los ist? Du hast dich auch verabschiedet. Innerlich. Für dich bin ich auch gestorben. Du hast es nur nicht ausgesprochen. Du bist nur geblieben, weil du dir meine Liebe verdienen wolltest. Aber die hast du doch schon längst! Die kannst du dir nicht verdienen und die musst du dir nicht verdienen. – Du bist neidisch auf deinen Bruder. Das brauchst du nicht. – Du bist neidisch auf deinen Bruder, weil er die Welt gesehen hat. Aber das hat er teuer bezahlt. Du hast nichts verpasst. Man muss nicht alles ausprobiert haben. **Du warst die ganze Zeit im Paradies! Das ist auch was wert.**

Für euch beide gilt das Gleiche: Ich sehne mich nach euch. Ihr seid meine Kinder und ich habe euch das Leben geschenkt und ich sehne mich danach, dass ihr es behaltet. Dass ihr es verwaltet, dass ihr es gestaltet, und dass ihr es entfaltet.

Und wenn du dich dafür entscheidest, – dann bist du bei mir richtig. Und dann will ich das mit dir feiern. Und diese Feier läuft schon. Kommst du mit rein? – Deine Entscheidung...

Du darfst kommen, du darfst bleiben, du darfst gehen, du darfst wiederkommen. Willst du?

Amen.

Der Hauptmann von Kapernaum – Sebastian und die durchgelaufenen Schuhe

Bibelstellen:	**Matthäus 8,5–13**
Länge:	ca. 15 Minuten
Thema:	Wer's glaubt, wird selig.
Aufbau:	Dein Glaube hat dir geholfen. – Ich glaube doch gar nicht. Der vorbildliche Glaube eines Ungläubigen. Sein Glaube hat mir geholfen.

Hallo. Mein Name ist Sebastian. Ich bin 30 Jahre alt und seit zwei Monaten gesund. Das fühlt sich ganz komisch an. 30 Jahre war ich gelähmt und innerhalb dieser zwei Monate habe ich schon zwei Paar Sandalen durchgelaufen. Ich kann es immer noch gar nicht fassen. 30 Jahre haben mich meine Eltern von Arzt zu Arzt geschleppt. Und die Ärzte werden ja nicht besser. Zuerst geht man zu den Spezialisten. Davon gibt es ja nicht so viele. Und je verzweifelter man ist, desto verzweifelter werden auch die Aktionen, die man unternimmt. Zweimal haben meine Eltern mich zu jemandem gebracht, der wollte, dass meine Eltern mich mitten auf einem See aus dem Boot werfen. Ich würde dann schon anfangen, mich zu bewegen. Beim ersten Mal haben meine Eltern das nicht geglaubt. Aber als es der zweite „Spezialist" sagte, wäre ich beinahe ertrunken. Ich weiß gar nicht, wie oft wir irgendwelchen Menschen hinterhergereist sind, nur weil irgendwer sagte: „Die heilen im Vorbeigehen." So ein Quatsch. Aber es gibt wirklich solche Leute: Die reisen durch das ganze Land und man sagt von denen, sie würden direkte Vertreter Gottes sein. Und dann wartet man tagelang an einer Kreuzung. Und wenn dann endlich dieser „Halbgott" vorbeikommt, dann drängeln sich so viele Leute um den, dass man mit zwei alten Menschen, die einen Brocken wie mich auf einer Trage dabei haben, nicht mal in Sichtweite kommt. Ich hatte schon lange keine Lust mehr auf solche Aktionen. Aber erkläre das mal Eltern. Die wollen doch immer nur das Beste für ihren Jungen. Und ich konnte mich ja nie wehren!

Das waren immer ganze Tagesreisen. Manchmal sogar mit Übernachtung. Vor zwei Monaten dann kamen die schon wieder auf so eine irre Idee. Da sollte einer sein, der hat mal einem auf der Durchreise seine Ohren ausgespült und dann konnte der wieder richtig hören. Ich höre meine Mutter noch sagen: „Und der ist auch gar nicht weit weg von hier. Der ist ziemlich häufig in Galiläa. Wenn er hier ist, dann meistens in Kapernaum." „Mama? Kapernaum ist ganz im Norden von Galiläa. Das ist direkt an der Grenze. Was heißt, das ist nicht weit weg? Ich muss zwei Mal am Tag aufs Klo und du stöhnst jedes Mal, dass das zu weit weg ist. Lass gut sein, Mama. Der hilft mir doch auch wieder nicht."

Aber Mama hatte sich das in den Kopf gesetzt. Papa hatte extra eine Karre gebaut, auf die ich gelegt wurde. Und so haben die beiden mich Meile um Meile geschoben. Wenn Mama nicht mehr konnte, hat Papa geschoben und wenn Papa platt war, hat sich Mama wieder gequält. Und tatsächlich. An der großen Eiche vor Kapernaum, da wo sich der Rundgang um den See mit der Hauptstraße von Megiddo trifft, da stießen wir auf einen riesigen Pulk von Menschen. Es gab so eine Art Schlange, in der man sich anstellen musste. Aber irgendwie schien dieser Jesus gerade keine Sprechstunde zu haben. Wir gingen dem hinterher. Meile um Meile, aber dichter an ihn dran kamen wir nicht.

Was für ein trostloser Haufen. Lauter Kranke und Behinderte hetzten einem jungen Mann hinterher. Naja, ein paar kamen uns doch ab und zu entgegen, jubelten und sagten, dieser Jesus hätte sie gesund gemacht. Da weiß man ja aber nicht, ob das nicht vielleicht auch bezahlte Leute sind, die zur Öffentlichkeitsarbeit gehören.

Irgendwann kam mir der erste entgegen, den ich kannte. Obwohl: kennen ist zu viel gesagt. Ich hatte ihn in den letzten paar Stunden immer mal wieder gesehen. Und der schien wirklich arm dran zu sein, er war blind. Zumindest stieß er sich alle paar Meter den Fuß an irgendetwas an und fiel seinem Vordermann in die Hacken. Das war nicht gespielt. Und dieser Typ kam uns entgegen. Allerdings stolperte er nicht mehr. Stattdessen jubelte und schrie er: „Ich kann wieder sehen, ich kann wieder sehen."

Vielleicht war ja doch was an diesem Wunderarzt dran. Langsam konnte ich ihn auch sehen. Er wirkte eigentlich ganz normal. Und jetzt sah man auch, warum das so lange dauerte: Er unterhielt sich mit jedem. Als wir endlich dicht genug dran waren, um ihn auch zu hören, wurde mir etwas mulmig. Er verteilte keine Medikamente. Und er ließ keine Übungen machen. Er sagte nur immer solche Sachen wie: „Dein Glaube hat dir geholfen“ oder: „Weil du geglaubt hast, sollst du wieder sehen.“ Irgendwie klang das doch alles komisch. Was würde er mir wohl sagen? „Dein Glaube hat dir geholfen?“ Wenn er das sagen würde, dann würde wahrscheinlich gar nichts passieren. Wie gesagt: Mir wurde langsam etwas mulmig.

Meine Eltern waren mittlerweile müde. Immer wieder rutschten wir in der Schlange nach hinten, weil meine Eltern den Kontakt nach vorne verloren und sich jemand von der Seite anstellte. Jetzt war direkt vor uns ein einzelner Mann. Die ganze Zeit habe ich mich gefragt, was der wohl hat. Er kam eben erst. Alleine. Gelähmt war er nicht. Er stieß sich auch nie etwas. Blind war er auch nicht. Er redete mal mit diesem, mal mit jenem. Taub und stumm war er also auch nicht.

Auf solchen Touren ist das meine einzige Beschäftigung. Raten, was die Leute um mich herum für Krankheiten haben. Aber bei diesem hatte ich keinen blassen Schimmer. Er sah reich aus. Er konnte also auch keine ansteckende Krankheit haben. Der sah richtig gut aus. Endlich kam er an die Reihe. Ich spitzte meine Ohren, um zu hören, was er für ein Anliegen hatte. Aha: Er war Ausländer. Er hatte einen syrischen Akzent. Er sagte, dass er einen Diener hat. Und der sei krank. Beinahe hätte ich lachen müssen. „Dann hättest du den besser mitgebracht. Vielleicht hätte dir Jesus ja helfen können“, wollte ich sagen. Aber dann hörte ich, wie Jesus sagte: „Ich will kommen und ihn gesund machen.“

Da hätte ich ausrasten können. Denkt der, ich warte hier zum Spaß? „Ey, ich bin dran. Der hier hat sich sowieso nur vorgedrängelt.“ Nee, das kann der jetzt nicht machen. Der kann doch nicht einfach mit diesem Ausländer mitgehen. Das ist nicht fair. Der hätte den Diener doch mitbringen können. Meine Eltern haben mich doch auch hierhergeschleppt. Wenn die das gewusst hätten, dann wäre meine Mutter auch alleine gekommen.

Zum Glück sagte der Mann: „Nein, nein. Das ist doch nicht nötig. Das bin ich doch gar nicht wert." (Genau der Gedanke war mir auch gerade gekommen.) „Ich bin Hauptmann", sagte der Kerl, „ich bin einer Obrigkeit unterstellt, die mir Befehlsgewalt über andere gegeben hat. Wenn ich einem von denen sage: Geh weg! Dann geht der weg. Und wenn ich einem anderen sage: Komm her! Dann kommt der her. Du bist der Obrigkeit Gottes unterstellt. Du brauchst nur ein Wort zu sagen, und mein Diener wird gesund. Du brauchst nicht extra mitkommen. Ein helfendes Wort von dir würde mir schon reichen."

Wie dumm kann man sein? Erst vergisst er, seinen Angestellten mitzubringen. Dann bietet Jesus an mitzukommen und er wimmelt ihn ab? Wie dumm kann man sein? Aber das ist ja sein Problem. Ich dachte nur: „Jesus, dann gib ihm schnell ein Wort, und dann bin ich dran." Aber es kam anders.

„Sprich nur ein Wort und mein Diener wird gesund." Jesus sah diesen Mann und hörte diesen Satz und war sichtlich überrascht. Er drehte sich zu uns Kranken um. Und diesen Blick werde ich nie vergessen!!! Er sah mir genau ins Gesicht und sagte: *„Amen, das sage ich euch: Bei niemandem in Israel habe ich so einen Glauben gefunden!"* [**Matthäus 8,10**]. Boohh! Das saß tief! Mir lief ein Schauer über den Rücken und zum ersten Mal habe ich gespürt, dass ich weiche Knie hatte. **Ich hatte noch nie Gefühle in meinen Beinen, aber da haben sie gezittert.** Als hätte er mich ertappt. „Bei niemandem in Israel habe ich so einen Glauben gefunden." Als wollte er speziell mir sagen: „Bei dir habe ich solchen Glauben nicht gefunden. Solchen Glauben vermisse ich bei dir. Ich weiß, wie du von mir denkst."

Da kriegt man richtig Angst. Was passiert, wenn ich gleich dran bin? Der schickt mich doch weg. „Dein Glaube hat dir geholfen? Ja, welcher Glaube denn? Da muss erst einer von den Ausländern kommen. Einer, der mit dem Gott Israels nichts zu schaffen hat. Und der muss euch zeigen, was man eurem Gott alles zutrauen kann. Weißt du was? Nimm deine Eltern und verzieh dich nach Hause. Ich will dich hier nie wieder sehen." Ich hatte richtig Angst.

Ganz so schlimm war es nicht. Er hat ja nicht nur zu mir geredet. Er hat ja uns alle gemeint. Alle, die wir noch da standen und ihn hören konnten. Er sagte: *„Amen, das sage ich euch: Bei niemandem in Israel habe ich so einen*

Glauben gefunden! Ich sage euch: Viele werden aus Ost und West kommen. Sie werden mit Abraham, Isaak und Jakob im Himmelreich zu Tisch liegen. Aber die Erben des Reiches werden hinausgeworfen in die völlige Finsternis. Da draußen gibt es nur Heulen und Zähneklappern" [Matthäus 8,10-12].

Das saß tief. „Heulen und Zähneklappern." Das klingt mir immer noch in den Ohren. „Die Erben des Reiches", das sind doch wir. Als er das gesagt hatte, da habe ich erst gemerkt, dass Jesus wirklich von unserem Gott redet. Und dass er von unserem Gott kommt. Als er vom Himmelreich gesprochen hat, von Abraham, Isaak und Jakob, da wusste ich: „Wir sind gemeint. Es geht um unseren Gott. Und ganz offensichtlich kann jeder zu unserem Gott kommen. Hauptsache: Er glaubt!" Das hat Jesus also immer gemeint, wenn er sagte: „Dein Glaube hat dir geholfen." Dein Glaube hat dir geholfen. Nicht die Tatsache, dass du getauft bist. Nicht die Tatsache, dass du konfirmiert bist. Nicht die Tatsache, dass du jede Woche in den Tempel, in die Synagoge oder in die Kirche gehst. Dein Glaube an Gott, den Vater, und an Gott, den Sohn, hat dir geholfen. Dein Glaube an mich hat dir geholfen.

Diesen Tag werde ich niemals vergessen. Jesus war immer noch nicht fertig. Der Hauptmann stand immer noch da. Und Jesus legte ihm die Hand auf die Schulter, sah ihn an und sagte: „Geh beruhigt nach Hause. So, wie du geglaubt hast, soll es geschehen!"

Starker Satz: „So wie du geglaubt hast, soll es geschehen!" Und das Gesicht vom Hauptmann hättet ihr sehen sollen. Diese Sicherheit in den Augen. Ohne zu zweifeln und sichtlich zufrieden und erleichtert drehte er sich um und ging beruhigt nach Hause. In dem Gesicht vom Hauptmann konnte man förmlich sehen, wie sein Diener gesund wird. Der Hammer.

Beinahe hätte sich jemand vorgedrängelt, weil meine Eltern und ich dem Hauptmann so lange nachgesehen haben. Als er nicht mehr zu sehen war, drehte sich Jesus zu mir. Er nahm meine Hand und deutete in die Richtung, in die der Hauptmann verschwunden war und sagte: „Sein Glaube hat dir geholfen." Und er hatte Recht: Sein Glaube hat mir geholfen! Dieses Erlebnis hat mir die Augen für Gott geöffnet. Für den Gott der Bibel. Für den Gott Abrahams, Isaaks und Jakobs. Für den Gott meiner Eltern und ja, ab jetzt auch für meinen Gott. Die letzten Worte, die ich von Jesus gehört habe, waren: „Auch dir geschehe, wie du glaubst – wie du jetzt glaubst."

Seitdem habe ich nun schon zwei Paar Schuhe durchgelaufen. Immer auf dem Weg durch das Land und immer auf dem Weg zu Menschen, die meinen, meinen Gott zu kennen und die doch nicht glauben. Immer auf dem Weg zu Menschen, die nicht wirklich an ihn glauben, die aber alles von ihm erwarten. Und überall erzähle ich meine Geschichte. Die Geschichte aus Matthäus 8,5–13 (*vorlesen*).

Amen.

Die vier Freunde und der Gelähmte – Petrus auf dem See

Länge:	ca. 10 Minuten
Bibelstellen:	**Markus 2,1–12 | Matthäus 14,22–33**
Thema:	Neues wagen – finde deinen Zugang zu Jesus.
Aufbau:	Wenn nicht auf dem Wasser laufen …
	… dann mit dem Kopf durch die Wand.
	Neues wagen, nicht auf Teufel komm raus.
	Mitleid und Mitglaube gehören zusammen.
	Teile deinen Alltag / dein Leben mit Jesus.

Ich liebe die Geschichte von Petrus auf dem See. Das ist für mich eine Geschichte, die mich immer wieder bewegt. Wie gerne hätte ich den Glauben, um einfach mal über die Reling zu klettern und auf dem Wasser zu laufen. Petrus ist so ein Held. Der macht hier die Erfahrung seines Lebens. Ich wäre mit Sicherheit einer von den anderen elf Jüngern. Ich wäre im Boot geblieben. Ich hätte über Petrus geschmunzelt, als er Jesus sagt: Ich will dir entgegenkommen. Ich hätte lauthals gelacht, als er über Bord ging. Und ich hätte mich bestätigt gefühlt, als es für Petrus eng wurde.

Aber das Finale hätte mich fasziniert: Petrus kommt zu Jesus. Er macht bei Jesus fest. – Einfach mal was Neues gewagt. Auf Jesus zugegangen und es hat geklappt. Petrus hat erlebt, dass auf Jesus Verlass ist. Ich hätte über Petrus wahrscheinlich den Kopf geschüttelt. Aber so ist das, wenn man neue Wege geht: Wenn du da gehst, wo noch keiner bisher gegangen ist, dann werden andere darüber die Köpfe schütteln.

In dieser Geschichte wäre ich einer von denen, die im Boot bleiben. Ich hätte auch davon geträumt, wie es gewesen wäre, wenn... Ich hätte in der kommenden Nacht nicht schlafen können. Hätte mich hin und her gewälzt und wäre irgendwann aufgestanden, wäre zum See gegangen, den Steg bis ganz ans Ende. Hätte meine Sandalen ausgezogen und hätte ganz vorsichtig versucht, ob mich das Wasser trägt.

Einfach mal was Neues wagen. Dass mein Leben mit Jesus interessanter wird. Dass ich ins Schwärmen gerate. Dass ich in der Uni oder im Job nicht rumdruckse, wo ich am Wochenende gewesen bin, sondern dass ich ein Aushängeschild für ein Leben mit Jesus bin. Dass die Leute mich sehen und Lust bekommen, diesen Jesus selbst kennenzulernen. – Ich will so werden! Ich will so einen Glauben haben! – Ich will auf dem Wasser laufen können!

Aber soll ich euch was sagen? So oft ich das versuche: Es klappt nicht. Das ist nicht meins. Und soll ich euch noch was sagen? **Selbst wenn ich auf dem Wasser gehen könnte, es wäre nichts Neues.**

„Neues wagen" ist das Thema. Petrus hat etwas Neues gewagt. Aber wenn wir das nachmachen, dann ist das nichts Neues mehr. Neues zu wagen, heißt Chancen zu nutzen, wenn sie sich auftun. Das ist blöd für mich, denn ich bin nicht so spontan. Meistens zumindest nicht. Ich bin mehr der Zögerer.

Ich muss euch eine andere Geschichte erzählen:

Da ist eine Gruppe von fünf Männern. Die gehen zusammen durch dick und dünn. Sie machen alles gemeinsam. Keiner von ihnen ist das fünfte Rad am Wagen. Sie sind ein Spitzenteam. Mit dieser Gruppe kann man Pferde stehlen. Und manchmal gehen die Pferde mit ihnen durch. Sie machen die verrücktesten Dinger. Bis auf einmal ein Unglück passiert. Wie durch ein Wunder überleben alle. Aber einer ist schwer verletzt. Er wird für immer gelähmt bleiben.

Normalerweise stehen jetzt Vorwürfe im Raum. Die Gruppe würde auseinanderfallen, sie würde noch einen Moment das Elend ertragen, dann aber schon zum Selbstschutz ihren Freund im Stich lassen. Man wird mit der Sache nicht fertig, wenn man immer seinen gelähmten Freund sieht. Normalerweise wäre das so. – Aber hier nicht. Diese Gruppe geht durch dick und dünn. Jetzt ist es eben richtig dick gekommen. Shit happens, aber trotzdem halten sie zusammen. Es gibt sie nur zu fünft!

Diese Geschichte steht in der Bibel. Also dieser Teil noch nicht. Das, was jetzt kommt, das steht in der Bibel. Den Teil bis hierhin, den habe ich mir zusammengereimt. Aber irgendwie so muss es gewesen sein. Auf jeden Fall erzählt die Bibel von vier Männern, die einen Gelähmten mit sich rumschleppen... Und: die Neues wagen!

Neues wagen ist nicht immer nur das Nutzen von unverhofften Gelegenheiten. Diese Männer stehen zusammen und überlegen. Sie suchen nach einer neuen Chance. Nach einem neuen Weg. Genauso wie Petrus wollen sie an Jesus festmachen. Aber sie suchen ihren Weg zu Jesus. Ihren eigenen Zugang. Auf dem Wasser gehen, kommt für sie nicht in Frage. Für einen von ihnen kommt nicht mal gehen in Frage. Sie suchen Jesus bei einer Evangelisationsveranstaltung auf. Vielleicht bei so einer Art „truestory“, „ich glaub’s“ oder „proChrist“. Wie auch immer. Auf jeden Fall hören sie davon, dass Jesus in der Nähe ist, und es zieht sie dahin. – Zu fünft. Ihr Freund muss natürlich mit. – Aber mit dieser Last, mit diesem Ballast gibt es keine Chance, zu Jesus zu kommen. – Und trotzdem: Ihren Freund zurückzulassen, ist keine Option. Ein neuer Weg muss her. **Die Freunde suchen einen Weg, den es definitiv nicht gibt.** Aber sie wollen ums Verrecken zu Jesus. Und sie wollen ums Verrecken ihren Freund mit in die Nähe Gottes bringen. Zur Not mit dem Kopf durch die Wand. – Geile Idee eigentlich. – Mit dem Kopf durch die Wand – oder durch die Decke.

Was für eine bekloppte Idee! „Wir machen das Dach kaputt.“ Hausfriedensbruch, Sachbeschädigung – und saugefährlich ist es auch. Und wieder schütteln andere die Köpfe, weil das niemals ihr Zugang zu Jesus wäre. Egal, die Vier stehen da und sagen sich: Es muss doch auch für uns (und vor allem für unseren Freund) eine Möglichkeit geben, zu Jesus zu kommen. Es muss doch eine Möglichkeit geben, die zu uns passt. – Neues wagen.

Die Bibel ist voll von Menschen, die Neues wagen, um zu Jesus zu kommen. Und jetzt sind wir beim alles entscheidenden Punkt: Es geht nicht darum, auf „Teufel komm raus" Neues zu wagen. Die Geschichte von Petrus auf dem See und die Geschichte von dem Gelähmten, der durchs Dach kommt – beide Geschichten haben etwas gemeinsam. Neues wagen, nicht um jeden Preis. Nicht auf „Teufel komm raus". Sondern entscheidend ist, woran ich mich festmache.

Petrus wagt Neues. – Aber, um ein Ziel zu erreichen, das er schon vorher fest im Blick hat: Ich will zu Jesus. Ich will mich an Jesus fest machen.

Die Gang um unseren Gelähmten probiert nicht ums Verrecken etwas Neues. Sie suchen ihre Hilfe nicht beim Wunderheiler, sie meditieren die Verletzung nicht weg. Sie beten nicht beim Yoga die Sonne an. Sie probieren nicht jeden Gott aus, den der Markt der Möglichkeiten bietet,...

Nein, sie machen sich an Jesus fest. Und da muss auch ihr Freund hin. Zum Erfinder und Gestalter des Lebens. Sie halten sich an Jesus. Und mit ihm zusammen gestalten sie ihr Leben.

Dass ihr Freund gesund wird, ist fast nur ein Nebenprodukt in dieser Geschichte. Klar kümmert die Vier das Schicksal ihres Freundes. Aber nicht laufen zu können, ist nur sein zweitgrößtes Problem. Die Vier wissen, dass es für ihr Leben und ihr Überleben entscheidend ist, in der Nähe von Jesus zu sein. Und sie wissen, dass es für ihr Überleben – also für das, was über ihr Leben hinausreicht – entscheidend ist, dass Jesus ihnen ihre Sünde vergibt. Und das wünschen sie sich für ihren Freund. Der so sehr mit dem Leben hadert – weil's einfach nicht läuft. Im wahrsten Sinne des Wortes. Aber die Vier haben nicht nur Mitleid, sondern auch Mitglaube. Es kümmert sie nicht nur die momentane Situation ihres Freundes, sondern auch seine Langzeitperspektive. Seine Ewigkeitsperspektive. Sie glauben für ihn mit. Und wenn sie ihn zu Jesus tragen müssen... Manche müssen zu ihrem Glück getragen werden. Das treibt die Vier an. Sie glauben für ihren Freund mit.

Das ist das Erste, was Jesus sagt: *„Jesus sah, wie groß ihr Glaube war, und sagte zu dem Gelähmten: Mein Kind, deine Sünden sind dir vergeben"* [**Markus 8,5**]. Die Männer rechnen wahrscheinlich fest damit, dass sie ihren Freund auch wieder durch das Dach raufziehen müssen. Und dass sie in den nächsten Wochen ein kaputtes Dach zu ersetzen haben. Aber das ist es ihnen wert. Sie wollen sich an Jesus festmachen. Zu fünft. Und sie suchen nach einem Weg, der für sie passt. Sie suchen nach ihrem Weg, gemeinsam zu Jesus zu kommen. Und wenn es dafür einen neuen Weg braucht, dann suchen sie einen völlig neuen Weg.

Und auf einmal ist Jesus in ihrem Leben angekommen. Auf einmal haben sie was zu erzählen. Diese Menschen werden nicht rumdrucksen, wenn sie auf Jesus angesprochen werden. Diese Menschen werden von Jesus schwärmen. Die werden fast platzen. „Das glaubst du mir nie…“ „Das ist der absolute Hammer…“

Neues wagen. Das ist hoch interessant. Einen Weg zu Jesus zu finden, so dass Jesus in meinem Leben ankommt. So dass Jesus etwas mit meinem Leben, mit meiner Geschichte zu tun bekommt. – Das ist spannend. – Das muss man ausprobieren. Das kann ich dir nicht erzählen, wie das bei dir klappen kann. Wenn ich dir was vorschlage, dann ist das nicht mehr neu, wenn du das machst. Ich schlage dir trotzdem was vor. Das zumindest will ich von den vier Freunden, die den fünften schleppen, lernen: **Versuche, Jesus in dein Leben einzubeziehen. Das, was dein Leben ausmacht, das gestalte mit ihm zusammen!**

Wenn du leidenschaftlich Fußball spielst, dann bete vor dem Spiel. Lade Jesus ein mitzuspielen, vor Verletzungen zu bewahren und dich auch selbst von unfairen Fouls zurückzuhalten.

Wenn du gerne shoppen gehst, dann lade Jesus ein, mitzugehen. Stell dich bei H&M vor den Spiegel, sieh dich an und überlege, was dein Outfit über dich sagt. „Jesus, wo siehst du mich mit diesen Klamotten. Ist das gut? Kann ich das machen?“ – und das heißt nicht, dass du nur noch Rollkragenpullis kaufen darfst und wirst, sondern dass du dir überlegst, wo es passend ist, den kurzen Rock zu tragen – zum Beispiel…

Trau dich, neue Dinge auszuprobieren, auch mit Jesus kann man Großes erleben. Und neue Dinge sind nicht immer die, die andere dir vorschlagen oder vorgeben. Ich will dir Mut machen, auch mal verrückte Dinge auszuprobieren im Leben. Aber mach dir klar, woran du dich festmachst. Woran du dich festhältst. Wenn du mit Jesus durchs Leben gehst, dann geht manches auch nicht. Selbst wenn es was Neues wäre. Von manchem lässt man lieber die Finger, weil es nicht zu dem Lebenskonzept von Jesus passt. Und andere Dinge gehen da sehr wohl. Auch wenn mache darüber die Köpfe schütteln.

Amen.

Der Fischzug des Simon – Unverhofft kommt oft

Länge:	ca. 7 Minuten
Bibelstellen:	**Lukas 5,1–11**
Thema:	Leben mit Jesus hat Konsequenzen. Dafür bleibt es spannend.
Aufbau:	Jesus platzt in dein Leben, wenn du es gerade gar nicht gebrauchen kannst. Segen muss man manchmal weitergeben, damit man selbst nicht platzt. Es werden sich Menschen für ein Leben mit Jesus entscheiden, obwohl du es warst, der ihnen davon erzählt hat.

Fast hätten die beiden ihn gar nicht wahrgenommen. So beschäftigt waren sie. Der Alltag eines Fischers ist unheimlich voll. Ungewöhnlich voll für damalige Zeiten. Zu unserem *heutigen* Alltagsgefühl passt das schon eher. Immer was vor. Wo haben wir denn noch Zeit? Wir machen Termine. Zeiten muss man sich freischaufeln. Wer einfach mal so vorbeikommt, den nehmen wir nicht richtig wahr. Oder er stört.

Kennt ihr das? Ich bin beschäftigt. Ich muss noch ein Referat fertig machen, für Mathe lernen und meine Bewerbung fürs Praktikum schreiben. Und dann will ich unbedingt noch mit meiner Freundin telefonieren. Mit Glück habe ich zwischen Bewerbung und Telefonat noch die Zeit für ne WahtsApp-Nachricht: „Heute schaff ich's nicht zum Jugendkreis. Schreib morgen Mathe. Betet mal für mich. Schönen Abend euch."

Simon geht's genauso. Auch diese Nacht hat er wieder durchgemacht. Aber es ist einfach nicht seine Woche. Und heute ist so viel kaputt gegangen. Das muss er alles bis zum Abend wieder in Ordnung haben, sonst geht ihm heute wieder nichts ins Netz. Er will nur noch fertig werden. Aber es ist, wie es ist: **Jesus platzt in dein Leben, wenn du es gerade gar nicht gebrauchen kannst.** Wenn du keinen Nerv dafür hast. Normalerweise würde er sich aufregen, wenn einer einfach so – ungefragt in sein Boot steigt. Aber heute fehlt ihm die Kraft. Er rudert ein Stück auf den See raus, damit dieser Jesus predigen kann. Er kann es sich nicht leisten, Pause zu machen. Also bleibt er im Boot und repariert weiter. Er hört nur mit einem halben Ohr zu.

Das könnte mein Jugendkreis sein. Oder mein Hauskreis: Irgendwie bin ich dabei. Ich geh da immer hin. Aber ich bin doch irgendwie auch abwesend. Ich kann mich nicht konzentrieren. Meine gedankliche To-do-Liste wird immer länger. Ich muss das aufschreiben, sonst vergesse ich das, bis ich zu Hause bin. Aber ich kann doch nicht mitten in der Bibelarbeit nach einem Stift fragen. Oder sogar aufstehen und suchen. Die nächsten drei Minuten denke ich nur an einen Stift. Ich hab auch nur die Hälfte mitbekommen. Wenn überhaupt…

Ich sitze mit Simon in einem Boot. Und ich bin genauso frustriert manchmal. Weil einfach nichts hängenbleiben will. Die Englischvokabeln und die Physikformeln nicht. Aber vom Bibeltext heute Abend auch nichts. Und dann ist es endlich vorbei. Jesus sagt „Amen", ich hab meine Zeit abgesessen und seine Stimme wird leiser – dafür ruft mein Bett immer lauter. Mir sind schon beim Beten immer die Augen zugefallen und ich hoffe, dass ich gesund nach Hause komme. Das hätte ich mir heute alles sparen können. Und dann trifft mich das Wort Gottes! „Simon, dreh nochmal ne Runde!" – Ey, nicht jetzt. Ich war doch schon auf dem Sprung. Es war doch schon vorbei. Ich bin müde, Alter.

Kennt ihr das? Da tut sich was und es ist einfach nur unpassend. Da hab ich so oft für Janka gebetet und auf einmal bricht gerade heute bei ihr was auf. „Ey, Simon, dreh noch mal ne Runde." Da ist heute aus heiterem

Himmel der Mathestudent im Jugendkreis. Der kommt sonst nie. Und er nimmt sich die Zeit, mir noch das eine oder andere zu erklären. Den schickt der Himmel. Aber er kommt im Grunde zu spät. Ich kann nicht mehr. „Ey, Simon, dreh nochmal ne Runde." Ich war im Stress und bin mit dem Auto statt dem Fahrrad gekommen. Und dann ist Susanne heute da. Irgendwer muss sie nach Hause bringen und ich ahne, dass ich das heute bin. Die redet immer so lange. Motor laufen lassen kann man sich bei den Benzinpreisen nicht erlauben, aber Motor ausmachen lässt sie denken, wir hätten alle Zeit der Welt. „Alter, ich kann nicht mehr..."

„Simon, fahre hinaus in tieferes Wasser! Dort sollt ihr eure Netze zum Fang auswerfen. Heute geht noch was." Ich bin überrascht von Simon und ich frage mich, ob es das heute auch noch gibt? Diese Reaktion. Simon hat Jesus gehört. Nur mit halbem Ohr, aber er hat ihn gehört. Und er hat ihm geglaubt. Und das, was Jesus sagt, hat Konsequenzen. Unangenehme Konsequenzen. Es wird unbequem. Lassen wir das zu? Darf Gott uns auch mal was zumuten? Was, wenn Gott mit uns redet, aber dabei nicht unsere Seele streichelt, sondern uns herausfordert? Darf Gott unbequem sein?

Ich bin überrascht von Simon und ich hoffe, dass mir das auch so gelingt. Simon sagt: Jesus, ich hab dich gehört und deine Worte haben auch Konsequenzen. Und obwohl ich müde bin, obwohl ich unerfolgreich war, obwohl ich mich am liebsten hinlegen will: Ich mach's! Dein Tipp ist fachlich ne Katastrophe. Man fischt nicht da, wo es tief ist. Man fischt auch nicht am Tag. Und außerdem: Ich hab das gelernt und heute Nacht noch ausprobiert. Es geht nicht. Aber, wenn du es sagst: Ich mach's – okay, ich mach's!

Ich bin überrascht von Simon und ich hoffe, dass mir das auch so gelingt. Unverhofft kommt nämlich oft. Jesus tut Wunder. Und die sind auch mal gegen die Logik. Und dann kann man auch mal mitten am Tag erleben, dass Gott so überhaupt nicht geizig ist. Und dann kann es auch mal sein, dass auf einmal Dinge passieren, für die ich mich nächtelang investiert habe. Und beinahe hätte ich sie verpasst.

Unverhofft kommt oft. Auf einmal muss man noch ein zweites Boot rufen. Die haben nichts mit der Geschichte zu tun. Die bekommen einfach nur was von dem Segen ab. Da steckt ne geistliche Wahrheit drin. Segen muss man manchmal weitergeben, damit man selbst nicht platzt. Unverhofft kommt oft. Jesus platzt in dein Leben, wenn du es gerade gar nicht gebrauchen kannst. Und dann passieren Wunder. Dann passieren Dinge, über die du dich wundern wirst.

Das ist eine Neuausrichtung. Simon Petrus hat das im Leben noch öfters erlebt, wie gut es tut, sich auf Jesus auszurichten. Auch als er auf dem Wasser lief, hat er gemerkt, wie gut es tut, wenn Jesus in das eigene Chaos kommt und den Blick wieder auf sich zieht.

Gott redet in mein Leben, auch wenn es mir nicht passt. Und wenn ich mich drauf einlasse, dann kann ich richtig große Dinge erleben. Es ist spannend, was Simon hier erlebt. Jesus nimmt ihm nicht den Stress. Er erledigt nicht die Arbeit. Im Gegenteil, jetzt geht's erst richtig los. Ein Monsterfang. So viele Fische wollen auch noch an den Mann gebracht werden. Die halten ja nicht ewig. Jetzt gibt es erst recht Netze zu reparieren. Jetzt gilt es, den großen Fang gewinnbringend anzulegen. Wie gehe ich mit dem neu gewonnenen Reichtum um? Leben mit Jesus bleibt spannend und in Bewegung.

Für Simon ändert sich noch mehr. Er hängt die Angel an den Haken. Er schult um. Vom Simon zum Petrus, wenn man so will. „Menschenfischer" nennt Jesus diese neue Aufgabe. Nicht weil es jetzt darum geht, dass ihm Menschen ins Netz gehen. Sondern weil er das Gefühl von heute behalten soll – das Gefühl: Nicht ich habe es in der Hand, sondern Jesus!

Simon hatte sich Gedanken gemacht. Er hatte etwas gelernt. Du vielleicht auch. Wie man Jungschar macht, zum Beispiel. Aber mit dem ganzen Können allein fängt er nichts. Demütig stellt er fest: Jesus macht die Netze voll. Ohne Jesus kann ich mir die Nächte um die Ohren schlagen. Ich kann alles richtig machen, aber dass Menschen in die Nähe Gottes kommen, hab ich nicht in der Hand.

Mir hat mal jemand gesagt: **„Es werden sich Menschen für ein Leben mit Jesus entscheiden, obwohl du es warst, der ihnen davon erzählt hat."** Das heißt es, als entschiedener Christ unterwegs zu sein: Jesus platzt in dein Leben, auch wenn du es gerade gar nicht gebrauchen kannst. Das Recht nimmt er sich nicht raus, das habe ich ihm eingeräumt. Und dann kann es auch mal richtig unbequem werden. Aber ich habe mich entschieden. Und dazu stehe ich. Ich mach's! Auf sein Wort hin will ich mich bewegen. So, wie ich mich kenne, brauche ich andere Christen dazu, die mich daran erinnern. Und dann kann ich mein blaues Wunder erleben und kann mit großen Augen staunen, was Gott tut. Und ich bin fasziniert, weil ich daran beteiligt sein durfte und ich weiß doch, dass es nicht auf meinen Mist gewachsen ist.

Amen.

Der Kranke am Teich Betesda – Diakonie

Länge:	ca. 12 Minuten
Bibelstellen:	**Lukas 5,1–14**
Thema:	Es gibt keinen Zusammenhang zwischen Krankheit und Sünde.
Aufbau:	Verdrängung/Abschiebung als vermeintliche Problemlösung In Hoffnungslosigkeit eingerichtet vs. Sehnsucht nach Besserung Frommer Spruch und weiter vs. Diakonischer Einsatz Vorwürfe als Augenöffner – Kein Zusammenhang von Schicksalsschlag und Schuld Leben in Freiheit – erleichtert, aber nicht leichtsinnig

Vor einigen Jahren traf ich jemanden, der kam aus Lüchow Dannenberg. Der Ort, wo immer die Castor-Transporte durchgefahren sind. Mit dem Ziel, ihren Atommüll in Gorleben zwischenzulagern. Dort gab es immer heftigste Demonstrationen, weil wir den Menschen dort unsere Probleme zu Füßen legen.

So ist der Mensch. Wir leben und dabei fällt Müll an. Wir leben damit. Wir integrieren ihn, so gut wir können. Was aber, wenn es überhandnimmt? Wenn wir dem nicht Herr werden? Dann brauchen wir eine Deponie. Ein Endlager. Weit weg. Wir müssen das Problem auslagern. Weit weg von uns. Wenn es dann andere Menschen betrifft, dann ist das schade, aber immer noch besser, als wenn es uns belastet. Wir wollen das Elend am liebsten nicht mehr sehen. Und so entstehen Mülldeponien. So entstehen Zwischenlager und Endlager, z.B. für Atommüll.

Wir entledigen uns unserer Probleme. Das ist ein altes menschliches Muster. Es muss gar nicht immer nur Müll sein. Auf diese Art und Weise lösen wir Probleme unterschiedlichster Arten: Bei mir zu Hause gibt es z.B. einen Bauern, der mit seinem Hof irgendwann mitten in der Stadt lag. – Nicht weil er dahingezogen wäre, sondern weil die Stadt um ihn rum gewachsen ist. – Und so ist dieser Bauer mit all seinem Dreck und Gestank zum Problem geworden. Was macht man da? Man lagert ihn aus. Man siedelt ihn um. So werden wir Probleme los. Wenn wir einem Problem nicht Herr werden, dann lagern wir es aus. Aus den Augen, aus dem Sinn: Wenn Flüchtlingsströme so groß werden, dass die Schiffe die Menschenmassen nicht mehr tragen und untergehen, dann versuchen wir zu verhindern, dass die Menschen überhaupt ins Schiff einsteigen. Gar nicht erst zu dicht an uns heranlassen. Oder wenn es darum geht, Geflüchtete bei uns unterzubringen, dann zünden manche lieber schnell die Unterkunft an, dann kommen uns diese fremden Menschen nicht so nahe. So sind früher bei uns auch Gettos entstanden: Da gab es Personengruppen, die uns aufgrund ihrer Herkunft Angst machten. Und wir hielten es für eine gute Idee, am Stadtrand eine Siedlung für sie zu bauen. Dann kann da ja auch der türkische Supermarkt hin und dann haben alle, was sie wollen. Die Türken ihr Fladenbrot und wir unsere Ruhe. So lösen wir Probleme. **Was uns Angst macht, das halten wir auf Abstand.**

Auch in Zeiten der Bibel war das schon so. (Das macht's nicht besser, aber es erklärt manches.) Damals steckte die Gefahr noch nicht im Atommüll oder in der anderen Kultur, damals steckte die Gefahr (unter anderem) im medizinischen Bereich. Die Medizin war längst nicht so hoch entwickelt wie bei uns. Und so musste man vor mancher Krankheitsform kapitulieren, die uns heute ein müdes Lächeln abverlangt. Heute wissen wir, dass Epilepsie nicht ansteckend ist. Genauso wenig wie ein Hirntumor, ein Gehfehler oder Blindheit. Aber wenn man nicht weiß, wo das herkommt, dann macht einem das Angst. Bis heute sagen wir, jemand ist mit einer

Krankheit geschlagen. Der wird also irgendwas gemacht haben, das diese Krankheit rechtfertigt. Und wenn es uns selbst trifft, dann fragen wir, womit wir das verdient haben. Und früher war diese Angst vor Krankheit noch größer, auch weil man über den Ursprung noch weniger wusste. Und dann fragte man sich: Wie gehen wir damit um? Es ist nicht die sozialste Idee, aber wie wäre es, wir würden einen Ort festlegen, an dem wir die ganzen Kranken sammeln? Wir bauen Auffanglager für hoffnungslose Fälle. Und wir nennen sie „Häuser der Barmherzigkeit". Weil die Menschen hier gerne sein dürfen, wenn sie bei uns nicht bleiben können. Häuser der Barmherzigkeit. Am besten außerhalb der Stadt. Es gibt da einen See, der sich manchmal auf mysteriöse Art und Weise bewegt. Der perfekte Ort für so ein Auffanglager. Vielleicht steckt da ja ein Engel Gottes hinter dieser mysteriösen Wasserbewegung und es ist so eine Art göttliches Angebot. Ein Angebot auf Begnadigung. Der erste, der kommt, der wird reingewaschen von der Sünde, die ihm diese schwere Krankheit eingebrockt hat, und er wird wieder gesund.

Gesagt, getan. Mit der Zeit entstehen fünf solcher Häuser der Barmherzigkeit. Barmherzigkeit – so nennt man auch den See: „Bethesta" – Barmherzigkeit. Es kommen täglich mehr Menschen hinzu, als gesund werden – wenn überhaupt welche gesund werden. Man trifft ja nie einen, der der erste im Wasser war. Wenn er gesund ist, dann bleibt er nicht freiwillig. Wenn er krank bleibt, war er wohl nicht der erste. Wie dem auch sei. Auch damals gab es schon diese Art, sich Probleme vom Hals zu schaffen.

Jesus kann an Problemen nicht vorbeigehen. Und er macht seinen Widerstand gegen diesen Umgang deutlich. Anders als in Lüchow Dannenberg. Er geht nicht demonstrieren. Er geht auf einen „Problemfall" zu. Jesus kann an Problemen nicht vorbeigehen. Und so sieht er diesen Tümpel mit den Baracken und wundert sich: Menschen versinken in Hoffnungslosigkeit und haben sich anscheinend darin eingerichtet?!

Auch das begegnet uns bis heute: In Deutschland leben inzwischen Menschen, die schon in zweiter Generation von staatlicher Unterstützung leben. (In den allermeisten Fällen tragisch. Vereinzelt begegnet einem das aber auch als selbstverständlich gewordenes Lebenskonzept.) Menschen, deren Eltern schon im sozialen Netz aufgefangen wurden, und die sich gar nichts anderes für sich vorstellen können. Und das ist ein echtes Problem, weil diese Menschen sich allzu oft einrichten in ihrer Hoffnungslosigkeit. (Längst nicht alle, aber es werden leider mehr, die sich ein Leben außerhalb der Sicherungssysteme gar nicht vorstellen können, weil sie es seit Generationen in ihrem Umfeld nicht anders kennenlernen konnten.) Wenn man diese Menschen fragt, was aus ihnen werden soll, dann gucken sie einen an und sagen: „Harz-IV". Ist doch klar. Die verstehen schon die Frage nicht. Wie sollten sie auch? Hoffnungslosigkeit ist ihre Lebensperspektive. Und darin haben sie sich eingerichtet.

Es gibt Menschen, die sich in ihrer Hoffnungslosigkeit einrichten. Da dürfen wir natürlich nicht alle über einen Kamm scheren, sonst würden wir den allermeisten Menschen Unrecht tun. Aber es gibt Menschen, die das als Lebensmodell für sich wählen, weil man ansonsten Verantwortung für sein Leben übernehmen müsste.

Das gibt es heute (ganz modern) und das gab es auch schon damals. Die Bibel ist auch da am Puls der Zeit. Und Jesus trifft auf ein Einzelschicksal. Auf einen, der schon seit so vielen Jahren an diesem Teich sitzt, dass man nicht genau weiß: **Freut der sich, dass die Freibadsaison wieder losgeht oder leidet er unter seiner Hoffnungslosigkeit?**

Und deshalb fragt Jesus ihn das: Was machst du hier? Willst du gesund werden? Und die Antwort ist so eine klassisch-wehleidige Antwort: „Mir hilft ja keiner. – Was soll ich denn machen? Immer, wenn ich versuche ins Wasser zu kommen, dann ist jemand anderes schneller. Und das seit 38 Jahren. Keine Chance."

Wenn ich Jesus gewesen wäre, dann wäre ich spätestens jetzt weitergegangen. „Dann kann ich dir auch nicht helfen… Wenn du in deinem Selbstmitleid versinken willst – oder vielleicht sogar schon versunken bist, dann geh doch nach Hause." Du nimmst hier einen Platz weg. Wegen Leuten wie dir mussten wir schon vier Hütten anbauen. Alles bezahlt von Steuergeldern.

Aber Jesus hört diesen Satz anders. **Jesus hört offenbar besser hin als ich:** Der Mann hat gesagt: „Jedes Mal, wenn ich ins Wasser steige, war jemand anderes schneller." Jedes Mal! Der Mann versucht es immer wieder.

Seit 38 Jahren. Ununterbrochen. Wenn irgendjemand eine Sehnsucht hat, gesund zu werden, dann dieser Mann.

Von der Reaktion von Jesus haben wir Christen – glaube ich – viel gelernt. Nur leider zu oberflächlich, wie wir gleich sehen werden. Jetzt ist der diakonische Einsatz gefragt: Jetzt müsste einer den Mann auf die Schultern nehmen und ins Wasser tragen. Und zwar, bevor jemand anderes wieder schneller ist. Das müsste jemand sein in den besten Jahren. In der Blüte seines Lebens. Vielleicht so Anfang/Mitte dreißig. So alt wie Jesus vielleicht – oder so alt wie ich. Ich bin Gott sei Dank auch mit Mitte Vierzig noch recht fit. Aber das macht Jesus nicht. Jesus sagt einen frommen Spruch und geht weiter. „Steh auf, nimm dein Bett und geh hin." – Und das haben wir uns abgeguckt. Und diesen Satz haben wir Christen perfektioniert. So, dass er in jede Situation passt. „Kopf hoch, ich bete für dich, das wird schon." Und dann kann man beruhigt weitergehen. Das ist doch das Wichtigste. Der Mensch muss doch nicht unbedingt gesund werden. Es reicht doch, wenn er „heil" wird. Wenn seine Beziehung zu Gott wieder in Ordnung kommt. Und das habe ich ihm doch gesagt: „Ich bete für dich." Das reicht doch wohl. So macht Jesus das doch auch: Frommer Spruch und weitergehen.

Nein! So macht Jesus das eben nicht! Das ist nicht nur ein frommer Spruch. Jesus tut das Wunder. Jesus greift heilend und helfend ein. Jesus spricht ein Machtwort. Auf der Stelle. Jesus hilft umgehend. „Wir warten nicht auf das nächste Überschwappen des Sees. Ich tue, was ich kann. Ich helfe dir sofort. Ich helfe dir erstmal wieder auf die Beine. Was das dann darüber hinaus heißt, und wie du in der Katastrophe Gott entdecken kannst, das kannst du später sehen. Erstmal brauchst du wieder festen Boden unter den Füßen. Weiche Knie hattest du lange genug."

Jesus hilft erstmal ganz praktisch. Und dann ist er weg. Der macht sich dünn. Der ist nicht mal eben eine Bibel holen oder einen Gemeindebrief, wo die Gemeindetermine drinstehen, damit der gute Mann jetzt auch den Weg in den Himmel (oder wenigstens in unsere Gottesdienste) findet. Jesus hilft praktisch. Und in dem Moment ist das alles, was dieser Mensch braucht. Erst passiert das Wunder. – Das Wunderliche kommt erst danach.

Und da muss Jesus erstmal gar nicht dabei sein. Das Wunder muss erstmal sacken und dabei passiert schon einiges: Der gute Mann nimmt sein Bett und geht. Aber er kommt nicht weit. Es ist Sonntag (Sabbat). Und unser Mann trägt seine Matte, seine Matratze. Und wer schon mal gesehen hat, wie unhandlich so eine Matratze ist, der weiß, dass das ganz schön nach Arbeit aussieht. Feiertagsarbeit war damals aber noch mehr verboten als heute. Und gleich kommen Menschen auf diesen Mann zugerannt und sagen: „Das darfst du nicht. Heute ist Sonntag. Das ist Sünde."

So ein Quatsch! Was dieser Mann jetzt braucht, ist kein schlechtes Gewissen. Was dieser Mann jetzt braucht, ist eine Unterkunft, wo er seine Matte hinlegen kann. Denn da, an dem Teich, kann er nicht bleiben. Was dieser Mann jetzt braucht, ist Asyl. Unterstützung in ein neues Leben auf eigenen Beinen. Im wahrsten Sinne des Wortes. – Das macht mich verrückt. Schon wieder bräuchte es hier diakonische Unterstützung, aber es gibt nur einen frommen Spruch.

Und jetzt reagiert dieser Mann auf die Vorwürfe und dabei wird manches klar. Jetzt gehen ihm auch noch die Augen auf, Stück für Stück: „Was heißt, ich darf mein Bett nicht tragen? Ihr redet mir immer ein, ich bin ein sündiger Mensch. Selbst meine Krankheit versteht ihr als Ausdruck von Sünde. Ihr sagt: Ich darf mein Bett nicht tragen. Warum nicht? Werde ich dann krank? Der, der mich gesund gemacht hat, der hat zu mir gesagt: Betten tragen ist okay. Ich muss – und ich werde dem glauben, der mich nicht mit meinem Schicksal belastet, sondern der mich befreit. Er hat mich gesund gemacht. Und um in eurem Bild zu sprechen, er hat mich von der Sünde befreit. Da kann das Tragen meines Bettes keine Sünde sein. Ihr habt mich gesehen und mich belastet. Und ihr tut es weiter, weil ihr mir verbietet, mein Bett zu tragen. Ihr guckt mich an und anstatt mir zu helfen, gebt ihr mir das Gefühl ‚Ich bin schlecht.' Gott sieht mich an und sucht mit mir zusammen nach einer Lebensperspektive. Diesen Zusammenhang, den ihr immer vermutet, den gibt es nicht. **Ich bin kein schlechter Mensch, weil ich behindert bin oder weil ich ein Defizit habe.** Seit 38 Jahren hocke ich an diesem Teich der Barmherzigkeit, um an jedem Tag depressiver zu werden. Seit 38 Jahren denke ich, Krankheit wäre eine Strafe für begangene Sünde, für Schuld, die ich auf mich geladen habe. Und ich bin daran beinahe zerbrochen. Aber Jesus hat mir gezeigt, dass es diesen Zusammenhang nicht gibt. Deshalb hat er mich auch nicht ins Wasser gebracht. Dann hätte ich immer noch gedacht, dass ich aufgrund von Sünde so krank geworden bin. Dann hätte ich mich immer noch gefragt: Womit habe ich das verdient? Jesus hat mir gezeigt, dass das nichts miteinander zu tun hat. Jesus hat mich befreit. Also: Warum sollte ich mein Bett nicht tragen dürfen?"

Ich bin beeindruckt von dem, was nach dem Wunder mit dem Mann passiert. Hier passiert das eigentlich Wunderliche oder Wunderbare: Der Mensch versteht, was Jesus mit diesem Wunder zum Ausdruck bringen wollte. **Für einen Moment blitzt etwas vom Himmel / von Gottes Herrlichkeit auf, und der Mann wird bis ins Innerste befreit.** Diese diakonische Tat von Jesus ist die reinste Seelsorge.

Und dann darf es einige Zeit später auch noch zu einer tieferen Begegnung zwischen Jesus und dem Mann kommen: Die beiden treffen sich und Jesus spricht den Mann an und sagt: „Sündige hinfort nicht mehr. Ich habe dich freigesprochen. Von der Sünde, die andere dir eingeredet haben. Ich habe dir Leben neu ermöglicht. Jetzt lebe in dieser Freiheit. Sünde und Krankheit – Sünde und Schicksalsschläge haben nichts miteinander zu tun. Das soll dich befreien/erleichtern. Aber das soll dich nicht leichtsinnig machen. Jetzt sündige auch in Zukunft nicht. Denn in Sünde zu leben, macht dich nicht krank. Aber in Sünde gefangen zu sein, nimmt Lebensqualität und trennt von Gott. Und das ist noch schlimmer, als gelähmt zu sein. Und das wünsche ich dir nicht. Deshalb mein Tipp: Lebe befreit. Lebe in Freiheit. Und halte dich von Sünde fern."

Zur Freiheit hat uns Christus befreit. Wie ärgerlich, wie fatal wäre es, wenn wir uns jetzt wieder in Sünde verstricken würden. Lasst uns davon Abstand halten und in unserer von Gott geschenkten Freiheit und in seinem Rahmen Leben gestalten.

Amen.

Jesus und Petrus – Hast du mich lieb?

Länge:	ca. 15 Minuten
Bibelstellen:	**Johannes 21,15–17** | Matthäus 26,69–75
Thema:	Beziehungspflege mit Jesus / Vergebung
Aufbau:	Das werde ich mir nie verzeihen! Über Schuld wächst kein Gras. Ein klärendes Männergespräch Jesus und ich – Beziehung will gepflegt sein Ich brauche Vergebung – eine neue Chance ist wie ein neues Leben
Ergänzende Medien:	Tim Bendsko – VERGISS ES

„Das werde ich mir nie verzeihen." – Es gibt Momente, in denen du selbst merkst, dass du etwas gemacht hast, was du nicht mehr geraderücken kannst. Da ist was passiert und es kann nie mehr werden wie früher. Du hast jemanden beleidigt. Du hast vielleicht etwas gesagt, was dir im Eifer des Gefechtes so rausgerutscht ist. Aber gesagt ist gesagt. Du kannst es nicht ungeschehen machen. Oder du hast unbedacht ein Erbstück zerdeppert. Nicht die Scherben sind das Problem, sondern die Erinnerungen, die damit verbunden sind, und die sich nicht wiederbringen lassen. Das wird der andere nie verzeihen! Oder du hast jemanden enttäuscht. In dem Moment, wo dein Freund dich so richtig nötig hatte ... wo er einfach jemanden brauchte, der bedingungslos zu ihm hält, warst du nicht da. So ein Stachel sitzt tief.

„Das werde ich mir nie verzeihen." Mit diesem Satz lebt er jetzt schon eine ganze Weile. Die beiden waren beste Freunde. Sie sind zusammen durch dick und dünn gegangen. Sie konnten sich aufeinander verlassen. Felsenfest. Und dann hatte er ihn im Stich gelassen. Obwohl sie sich gegenseitig geschworen hatten, dass das nicht passiert: Er hat es verbockt. Mit Anlauf gegen die Wand gefahren. Gleich mehrfach den Schuss nicht gehört. Hat sich distanziert, wo Nähe wichtig gewesen wäre. Er hätte seinem Kumpel zur Seite springen müssen – und er hat es nicht getan. Er hat gekniffen. Er hatte Schiss. Und er könnte sich ohrfeigen dafür.

Er hatte nicht viel Zeit zum Überlegen, aber das lässt er nicht mal vor sich selbst als Argument gelten. In dem Moment, wo Freundschaft etwas kostet, da merkst du, was diese Freundschaft wert ist. Und er war nicht bereit oder nicht in der Lage, den Preis zu bezahlen. – Und dann hat er das enttäuschte Gesicht seines Gegenübers gesehen: Kein Sterbenswort hat sein Freund mehr gesagt. Hat nur traurig geguckt und dann war er weg. Fast eine Woche war Funkstille. Sie haben sich nicht gesehen. Sie haben nichts voneinander gehört. Sie waren füreinander gestorben. Und für beide war es die Hölle. Im wahrsten Sinne des Wortes.

Doch dann kam der Freund zurück. War wieder Teil der Clique und doch merkten beide: „Es ist nicht mehr wie früher. Da steht was zwischen uns." Vielleicht wächst Gras über die Sache und die Zeit heilt alle Wunden... – Aber nach knapp sechs Wochen ist jetzt klar: Über Schuld wächst kein Gras. Es ist ein beklemmendes Gefühl, so sehr er auch versucht, es zu überspielen...

Jetzt haben sie sich zum Grillen getroffen. Ganz wie in alten Zeiten. Er kam von der Nachtschicht und hatte Grillfleisch besorgt. Es reichte für alle und so wurde es ne Grillparty für die komplette Nachtschicht.

Männerabend am Morgen: Die Kumpels im Schlepptau – und dann kommst du nach Hause und der Grill ist schon an. Das sind echte Freunde: Während du im Hafen schuftest, kommt dein bester Freund schon zum Strand und schmeißt den Grill an. Und pünktlich zum Feierabend sitzt er auf glühenden Kohlen. Traumhaft. Und auch das Wetter spielt mit.

Und trotzdem, irgendwie ist das Setting komisch: Die Stimmung ist zum Zerreißen gespannt. Er dachte schon, vielleicht war es verkehrt, die ganze Clique einfach mitzubringen. Eigentlich müssten wir mal in Ruhe reden. Aber vielleicht war es auch goldrichtig. Da liegt dieses Gespräch in der Luft. Und er weiß gar nicht, ob er das will. Und solange die beiden nicht alleine sind, schweigt man sich an. Krass, was einem alles durch den Kopf geht, wenn man nicht reden kann.

Könnten die beiden nicht vor die Tür gehen, sich so richtig auf die Schnauze hauen und dann ist alles wieder gut? Wenn es nur so einfach wäre! Langsam gehen die ersten. Der Frühschoppen ist vorbei. Auch die härtesten Jungs müssen mal ins Bett. Das war ja klar… Die beiden sind die Letzten.

Und mitten in den Aufräumarbeiten bricht der Kumpel das Schweigen: „Sag mal, Simon? Sind wir noch Freunde?" Die Frage tut weh, aber Simon merkt, dass sie berechtigt ist. Ein einfaches „Na klar" – damit ist es nicht getan. Das merkt er selbst. Und er sagt: „Ey, du weißt, dass du mir richtig viel bedeutest." „Okay, dann will ich dir glauben."

Einen kurzen Moment später gibt es ein Déjà-vu: „Sag mal, Simon? Bin ich dein Freund?" Auch die Frage tut weh. Noch mehr als die erste. Und Simon ist enttäuscht: Langsam bekommt er eine Ahnung, wie es sich anfühlt, in so kurzer Zeit mehrfach enttäuscht zu werden. Und Simon merkt, dass er über die Frage nochmal nachdenken muss. Nicht, weil er sich nicht sicher wäre, sondern weil er merkt, dass die Antwort Konsequenzen hat – und haben muss.

Er überlegt nur einen Moment, aber der kommt ihm wie eine Ewigkeit vor. **Manchmal reicht ein Moment, um über sein ganzes Leben nachzudenken** und Simon stellt fest, dass er so oft ne große Klappe hat, und dass er mühsam lernen muss, dass diese großen Worte mehr sein müssen als leere Versprechungen. Letztendlich ist seine Antwort die gleiche. Aber er gibt sie mit größerer Überzeugung: „Ey, du weißt, wie viel du mir bedeutest." „Okay, dann werde ich dir vertrauen."

Und aller guten Dinge sind drei. Und so dauert es nicht lange und Simon hört diese Frage zum dritten Mal: „Sag mal, Simon? Bist du mein Freund?" Diese Frage geht unter die Haut. Ein drittes Mal hätte er nicht mit dieser Frage gerechnet. Und jetzt sieht sein Gesicht wahrscheinlich genauso traurig aus wie das seines Freundes vor knapp zwei Monaten: Als er sich von ihm distanziert hat, als er auf die Frage, ob sie Freunde sind, dreimal in kürzester Zeit „Nein" gesagt hat. **Und alles in ihm schreit: „Jesus, ich habe verstanden!** – Jesus, du weißt, wie sehr ich dich liebe. Du weißt, wie ich zu dir stehe, wie ich über dich denke und du weißt, wie ich leben will. – Und Jesus, du weißt, dass mein Leben dem nicht immer gerecht wird, aber ich will daran arbeiten. Mein Leben soll zu dem passen, was ich glaube. Ich möchte authentisch sein. Ich will, dass du stolz auf mich bist." Und dann sagt er zum dritten Mal: „Jesus, du weißt, wie es in mir aussieht. Und du weißt, wieviel du mir bedeutest."

Und auch Jesus sagt zum dritten Mal: „Okay, dann werde ich dir vertrauen."

Ihr habt es wahrscheinlich gemerkt: Das war eine Geschichte aus der Bibel. Eine Begebenheit, die sich zwischen Jesus und Petrus abgespielt hat. Und wie das bei Geschichten mit Petrus oft ist: Ich kann mich darin wiederfinden. Dieser Typ ist mir so ähnlich. Petrus ist genauso wie ich EC'ler. Petrus hat sich für ein Leben mit Jesus entschieden. Petrus ist entschieden für Christus.

Wenn man ihn reden hört, dann kann man das nicht überhören. Und wenn man ihn leben sieht, dann fällt das ebenso auf: Er interessiert sich für Jesus, so dass es aufmerksamen Menschen auffällt. Er redet schon wie Jesus, so dass Leute denken: Der kommt doch aus der gleichen Ecke. Und er setzt sich für Jesus ein, so dass Menschen sein Gesicht mit Jesus in Verbindung bringen [**vgl. Matthäus 26,69–75**].

Aber wehe, es spricht ihn jemand drauf an. Dann zieht Petrus den Schwanz ein. Dann wird er ganz klein mit Hut. **Er will als Christ leben, aber am liebsten wäre es ihm, wenn das außer Jesus keiner mitbekommt.**

Ich kenne das gut. In der Schule habe ich gelernt mit offenen Augen zu beten: vorm Essen, vor Klassenarbeiten und selbst vor einem Elfmeter in der Sportstunde. Das hat keiner mitbekommen. Ich konnte über eine christliche Freizeit reden, so als wäre ich im Sommer einfach nur mit Freunden weg gewesen: „Wir haben gezeltet. Mit Kanufahren, Lagerfeuer und Wasserschlacht." Und wer das nicht kennt, der kommt nicht auf die Idee, dass da gebetet wurde und der spricht mich auch nicht darauf an. Ich konnte mich so dezent gegen Mobbing in der Klasse einsetzen, dass weder Täter noch Opfer etwas davon gemerkt haben, aber zur Beruhigung für mein Gewissen hatte ich wenigstens was gesagt.

Mir geht es ein bisschen wie Petrus: Ich habe schon so viel von Jesus gehört. Und ich will diesen Jesus in meinem Leben haben. Weil er meinem Leben guttut. Und ich weiß, dass ich da gefragt bin. Dass das eine Reaktion von mir verlangt: Wenn mein Leben anders werden soll, dann muss sich auch was verändern. Wenn Jesus in meinem Leben den Unterschied ausmachen soll, dann muss sich auch was unterscheiden. Wenn Menschen in mir ein Stück von Jesus erkennen können sollen, dann muss auch was von Jesu Handschrift zu sehen sein. Und das gelingt mir so oft nicht. Und dann geht es mir wie Petrus, der zu Tode betrübt ist, weil er Jesus enttäuscht. **Ich bin doch nicht blöd: Ich weiß doch, was eine Freundschaft braucht. Eine Beziehung will gepflegt sein.** Da muss man Zeit miteinander verbringen, sich gegenseitig Freude machen. Mit der anderen Person reden. Ihre Briefe und ihre WhatsApp-Nachrichten lesen. An sie denken, sich für sie hübsch machen. Gut über sie reden. Für sie einstehen. Sich für ihre Sache interessieren.

Und in meiner Beziehung zu Jesus ist das doch nicht anders: Auch diese Beziehung lebt davon, dass wir uns Zeit füreinander nehmen. Miteinander reden, die Nachrichten des anderen lesen: jeden Sonntag im Gottesdienst oder vielleicht jeden Morgen, bevor ich in den Tag starte oder jeden Abend, bevor ich meine Augen schließe. Da gehört es dazu, sich an Absprachen zu halten, seine Gebote zu befolgen. Dinge sein zu lassen, die Jesus traurig machen und stattdessen Dinge gerne zu tun, die ihm Freude bereiten.

Es ist doch nicht so, dass ich das nicht wüsste… Und dann geht's mir wie Petrus und ich verzweifle, weil es mir manchmal nicht gelingt. Und deshalb liebe ich diese Geschichte, die ich euch eben erzählt habe, weil das genau auch meine Geschichte ist. Und ich finde es genial, dass Jesus das anspricht. Jesus liegt was an unserer Freundschaft.

Bei uns im EC haben wir ein Versprechen, das wir gemeinsam abgeben. Vielleicht kennt es auch noch jemand unter dem Namen Bekenntnis. Letztendlich ist es egal, wie man das nennt. Aber als EC-Mitglied sprechen wir genau das laut aus: „Jesus Christus ist mein Erlöser und Herr. Darum möchte ich ihm die Ehre geben und mein Leben nach seinem Willen gestalten. Ich möchte auf sein Wort hören, die Bibel lesen und beten. Ich will im EC mitarbeiten, am Leben meiner Gemeinde teilnehmen und die Gemeinschaft der Christen stärken. Anderen Menschen möchte ich den Weg zu Jesus Christus zeigen. Aus eigener Kraft kann ich das nicht. Ich vertraue auf Jesus Christus."

Dazu bekenne ich mich. Das ist das, was ich mir für mein Leben wünsche. So will ich leben. Und wir wissen beide (also Jesus und ich), dass mir das nicht gelingt. Deshalb vertraue ich darauf, dass Jesus mir dabei immer wieder hilft. Ich brauche die Vergebung von Jesus.

Und an der Geschichte von Petrus und Jesus lerne ich, wie viel auch Jesus an dieser Beziehung liegt: Jesus fragt nicht danach, wie ich gedenke, das wieder in Ordnung zu bringen. **Jesus fragt nicht nach Wiedergutmachung. Jesus fragt nach der Liebe:** „Wie sieht es aus, Thomas, hast du mich lieb?"

Lied oder Auszug aus: „Vergiss es" von Tim Bendsko einspielen

Jesus fragt nicht nach Wiedergutmachung. Jesus fragt nach der Liebe. Und das geht nicht einfach mit „Schwamm drüber". **Die Zeit heilt nicht alle Wunden. Mit der Zeit vernarbt nur das Gewebe.** Über Schuld, die uns trennt, wächst kein Gras. Da legt sich eine Rostschicht drauf. Und die macht was kaputt. Deshalb spricht Jesus das an! Petrus hat Jesus dreimal verleugnet. Und dreimal fragt er nun: Simon, hast du mich lieb?

Jesus fragt nicht: „Wie gedenkst du, das wieder gut zu machen? – Sieh zu, wie du da wieder rauskommst. Da musst du dir aber was einfallen lassen." Jesus guckt nicht auf die Scherben. „Können wir da noch was kitten?" Jesus guckt auf die Beziehung. „Pass auf, dass du dich nicht an den Scherben schneidest."

Jesus blickt nach vorne: Wie können wir das in den Griff bekommen? Wie wollen wir das in Zukunft halten? Wie sieht es ab morgen aus? Sind wir noch Freunde? Hast du mich lieb?

Und wenn ich darauf ein ehrliches „Ja" habe, dann ist das alles, was Jesus hören will und was er hören muss. Das reicht ihm. „Okay, dann werde ich dir vertrauen." Und dieses Vertrauensverhältnis spornt mich immer wieder an, einen neuen Anlauf zu nehmen, mit meinem Leben Gott Ehre zu machen.

Amen.

Die Emmausjünger – Der Durchbruch des Lebens

Länge:	ca. 5 Minuten
Bibelstellen:	**Lukas 24,13–35**
Thema:	Überlebensperspektive | Ostern | neue Leidenschaft
Aufbau:	Versunken in Selbstmitleid – geteiltes Leid ist doppeltes Leid. Jesu Tod als Durchbruch zum Leben. Jesus erfüllt den Tod mit Leben. Jesus ist wieder da und steht auf der Matte.

Zwei Freunde gehen gemeinsam Laufen. Alles ganz corona-konform. So weit, so gut. Aber damit ist eben längst nicht alles gut. Die Krise hat sie hart getroffen. Von einem Tag auf den anderen ist alles anders geworden. Ihre Lebensgrundlage ist ihnen entzogen. All ihre Pläne für die nächsten Tage, Wochen, Monate und vielleicht sogar Jahre fallen aus. Der gemeinsame Lauf ist auch ein bisschen Frustbewältigung. Wie ihr Leben morgen weitergehen soll, wissen sie noch nicht. Den beiden ist der Stecker gezogen.

Sie klagen sich gegenseitig ihr Leid. Und damit quatschen sie sich auch immer weiter in die Krise hinein. Geteiltes Leid ist halbes Leid – von wegen. Sie schwärmen von alten Zeiten. Davon, wie sie gemeinsam Kämpfe ausgetragen haben, wie sie den Sieg ihres Lebens gefeiert haben, obwohl die Niederlage eigentlich schon beschlossene Sache war.

Wie gerne hätten sie diese Geschichten später einmal vor dem Kamin ihren Enkeln erzählt. Sie wollten die ganze Welt mit hineinnehmen in den Freudentanz und Siegeszug ihres Lebens. Sie wollten sich den Sieg auf die Fahne schreiben – ein ganz anderes Level von Leben. Sie hatten ein Konzept, wie man gar nicht mehr verlieren konnte. Und das wollten sie mit der ganzen Welt teilen. Daraus wird nun nichts.

Corona ist schuld. Corona – die Krone. Eine ganz schön stachelige Krone hatten sie ihrem großen Vorbild aufgesetzt. Eine Dornenkrone. Und das auch nicht, um ihn zu feiern, sondern um sich über ihn lustig zu machen.

Mit Widerstand war zu rechnen. Der schlug ihnen in letzter Zeit immer mehr entgegen. Daran waren sie gewöhnt. Ihr Anführer hatte das sogar kommen sehen. „Es werden sich nicht alle freuen, wenn wir eine Perspektive anbieten, die das Überleben eines jeden Menschen sichert. Manche Menschen leben von der Angst und der Ungewissheit. Es wird Gegenwind geben."

Deshalb waren sie auch nicht überrascht, als man ihm die Dornenkrone in die Kopfhaut drückte, bis Blut floss. Aber dass er dann nicht den Hammer rausgeholt und auf den Tisch gehauen hat, das war dann doch komisch. Und dann ging dieser Kampf verloren. Und damit wurde jeder Plan durchkreuzt. Die Ewigkeitsperspektive konnten sie an den Nagel hängen. Ihr Freund starb und mit ihm jede Hoffnung. Was würde jetzt werden?

Ein dritter Mann gesellte sich zu den beiden. Immer noch corona-konform. Begegnung im öffentlichen Raum, Abstand 1,5 m und er kam den beiden auch nicht näher. – Alles gut, also. Aber inhaltlich kamen sie sich näher. Der Mann fragte: „Was redet ihr?" Eine dankbare Frage und die beiden fingen von vorne an. Klagen tut gut.

Der Dritte hörte zu. Aber nicht nur. Er fragte auch nach, zeigte ihnen, wie sich das Ganze für ihn anhört. Was seine Sicht der Dinge war: Vielleicht hat man nicht verloren, wenn man sein Leben verliert. **Vielleicht gibt es Dinge, für die es sich nicht nur zu leben, sondern auch zu sterben lohnt.** – Für euch zum Beispiel.

Wie meinst du das?

Naja: Vielleicht hat dieser Tod mehr in Gang gesetzt, als ihr ahnt. Vielleicht kann auch eine Dornenkrone ein Zeichen für den Triumpf sein. Was, wenn ein Folterinstrument wie das Kreuz eher ein Siegeszeichen ist. Was, wenn der, der da am Kreuz stirbt, selbst vom Tod nicht aufgehalten werden kann? Hatte euer Freund, hatte Jesus, das nicht gesagt? Nach drei Tagen bin ich wieder da? Wartet doch mal ab. Vielleicht ist die größte Krise eures Lebens eigentlich der Durchbruch des Lebens. Denn wenn Jesus lebt, dann hat der Tod verloren. Wenn einer dem Tod entkommt, dann hat der Tod nichts Endgültiges mehr. Aber das war mal die Kernkompetenz des

Todes. Mit dem Tod war mal alles vorbei. Damit ist jetzt Schluss. Jesus durchlebt den Tod. Er füllt den Tod mit Leben.

Da kann man richtig leidenschaftlich werden. Und mit der Perspektive lässt sich manches Leid aushalten. Jesus hat den Tod durchlebt. Das war hart und hart zu ertragen. Aber es hat sich gelohnt. Kopf hoch.

Wahnsinn, was ein Perspektivwechsel manchmal ausmacht. Die beiden Läufer waren beeindruckt. Sie luden den Neuen zum Essen ein. Und beim Essen fiel es ihnen wie Schuppen von den Augen. In diesem Menschen war ihnen Jesus begegnet. Den ganzen Tag hatten sie keinen Blick dafür. Hatten es nicht bemerkt. Und jetzt, wo sie es merkten, in dem Augenblick war er auch nicht mehr zu sehen. Aber das war jetzt auch nicht mehr wichtig. Wichtig war, dass er da ist, und dass er lebt. Dafür muss man ihn nicht sehen.

Vor drei Tagen war Jesus gestorben. Und er hatte nicht gelogen. Er ließ sich nicht aus dem Leben vertreiben. Drei Tage später war er wieder da. Heute ist er wieder da und steht auf der Matte. Der Tod ist besiegt. Der Endgegner hat verloren. Die Krise ist überwunden.

Die beiden Läufer haben neu Feuer gefangen. Ihre Leidenschaft für das Leben und das Überleben wiedergewonnen. Und mich haben sie dabei mitgenommen.

Das muss man sich auf die Fahne schreiben. Jesus lebt. Er gibt den Löffel ab. Aber er behält die Fahne. Er gewinnt sein Leben zurück. Und dein Leben rettet er auch.

Ein Wunder, von dem ich auch vor dem Kamin noch meinen Enkeln berichten will. Jesus lebt.

Amen.

Eutychus – Dein Platz in der Gemeinde

Länge:	ca. 9 Minuten
Bibelstellen:	**Apostelgeschichte 20,7–12**
Thema:	Konfirmation – dein Platz in der Gemeinde
Aufbau:	Wo ist dein Lieblingsplatz in der Gemeinde? Gottesdienst ist so abgefahren anders.

Gott und Tod haben keine gemeinsame Schnittmenge. Gottesdienst lohnt sich, selbst wenn es mal totlangweilig ist.

Ich will euch heute eine Geschichte erzählen von einem jungen Mann, der seinen Platz in der Gemeinde gefunden hat. Ich nenne den jungen Mann mal Sebastian. Er heißt eigentlich anders, aber ich habe ihn nicht gefragt, ob ich seinen richtigen Namen nennen darf. Und außerdem ist sein Name ein bisschen seltsam und das könnte ablenken. Ich verrate euch nachher, wie er wirklich heißt.

Sebastian hat seinen Platz gefunden. Hinten links. Ganz hinten. Direkt am Fenster. Am offenen Fenster. Sebastian sitzt immer am Fenster. Er weiß genau, wie der Hase läuft: Manchmal schafft er es nicht rechtzeitig. Aber er will den Gottesdienst nicht verpassen. Dann sitzt er gerne hinten. Dann fällt das nicht so auf, wenn er sich reinschleicht. Schlimm genug, dass er den Anfang verpasst: die 10 Minuten vor dem Gottesdienst, wo alles noch durcheinanderwuselt und jeder jeden begrüßt. Wo man über seinen Samstagabend redet und alles, was passiert ist, seitdem man sich das letzte Mal getroffen hat. Er verpasst den Anfang nicht gerne. Die freundliche Begrüßung mit dem Witz, den der Moderator doppelt machen muss, weil das Mikro noch nicht an ist. Das erste Lied, wo noch der Text von der ersten Strophe an der Wand steht, wenn schon der Refrain gesungen werden soll. – Ein Running-Gag!

Sebastian liebt diese ersten Minuten. Sie gehören für ihn zum Gottesdienst dazu. Darauf freut er sich richtig. Hier trifft er Menschen, die er gerne hat. – Obwohl nicht alle seine Freunde sind. Er fühlt sich wohl in der Gemeinschaft. Aber er muss nicht von allen gesehen werden. Der Platz hinten am Fenster ist gut. Außerdem ist er noch jung. Und seine Augen sind noch richtig gut. Er kann auch von hinten alles sehen. Kein Grund also, anderen Leuten im Weg zu sitzen. Er kommt sich immer komisch vor, wenn hinter ihm Leute die Plätze tauschen, damit einer besser sehen kann. Er denkt immer, das machen sie wegen ihm. Und dann denkt er, er müsste abnehmen. Junge Menschen machen sich darüber Gedanken. Wenn Sebastian hinten sitzt, dann tuschelt keiner. Auch wenn er gar nicht gemeint ist: Es ist ihm lieber, das Getuschel von hinten lenkt ihn nicht ab.

Und es gibt noch einen Grund für den Platz am Fenster: Sebastian ist nicht der Typ für Kerzen! Er braucht das alles nicht. Aber der Gottesdienst in seiner Gemeinde funktioniert nicht ohne Kerzen. Ingeborg ist das wichtig. Sie kommt jedes Mal eine Stunde früher, damit schon alle Kerzen brennen, wenn der erste kommt. „Stimmungslicht." Was willst du machen? Manche können nicht ohne.

Aber wo Licht ist, ist auch Schatten und besonders Kerzenlicht hat seine Schattenseiten: Letzte Woche kam Sebastian längst nicht als Letzter, aber schon als er reinkam, war die Luft schlecht. Deshalb sitzt er hinten. Ganz hinten. Am Fenster. Am offenen Fenster. Frischluft ist wichtig. Gerade wenn's mal wieder länger dauert.

Und wenn es so richtig voll ist, dann setzt er sich sogar direkt in die Fensterlaibung. Auch der Ausblick ist nämlich nicht zu unterschätzen. Manchmal ist die Predigt einfach nichts für ihn. Das Thema fesselt ihn nicht. Und dann genießt er den Ausblick: Man hat einen hervorragenden Blick – aus dem dritten Stock. Bei gutem Wetter kann man sogar den Hafen sehen.

Wie oft hat er schon träumend im Gottesdienst gesessen und nur einzelne Sätze aufgeschnappt. Aber die haben gesessen! Und die ganze nächste Woche hat er über diesen einen Impuls nachgedacht. **Wie macht Gott das bloß: dass er dich manchmal trifft, obwohl du nicht zuhörst.** Sebastian findet das genial: Ein Gottesdienst ist irgendwie eine ganz besondere Zeit.

Diese ein bis drei Stunden in der Woche, die sind so völlig anders als alles, was er sonst tut. Diese Zeit hat so gar nichts mit seinem echten Leben zu tun: kein Handy, kein Knopf im Ohr, kein WhatsApp. Dafür Händeschütteln – so im Real-Life. Im Buch lesen – so mit umblättern und mit Eselsohren und so. Und mit nach vorne gucken – ganz ohne Werbepause. Diese Zeit ist so abgefahren anders. Hat so gar nichts mit dem Leben von Sebastian zu tun. Und doch geht es um nichts anderes. Es geht um sein Leben. Der Gottesdienst ist wie eine andere Welt. So, als wenn er für eine Stunde mal in den Himmel „luschern" darf und einen kleinen

Vorgeschmack auf das bekommt, was auf ihn wartet. Der Gottesdienst ist ein kleines Stückchen Himmel auf Erden. Und Sebastian merkt, dass ihm das gut tut. Er nimmt diesen Himmel mit in seine Welt. In seinen Alltag.

Sebastian gehört in die Gemeinde. In den Gottesdienst. Er hat seinen Platz gefunden: hinten links am Fenster. Das ist sein Platz. Und da lässt es sich aushalten. Auch, wenn der Gottesdienst mal nichts für ihn bereithält. Da lässt es sich aushalten. Auch, wenn es mal wieder länger dauert. Er kommt trotzdem. Weil Gott in sein Leben gehört. Und weil Gott sich hier treffen lässt. Und weil eben doch manchmal etwas für ihn dabei ist. Sebastian hat seinen Platz gefunden.

Seit letzter Woche kennt ihn jeder in der Gemeinde. Er weiß gar nicht genau warum. Er kann sich gar nicht mehr genau dran erinnern, was war. Aber jedes Mal, wenn er jemanden aus seiner Gemeinde in der Stadt trifft, nehmen ihn die Leute in den Arm und freuen sich. Sie sagen Sätze wie: „Du bist der Junge aus der letzten Bank, oder? Schön, dass es dir gut geht." Manche fallen ihm auch um den Hals und schreien ihm übermütig ins Ohr: „Gott sei Dank! Du lebst."

Ja, findet er auch. Er lebt auch gerne. Aber was war passiert? Er weiß es selbst nicht. Er kennt die Geschichte auch nur vom Hörensagen. Und sie ist ihm so unangenehm: Sebastian ist während des Gottesdienstes eingeschlafen. Er schlief den Schlaf der Gerechten. Aber er hat nicht laut geschnarcht. Nein, er ist einfach bei offenem Fenster eingepennt. – Und dann ist er aus dem Fenster gefallen. Aus dem dritten Stock. Das hätte böse ins Auge gehen können. So einen Sturz überlebt man nicht.

Was wäre das für eine Schlagzeile gewesen: „Ewiges Leben viel zu schnell vorbei – Junge stirbt im Gottesdienst." Oder „Junge fällt aus allen Wolken – leider tot." Oder „Evangelist hat Jungen totgepredigt." Oder „Predigt in der Gemeinschaft totlangweilig. Zahl der Opfer steigt weiter." Aber Sebastian lebt.

Wer sich zu Gott hält, kann nicht sterben. Leben geht weiter, selbst wenn man den Folgen eines Unfalls erliegt. An Sebastian ist das deutlich geworden: Gott und Tod haben keine gemeinsame Schnittmenge. Gott und Tod, das passt nicht zusammen.

Sebastian lebt! Ein Wunder. Damit das klar ist: So gehen Unfälle nicht immer aus! Aber wenn sie es ausnahmsweise tun, dann weil da ein bisschen was vom Himmel durchblitzt. Weil man einen Vorgeschmack darauf bekommen soll, was Auferstehung bedeutet. Weil deutlich werden soll, dass die Gemeinschaft mit Gott, dass das Leben nicht vorbei ist, nur weil man stirbt.

Gut, dass Sebastian im Gottesdienst war. Die Predigt war totlangweilig – im wahrsten Sinne des Wortes. Und trotzdem hat jeder, der da war, ein Wunder erlebt: Keiner, der dabei war, wird diesen Gottesdienst jemals vergessen. Und jedes Mal, wenn man Sebastian in der Stadt trifft, blitzt ein Stückchen Himmel im Alltag auf. Und jeder weiß, dass Gott und Tod nichts miteinander zu tun haben. Gott steht für ewiges Leben.

Sebastian hat seinen Platz in der Gemeinde gefunden. Hinten links, am Fenster. Hier lässt es sich leben.

Amen.

Ich weiß: Normalerweise kommt nach dem Amen nichts mehr. Aber eine Sache muss ich noch nachreichen – hatte ich ja auch versprochen: Diese Geschichte habe ich mir nicht ausgedacht. Es ist eine wahre Geschichte. Sie steht in der Bibel. Apostelgeschichte 20,7–12. Und da steht auch, wie Sebastian eigentlich heißt. Nämlich Eutychus. Und der große Paulus war der Prediger.

Selbst dem kann das passieren. **Selbst die Predigt von einem der besten Prediger der Welt ist mal langweilig. Das kommt mal vor.** Aber das ist kein Grund, nicht mehr in den Gottesdienst zu gehen. Ich sage immer: „Wer bei meinen Predigten einschläft, hat ganz offensichtlich Recht." Dann habe ich offensichtlich was falsch gemacht. An der Message kann es jedenfalls nicht liegen. Nichts von dem, was Gott zu sagen hat, ist langweilig. Aber manchmal drückt sich der Prediger schlecht aus. Es kann doch nicht deine Schuld sein, wenn dir die Augen zufallen.

Eine langweilige Predigt kann mal passieren. Aber dann ist es gut, wenn man nicht nur ausnahmsweise mal da ist, sondern regelmäßig. Wenn man regelmäßig da ist, ist es nicht schlimm, wenn es auch mal langweilig ist. Was hindert dich, jeden Sonntag zu kommen? Es erhöht die Trefferquote von Predigten, die dich im Innersten treffen. Es erhöht die Chance, dass in deinem Alltag der Himmel aufreißt, und dass das dein Leben bereichert. Und außerdem verpasst du nicht, wenn's andere umhaut. Und wenn sie aus allen Wolken fallen oder aus dem Fenster.

Zum Schluss schlage ich euch einen Deal vor: Paulus predigte so lange, weil es seine letzte Chance war. Er musste am nächsten Morgen wieder weiterziehen. Und deshalb musste er alles, was es noch zu sagen gab, in diesen einen Gottesdienst packen. Wenn du aber doch deinen Platz in der Gemeinde gefunden hast und wenn du öfters da bist, dann muss auch nicht in jedem Gottesdienst alles gesagt sein.

Also der Deal ist folgender: Hier predigt keiner bis Mitternacht und du kommst dafür wieder. Das Angebot gilt. Hier ist immer ein Platz für dich. Wenn's wichtig ist auch am Fenster. Und ich freue mich auf ein Wiedersehen.

Philippus – Evangelisation als Lifestyle

Länge:	ca. 15 Minuten
Bibelstellen:	**Apostelgeschichte 8,26–40** | Johannes 1,43–46 | Apostelgeschichte 8,2–25
Thema:	Wie rede ich von Gott – Evangelisation als Lifestyle
Aufbau:	Einleitung – Philippus der Pferdefreund Tue, was du gerne tust – geh Pferde gucken. Höre den Leuten zu und lass Gott durch dich reden. Du brauchst am Anfang noch keinen Plan fürs Ende.
Sonstiges:	Diese Predigt kann eine Vorbereitung für Mitarbeitende zu einer Evangelisationswoche sein.

Wie rede ich von Gott? Wie bringe ich Menschen in die Gegenwart Gottes? Diese Frage beschäftigt mich. Ich habe meine Ausbildung an einer Evangelistenschule gemacht. Vielleicht ist auch deshalb „Evangelisation" so spannend für mich. Vielleicht ist es aber auch einfach nur der Auftrag, der uns Christen gegeben ist. Wir sollen diese gute Nachricht, das Evangelium, dass der Himmel für uns offen ist, ausbreiten. Jeder soll es erfahren, damit alle die Chance haben, Jesus kennenzulernen und sich zu ihm zu positionieren.

Jahrzehnte, wenn nicht sogar Jahrhunderte, ist Evangelisation vielerorts immer gleich praktiziert worden. Und wenn man etwas immer gleich macht, dann geht die Leichtigkeit verloren. Und die Leidenschaft. Dann wird es zur Routine, zur abzuarbeitenden Aufgabe. **Ist es mir noch eine Herzensangelegenheit, Menschen in die Gegenwart Gottes zu führen und sie zu fragen, ob sie in dieser Gottesnähe bleiben wollen?** Drängt es mich noch um der Menschen willen, sie mit Jesus in Kontakt zu bringen?

Philippus hat diese Leidenschaft. Als er Jesus kennenlernt, da rennt er zu seinem Freund Nathanael, der den ganzen Tag in der Bibel liest und der wahrscheinlich jedes Jungscharquiz gewinnen würde und er erzählt ihm, dass er draußen beim Spielen den getroffen hat, den Nathanael die ganze Zeit in der Bibel sucht. Und als Nathanael ihm theologisch begründet, warum das nicht sein kann (schließlich kommt der Retter nicht aus Nazareth, sondern aus Betlehem), da diskutiert Philippus nicht lange, da lädt er ihn ein, sich selbst ein Bild zu machen [**vgl. Johannes 1,43–46**].

Philippus hat diese Leidenschaft, dieses Feuer, um andere Menschen in die Nähe Gottes mitzunehmen. Und deshalb liebe ich die Geschichten von Philippus. Und ich liebe diese Geschichte von heute im Speziellen: Philippus ist uns hier ein richtig gutes Beispiel oder Vorbild.

Philippus ist jemand, mit dem man sich leicht identifizieren kann. Philippus ist kein studierter Theologe, Philippus ist ein einfacher Mensch. Eine ehrliche Haut. Das verrät schon sein Name. Früher waren Namen noch viel mehr als heute eine Persönlichkeitsbeschreibung. Zumindest lassen Namen Rückschlüsse auf familiäre und soziale Vorprägung zu. Und **Philippus ist kein Theoretiker. Philippus heißt „Pferdefreund".**

„Philia und Hippos" – „Freund des Pferdes". Philippus war eher ein Naturbursche, kein Stubenhocker, eher Pragmatiker und ganz bestimmt kein Gelehrter – erst recht kein Theologe. Seine Eltern haben ihn nach draußen geschickt. Bücher waren eher nicht so seine Welt.

Pferdefreund zu sein, heißt nicht unbedingt dumm zu sein, aber er war kein Pfarrer, kein ausgebildeter Evangelist. Philippus war einfach Christ.

Er glaubte an Jesus Christus. Dieser Philippus passt zu uns. Wir müssen keine Angst haben, uns mit ihm auf eine Stufe zu stellen. Und Philippus lässt sich gebrauchen. Von dem Philippus können wir uns eine Scheibe abschneiden. Und von Philippus können wir was lernen: Wie rede ich von Gott? Wie bringe ich Menschen in die Gegenwart Gottes? Wer redet in dieser Geschichte eigentlich? Und dann fällt mir auf, dass Philippus von allen Vorkommenden am wenigsten redet.

Da ist erstmal Gott, der redet. Er schickt Philippus ins Leben. Er schickt ihn an die Hauptstraße. Wenn es heißt, dass die Straße menschenleer ist, dann meint das, dass es die Durchfahrtsstraße ist, die aus Israel hinausführt. Die Straße ist knüppelvoll, aber doch trifft man keinen. Hier tobt nicht das Leben. Hier sind Leute unterwegs, die das Land verlassen. Die auf Reisen sind. Keine Dreißigerzone und kein Ortschild. Kein Supermarkt am Straßenrand. Vielleicht ein Rastplatz – und mit ganz viel Glück – mit Sanifer-Toilette. Hier ist Reise- und Güterverkehr. Transitverkehr. Und da schickt Gott Philippus hin. Gott schickt Philippus zum LKWs-gucken. (Die LKWs der damaligen Zeit waren interessanterweise Pferde. Was für eine Aufgabe für den Pferdefreund.) Das ist der Auftrag Gottes: „Tu, was du gerne tust." – Geh Pferde gucken. Manche Leute haben echt abgefahrene Hobbys. Aber auch die gebraucht Gott.

Am Johanneum – der Evangelistenschule – gab es einen Mitschüler, der war im Erstberuf Kfz-Mechaniker mit Leib und Seele. Allerdings musste er durch einen Arbeitsunfall seinen Job aufgeben. Und dieser Kerl war kein Theoretiker. Er tat sich auch ein bisschen schwer mit Menschen. Und manchmal wurde es ihm einfach zu viel (Theologiestudium und diese enge Lebensgemeinschaft). Und dann musste er manchmal einfach raus. Er ist durch den Nordpark gelaufen. Einmal quer durch auf die andere Seite. An die Autobahn. Da hat er sich dann auf eine Brücke gestellt und LKW's geguckt. Das war seine Leidenschaft. Da konnte er abschalten und runterfahren. Oder er hat sich ins Auto gesetzt und ist einfach nachts mit Vollgas über die Autobahn gebrettert. 20 Minuten nach Süden, wenden und 20 Minuten nach Norden zurück. Herrlich.

Manche Leute haben echt abgefahrene Hobbys. Aber auch die gebraucht Gott. „Tu, was du gerne tust." – Geh Pferde gucken.

Und das lässt er sich nicht zweimal sagen. „Philippus stand auf und ging dorthin." Und dann steht er da und guckt sich Ross und Reiter an. Und was sind das für Geschosse… Philippus kommt wahrscheinlich aus dem Staunen gar nicht mehr raus. Und dann erblickt er eine richtige Prollkarre. Wahrscheinlich tiefergelegt, Breitreifen, Alufelgen und Sportsitze. So ein Gefährt, dass sich nur der Finanzminister eines reichen Nachbarlandes leisten kann. Mit Pferdestärken ohne Ende. Der Anblick verschlägt Philippus die Sprache. Zumindest hat er bis jetzt noch nichts gesagt. Bisher hat nur Gott geredet. „Tu, was du gerne tust." – Geh Pferde gucken.

Und auch als zweites redet nicht Philippus. Der zweite, der in unserem Text spricht, ist der Äthiopier. Und der redet ganz schön viel. Auf jeden Fall mehr als Philippus: erstmal liest er laut. In seinem Wagen. Da darf er ja tun, was er will. Im Grunde spricht er sich selbst ein Hörbuch. Dann lädt er Philippus ein. Und er liest ihm vor. Dann fragt er, wer wohl die Hauptrolle in seiner Geschichte spielt. Wer in seinem Bibeltext gemeint ist. Letztlich sieht er Wasser und fragt nach der Taufe. Und dann lässt er noch den Wagen anhalten. Das hat er wahrscheinlich auch nicht pantomimisch gemacht. Der Äthiopier redet so viel, dass Philippus kaum zu Wort zu kommen scheint.

Vielleicht ist auch das ein Tipp für gelingende Evangelisation: „Hör den Leuten zu und lass Gott durch dich reden." Denn das ist das Letzte, was auffällt: Die wörtliche Rede von Philippus beschränkt sich auf eine Einstiegsfrage. Und die ist nicht mal richtig kreativ: „Verstehst du eigentlich, was du da liest?" Das ist eine rhetorische Frage. Und das ist im Urtext – also im Griechischen – ein plumpes Wortspiel.

Das wäre mir fast zu peinlich, um damit ein Gespräch zu beginnen. „Wohnst du noch, oder lebst du schon?" Dieser IKEA-Werbeslogan wurde so überstrapaziert, dass man Abwandlungen davon überall findet. Und sie schießen einem auch jederzeit durch den Kopf. Aber diese Abwandlungen heute noch zu benutzen, ist grenzwertig peinlich. „Liest du noch, oder verstehst du schon?“ Das ist quasi die plumpe Einstiegsfrage, die Philippus in den Sinn kommt. Mehr hat er nicht zu bieten. „Liest du noch vor? Oder liest du auch in dich hinein?“ Ein Wortspiel, weil der Äthiopier ja laut vorliest. Aber in einer Sprache, die nicht seine Muttersprache ist. „Liest du nur vor oder verinnerlichst du auch?“ „Sprudelt es nur aus dir heraus? Oder saugst du auch auf?“ „Plapperst du? Oder ist dir das wichtig?“

Und dann gibt es zwei Möglichkeiten einer Reaktion: Entweder der Äthiopier gibt Gas und Philippus sieht die Pferde nur noch von hinten. Oder er wird eingeladen mit ihm drüber zu reden.

Für Philippus ist beides okay. Entweder seinem Hobby nachgehen und einfach nur Pferde gucken. Wenn der Äthiopier einen Kickdown macht und mit Vollgas verschwindet, dann steht Philippus staunend im Staub und ist fasziniert von dem PS-starken Wagen – Philippus liebt Pferdestärken. Es wäre ein gelungener Tag für Philippus. Das wäre für Philippus okay.

Oder aber er könnte seiner Leidenschaft nachgehen und von Jesus reden. Wenn der Äthiopier ihn einlädt, dann kann er von Jesus reden. Was für ein Geschenk. Und Philippus dürfte davon ausgehen, dass der Äthiopier ihm zuhört. Immerhin hat er ja gefragt. Und es wird Philippus auch keine Überwindung kosten, in diesem Luxusschlitten zu fahren, auch wenn er dabei eine Strecke zurücklegt, die er gar nicht reisen wollte. Auch das wäre ein gelungener Tag für Philippus.

Mehr als diese spontane Einstiegsfrage hat Philippus nicht zu bieten. Kein Skript, keinen roten Faden, keinen Plan. Mal schauen, was dann passiert. Ich höre einfach zu, was mein Gegenüber für Fragen hat. Und ich lasse mich selbst überraschen, was Gott darauf antwortet.

Mich fasziniert diese Geschichte: Tu, was du gerne tust. – Geh Pferde gucken. Bei mir sind das keine Pferde. Ich habe andere Hobbys. Andere Gelegenheiten, mit Menschen das Leben zu teilen.

Manche wirken nicht wie evangelistische Großchancen: Ich gucke gerne Fußball. Spiele gerne Dart. Gucke gerne meinen Kindern beim Spielen zu. Aber auch dabei begegne ich Menschen. Und manchmal schießt mir ein plumper Spruch durch den Kopf, wie man vielleicht ins Gespräch kommen könnte. Ein geistlicher Anknüpfungspunkt. Aber weil ich keinen Plan habe, was ich als nächstes sagen soll, lasse ich die Möglichkeit ungenutzt.

Ein gedankenloses „Ach Gott“ von meinem Mitspieler… Ein Kind auf dem Spielplatz, das mit einem aufgeschlagenen Knie zum Papa läuft und ein Pflaster braucht… Ein Fluch vom Fußballfan oder die Bemerkung, dass der Fußballgott kein Schalker ist… Das könnten Anknüpfungspunkte sein, aber ich kneife. Und dann denke ich abends im Bett nochmal daran und wundere mich, dass ich nie mit Menschen über meinen Glauben ins Gespräch komme. Wie machen das die anderen nur?

Vielleicht braucht es diesen Plan für den weiteren Gesprächsverlauf nicht. Höre den Leuten zu und lass Gott reden. Ein Gesprächsöffner lässt deinem Gegenüber und Gott alle Möglichkeiten: Wenn dein Gegenüber nicht will, dann spielst du weiter Dart. Alles gut. Vielleicht ein anderes Mal. Aber wenn er drauf einsteigt… Wenn er Fragen hat, dann wird Gott das Gespräch aufnehmen. **Gott redet. Nicht nur mit dir, sondern zur Not auch durch dich.** Höre den Leuten zu und lass Gott reden.

Der Äthiopier nimmt das Gesprächsangebot an. Er lädt Philippus ein und Philippus nimmt seine Frage auf. Und ausgehend von dem Wort aus Jesaja verkündete er ihm die Gute Nachricht von Jesus.

Das ist Evangelisation, die nicht nur ein abgespultes Programm ist: Ich tue, was ich gerne tue. Und ich begegne dabei Menschen. So kostet Evangelisation null Überwindung. Ich tue, was ich gerne tue. Und das tue ich als Christ. Authentisch. Und ich suche dabei Gesprächseinstiege und ich will ihnen nicht ausweichen. Auch, weil mir die Menschen etwas bedeuten. Immerhin haben wir auch gemeinsame Interessen. Und dann gucke ich, was Gott draus macht. Wenn er nichts draus macht, dann hatte ich trotzdem eine gute Zeit. Und wenn er was draus macht, dann staune ich, was Gott mit mir macht.

Philippus hatte keinen Plan für das Ende. Er wusste am Anfang noch nicht, wie er aus der Nummer wieder rauskommen würde. Aber Gott weiß es. Und er kümmert sich drum. Völlig abgefahren – durch eine Entrückung. Auf einmal ist er weg. Das ist so kurz und knapp beschrieben, weil es um das Wunder, um dieses Spektakel gar nicht gehen kann. Wichtig ist nur, dass Gott sich auch drum kümmert, wie du aus der Nummer wieder rauskommst. Es geht gar nicht so sehr um Philippus. Der Äthiopier sieht ihn nicht mehr und das ist okay für ihn. **Er hat Jesus gefunden. Da vermisst er Philippus nicht mehr.** Und Philippus findet sich da wieder, wo die Reise für ihn begann. Wie er dahin gekommen ist, weiß er nicht und das ist auch egal. Vielleicht hat er einen anderen Pferdewagen getroffen, der ihn begeistert hat und ehe er sich versah, war er wieder zu Hause. Und noch völlig beseelt von der Begegnung mit dem Äthiopier realisiert er erst zu Hause, was da gelaufen ist. Er fand sich in Aschdot wieder. Wie er dahin gekommen ist, kann er gar nicht so genau sagen. Dafür war das Erlebte viel zu verrückt.

Evangelisation heißt, Menschen zu Jesus zu führen. Und Menschen lassen sich für Jesus begeistern und nicht für Philippus. Philippus ist auf einmal weg. Der Äthiopier sieht ihn nicht mehr. Und er muss ihn auch nicht mehr sehen. Er fährt fröhlich weiter nach Hause.

Vielleicht schützt Gott den Äthiopier auch davor, dass Philippus ihm alles erzählt, was er sonst noch weiß. Immerhin hat Philippus einen Freund, der hat Theologie studiert… Nein. Philippus greift die Fragen vom Äthiopier auf und erklärt ihm anhand seiner Fragen das Evangelium. Und dann ist auch gut. Dann gönnt Gott dem Äthiopier auch die eigenen Erfahrungen.

Also: Evangelisation ist einladend. Aber nicht vereinnahmend. Irgendwann darf auch Schluss sein und wenn du neue Fragen hast, komm gerne wieder. Ich bin öfters hier und gucke mir PS-starke Wagen an.

So kann Evangelisation sein. Geteilte Leidenschaft. Und so macht Evangelisation beiden Seiten Freude. Denk mal drüber nach. Oder besser noch: Probiere das mal aus. Tu, was du gerne tust. Und höre den Leuten zu und lass Gott durch dich reden.

Amen.

EVANGELISTISCHES

Es ist mir ein Herzensanliegen, Menschen mitzunehmen in die Gegenwart Gottes und sie zu fragen, ob sie da bleiben wollen. Hoffentlich erleben Menschen unseren Gott als Bereicherung für ihr Leben und entdecken die Überlebensperspektive, die Gott für sie bereithält. Also die Perspektive, die über unser Leben hier auf der Erde hinausgeht.

Jesus erzählt Geschichten, um Menschen einen Blick in den Himmel zu ermöglichen und ich erahne, dass Geschichten einen guten Zugang in die Herzen von Menschen ermöglichen. Deshalb liebe auch ich es, die Geschichten der Bibel so lebendig wie möglich zu lesen. Ich mag es, wenn vor meinem inneren Auge ein Film abläuft. Wenn es Kino im Kopf gibt.

Dann denke und fühle ich mich in diesen Text hinein und dann entdecke ich, dass diese Geschichten durchaus auch etwas mit meinem Leben von heute zu tun haben.

Oft helfen mir säkulare Musiktitel, Brücken zu schlagen, die es mir erleichtern, heute in den Text von damals einzutauchen oder aus dem Bibeltext wieder zurück in meinen Alltag zu finden. Bei genauerer Betrachtung finden sich viele heutige Songtexte, die dafür geeignet sind…

Bartimäus – Ansehen in den Augen Gottes

Länge:	ca. 15 Minuten
Bibelstellen:	**Markus 10,46–52 | Lukas 18,35–43 | Matthäus 20,29–34**
Thema:	Selbstwert | Ansehen vor Gott
Aufbau:	Warum ich nicht auf der Sonnenseite des Lebens Fuß fasse. Ich genieße Ansehen in den Augen Gottes.

Der Ernst des Lebens – Jesus steht für unser Leben gerade.
Zuspitzung / Gebet / Reaktionsmöglichkeit

Ergänzende Medien: Gergor Meyle – JETZT | Sido feat. Mark Forster – EINER DIESER STEINE

Musikvideo: **Gregor Meyle – JETZT**

Fast wäre er daran vorbeigelaufen. An diesem für ihn so denkwürdigen Ort. Er hat ihn schlichtweg nicht erkannt. Er hat kein Bild vor Augen, wenn er sich erinnert. Dieser Ort kommt ihm fremd vor. Obwohl er so vertraut ist.

Diese Straße – nie gesehen. Der Laden da drüben – keine Ahnung, was man da kaufen kann. Das Haus hier vorne – keine Ahnung, ob das schon immer so aussah. Dieser Ort sagt ihm nichts.

Direkt vor seinen Füßen – das war sein Platz. Hier hat er gesessen. Jahrelang. Und jetzt, wo er hier steht und wo er die Augen schließt, da ist alles wieder da. Ihm läuft ein Schauer über den Rücken. Dieser muffige Geruch. Feuchter Staub in der Luft. Die kühle Hauswand, an der er immer gelehnt hat. Der sandige Boden, den seine Hände stundenlang abgetastet haben. „Dieses beschissene Geldstück muss hier doch irgendwo sein. Ich hab's doch gehört. Er hat was geworfen." – Da kann man irre werden. Die Geräusche. Regen, der immer noch vom Baum tropft, obwohl schon wieder seit einer halben Stunde die Sonne scheint. Schritte, von denen keiner wie der andere klingt. Menschen, die sich auf dem Weg unterhalten. Geschichten, von denen er weder Anfang noch Ende kennt. Und die er doch aufschnappt. – Sein einziger Zeitvertreib: aus den Wortfetzen eines Tages sich das aktuelle Tagesgeschehen zusammenzureimen. Wer hat wann Geburtstag? Was haben die Jungs schon wieder angestellt? Was gibt es heute zu essen? Und wer kommt zu Besuch?

Jetzt, wo er die Augen geschlossen hat, da ist diese große weite Straße wieder so klein wie früher. Die dunkle, kleine Welt eines Blinden. Genauso trostlos wie das klingt, so hat es sich auch angefühlt: Er hatte sich hier nicht hingesetzt. Er hatte sich diesen Platz nicht ausgesucht. Sein Vater hatte ihn hier abgestellt und offensichtlich hier vergessen.

Er hätte nie gedacht, dass er von hier nochmal wieder wegkommen würde. Dass sich nochmal was ändern würde. Die Vorstellung: „Ich mache was aus meinem Leben", die war ihm fremd. Wie auch? – „Läuft nicht bei dir!" Er musste ja dankbar sein: dankbar, dass er diesen Platz hatte. Am Stadttor. Durchgangsverkehr. Geschäftiges Treiben. Gute Laune macht aus Mitleid manchmal Großzügigkeit.

Ja, er musste dankbar sein, für alles, was man ihm zuwarf. Er musste dankbar sein. Alles, was er bekam, war geschenkt. Aber er will nicht immer nur dankbar sein. Er hätte sich so gern auch mal was verdient. Aber womit denn? Er konnte ja nichts. Und sein Vater hatte das auch immer gesagt. Nicht direkt zu ihm, aber zu seiner Mutter. Gehört hat er es doch. **„Der Junge verdient ja nichts. Nicht mal ne Tracht Prügel. Nichts. Nicht mal Scheiße bauen kann er allein.** Den können wir durchfüttern, bis wir alt und grau werden." Solche Sätze prägen für ein Leben. – Und er hatte ja Recht. Er lag wirklich allen auf der Tasche und ging jedem auf die Nerven.

Wann konnte er endlich mal zeigen, dass er es selbst kann; dass er auch allein mit Problemen fertig werden konnte; dass er keinen Babysitter mehr brauchte und irgendwie sein Leben selbst auf die Reihe bekam. – Nie würde er das zeigen können. „Läuft nicht bei mir!"

„Find dich damit ab!", das sagte er sich selbst jeden Abend. – Jeden Abend. Aber alles in ihm schrie zurück: „Nein, ich finde mich nicht damit ab!"

Seine Chance kam an einem Tag, als er gar nicht damit gerechnet hatte. Einer dieser heißen, staubigen Tage, wie er sie schon tausendmal erlebt hatte. Wieder hatte er sich morgens in seinen Mantel gehüllt und an seinen vertrauten Platz gesetzt. Wieder hatte er sich, wie jeden Tag, müde geschrien. Aber Bartimäus spürte, dass da etwas Besonderes war. Eine Spannung lag in der Luft, das Geräusch vieler Menschen, Stimmengemurmel, das näherkam. Er roch den Staub, der in der Luft lag, aufgewirbelt von den Füßen vieler Menschen. Bartimäus hustete davon.

Was war los? – Die Menschen. – Was kam da auf ihn zu? Soldaten? Verhasste Römer? Von denen hatte er schon oft Fußtritte bekommen: „Mach Platz, Krüppel! Von uns gibt's kein Geld." „Hey, was ist los?", rief er einem

Mann zu. „Weiß nicht genau. Irgendjemand hat gesagt: Dieser Jesus kommt durch Jericho. Will nach Jerusalem. So'n Quatsch! Da kriegen sie ihn doch dran. Die großen Herren in Jerusalem. Die haben ihn doch schon lange auf dem Kieker. Die machen ihn alle. – Kopf ab und Ende. Und der geht freiwillig dahin? Naja, ist mir egal. Soll er doch sehen, wo er bleibt. Jesus – interessiert mich nicht."

Bartimäus zuckte zusammen: Ihn interessierte Jesus. Er wusste: „Das ist meine Chance." Er spürte, wie sich sein Magen zusammenzog, er fing an zu schwitzen, er wurde aufgeregt, zappelig, immer mehr, je näher die Stimmen kamen. Das Geräusch der vielen Füße: „Jesus! Meine letzte Chance! Jetzt oder nie. Entweder, ich pack's jetzt, komme irgendwie an ihn ran oder ich bleib hier sitzen und mein Leben bleibt festgefahren."

„Jesus! Du Sohn Davids! Erbarme dich meiner!" Er hatte es gar nicht gemerkt, dass er es gerufen hatte, es kam einfach über ihn. – Keine Reaktion. – Nochmal! Laut! „Jesus! Du Sohn Davids! Erbarme dich meiner!" Voller Kraft. Er spürte richtig, dass die Adern am Hals heraustraten, so sehr hatte er sich angestrengt. „Mensch, halt die Klappe!" – Unfreundliche Worte. „Du störst! Sei still, du gehst uns auf den Geist!" – Ein paar Knuffe, Fußtritte waren auch dabei. Gerade jetzt, wo Jesus in Hörweite war. Er hatte doch nur diese eine Chance. Jesus musste ihn doch hören! „Jesus! Du Sohn Davids! Erbarme dich meiner!" Protest! Drohungen! Abfällige Bemerkungen. Und dann waren sie vorbei... Die Stimmen wurden wieder leiser. Seine letzte Chance – war vorbeigelaufen. Im wahrsten Sinne des Wortes.

Kommt mir bekannt vor. – Die Geschichte ist 2000 Jahre alt. Aber manchmal denke ich, das könnte meine Geschichte sein. Auch mein Leben kommt mir manchmal so festgefahren vor. Und vielleicht geht's dir ja genauso. Sätze wie: „Lass mal. Du schaffst das nicht" oder „Was soll aus dir bloß werden." – Solche Sätze brennen sich richtig tief ein. Die bleiben in Erinnerung. Und jedes Mal, wenn was daneben geht, dann erinnert mich mein Unterbewusstsein von allein daran: die unbeantwortete große Liebe. „Ich kann machen, was ich will, die nimmt mich gar nicht wahr." Dreimal war ich schon unsterblich verliebt. Und dreimal hat es mir das Herz gebrochen.

Keiner liebt mich! „Laber nicht! Das schaffst du nicht. – Die gucken dich mit dem Arsch nicht an.“ Schon wieder ne 5 in Englisch. Und in Mathe siehts noch schlimmer aus. Versetzung gefährdet! Diesmal ist es vielleicht gerade nochmal gut gegangen, aber was soll aus dir nochmal werden? Die Lehrer glauben schon längst nicht mehr an dich. Eltern, die man um jeden Euro anbetteln muss. Nur weil ich mit 8 Jahren mal mein Portemonnaie verloren habe. Aber seitdem vertrauen sie mir gar nichts mehr an. Nicht mal einen Haustürschlüssel darf ich haben.

Ich könnte pausenlos so weiter machen… **Es gibt so viele Dinge, die verhindern, dass ich auf der Sonnenseite des Lebens Fuß fassen kann.** Ich bin mir einfach nicht sicher, was ich wert bin. Wem ich was bedeute und ob ich jemandem was bedeute. Und es geht mir wie Bartimäus in der Bibel. Wann immer ich einen letzten Strohhalm sehe, gibt es da Leute, die mir in die Seite boxen und sagen: „Fahr mal runter. Vergiss es. Nimm dich nicht zu wichtig. Das ist ne Nummer zu groß für dich.“

Bartimäus hat die Schnauze voll. Er schreit einfach drauf los. Und als die Leute ihn wieder klein machen wollen, schreit er lauter. Aber: Jesus geht vorbei. So, als wäre er Luft. – Ich kenn das. – So ist das immer. „Was habe ich mir auch dabei gedacht?“, und dann sacke ich wieder in mich zusammen. – Ich kenn das.

Doch dann ein leises: „Ruft ihn her!“ Mitten aus dem Gewühl. Kaum zu hören. **Aber wenn man nicht sehen kann, dann muss man hören lernen.** Bartimäus hat es gehört. Und plötzlich klang alles anders. Jemand packte ihn am Arm. „Sei getrost! Steh auf! Er ruft dich!“ Das klang wie Musik in seinen Ohren. Wenn Bartimäus sich an diesen Moment erinnert, dann bekommt er noch heute eine Gänsehaut. Der Moment, an dem er begriff: „Ey, der meint ja mich! Jesus ruft mich! Ich, ich soll zu ihm kommen.“ Dieser Moment macht ihm Gänsehaut. Auch jetzt noch, wo er schon so lange Christ ist, wo er schon so viel mit Jesus erlebt hat. An dieses Gefühl erinnert er sich immer noch wie damals, als er aufsprang. Als er alles auf eine Karte setzte. Als er seinen Mantel abwarf – so, als ob er damit sein ganzes altes Leben abschüttelte. Er konnte aufstehen, hatte ein Ziel vor Augen. Er konnte es nicht sehen. Noch nicht, aber es war da. Er bewegte sich drauf zu. Auf die Stimme, die gesagt hatte: „Ruft ihn her!“ Jesus hatte ihn gehört. Hatte ihn wahrgenommen. Hatte ihn angesehen. Wer angesehen wird, genießt Ansehen. – Ein ganz neues Gefühl.

An diesen Jesus wollte er sich halten. Ihn wollte er nicht mehr aus den Augen lassen...

Was immer du wolltest, bekommst du jetzt.
Was immer du solltest, tust du jetzt.
Was immer du brauchtest, hast du jetzt.
Und ganz bestimmt geliebt wirst du schon lang.
[aus Gregor Meyle – JETZT]

Ein letztes Mal alles auf eine Karte setzen! Ich bin Jesus wichtig! Egal, was die Leute sagen... Egal, was sie von mir halten... Ob mein Vater da ist, neugierig wie er ist und ob er mich jetzt sieht, seinen Sohn, für den er sich immer geschämt hat? Egal! Ich bin Jesus wichtig! Und die Kumpels von früher, die längst was „geworden“ sind, Händler oder Handwerker, vielleicht sind sie ja dabei in der gaffenden Menge und sehen, wie ich zu Jesus gehe. Egal! Ich bin Jesus wichtig! Und die Leute, die mich eben noch zurückgehalten haben, denen ich nichts wert bin und die nicht glauben können, dass das jemand anders sieht. Dass mich jemand ansieht. Dass ich jemandem etwas bedeute. Egal! Ich bin Jesus wichtig! Mich hat er gerufen – den Außenseiter, den Verlierer. Der, der allen anderen egal ist – nur nicht Jesus!

So einen Moment braucht es im Leben. Einen Moment, wo Jesus dir nahekommt. Einen Moment, wo du deinen wahren, deinen echten Wert erkennst, weil diese ganzen Stimmen schweigen müssen. Diese Stimmen, die dich klein machen. So einen Moment braucht es im Leben. So einen Moment, wo du alles auf eine Karte setzt. So einen Moment, wo du dich an Jesus fest machst. So einen Moment, wo Jesus dich ansieht und dir die Augen aufgehen und du seinen Blick erwiderst.

So einen Moment braucht es im Leben. Gut, dass du heute hier bist. Ich lade dich dazu ein, mal rauszukommen. Raus aus dem Trubel und dem Trott, der sonst dein Leben bestimmt. Und es ist mir ein Anliegen, dass dein Blick auf Jesus frei wird. Dass dir die Augen aufgehen und du Jesus kennenlernst, als eine Person, die du noch nie so gesehen hast. Ich wünsche mir für dich, dass du Jesus etwas besser sehen kannst. Und dass du merkst, dass Jesus auch dich ansieht. Dich hört, dich berührt, dich versteht. Du bist etwas wert! Nicht, weil du was kannst. Sondern, weil du Ansehen genießt. Du genießt Ansehen in den Augen Gottes. Solche Momente braucht es im Leben.

Dieser Moment war für Bartimäus unendlich wichtig. Dieser Moment, wo er sein altes Leben hinter sich lässt und sich auf Jesus einlässt. Und Jesus geht auf ihn ein und er fragt ihn: **„Was soll ich denn für dich tun?" Was für eine Frage?! Das sieht doch ein „Blinder mit Krückstock"**! Das versteht sich von selbst. Aber Jesus will ihn nicht einfach schnell abfertigen. „Ah, ich seh schon. Hier hast du und dann zieh wieder Leine." Er sieht ihn an. Er nimmt ihn ernst. Er nimmt ihn wahr. „Was kann ich für dich tun? Wonach sehnst du dich? Erzähl mal."

Das Leben ist kein Wunschkonzert. Und es ist nicht so, dass das Leben jetzt für Bartimäus zum Selbstläufer wird. Es ist nicht auf einmal alles gut. – Manche würden sagen, jetzt gehen die Probleme erst richtig los. Jetzt beginnt der Ernst des Lebens: Auf einmal steht er da – ohne Arbeit – ohne Ausbildung – ohne Absicherung. Und betteln kann er jetzt auch nicht mehr. **„Was soll aus dir nur werden?" Sein Vater stellt diese Frage heute noch.** Es läuft noch längst nicht rund in seinem Leben. Aber: Er trifft die Entscheidung seines Lebens. Er geht mit Jesus. Und er erlebt, was Jesus für ihn tut.

Jesus macht nicht nur große Worte. Jesus handelt. Er tut und macht. Jesus ist auf dem Weg nach Jerusalem. Und es wird sein letzter Weg nach Jerusalem sein. Er wird da am Kreuz sterben. Wird sein Leben lassen, weil unseres auf dem Spiel steht. Weil grundsätzlich diese Frage im Raum steht: „Was soll aus uns nur werden?" **Jesus steht für unser Leben gerade.** Für unser Leben, das Gott nicht gerade Ehre macht. Und was so überhaupt nicht himmeltauglich sein will.

Bartimäus wird EC'ler. Er entscheidet sich für Christus – für Jesus. Er setzt auf diese Karte und folgt Jesus nach und erlebt, was er Jesus wert ist: Bartimäus erlebt, – dass Jesus sein Leben lässt, damit wir leben können. Gerade noch rechtzeitig öffnet ihm Jesus die Augen dafür. „Das bist du mir wert."

Vielleicht hast du ein ähnliches „Aha-Erlebnis". Vielleicht gehen dir heute auch die Augen auf dafür, was dein Leben wert ist. Vielleicht wusstest du das bisher noch nicht, hast dich aber immer danach gesehnt, dass es so wäre... Und jetzt ist es so, dass Jesus alles dafür gibt, um dein Leben zu retten. Vielleicht ist das dein „Aha-Erlebnis". Dann bist du eingeladen. Du bist eingeladen, alles auf eine Karte zu setzen. Auf Jesus zuzugehen und angesehen zu werden. Ihm zu sagen, wonach du dich sehnst, und einen ganz neuen Blick auf dein Leben zu gewinnen. Du bist ein wertvoller, ein angesehener Mensch.

Zuspitzung:

Jetzt soll die Möglichkeit sein, zu Jesus zu kommen. Grundsätzlich gilt diese Einladung nicht nur heute, sondern jederzeit. Wir wollen dich jeden Abend mitnehmen in die Gegenwart Gottes und wollen dich fragen, ob du da bleiben willst. Das ist deine Entscheidung.

Wir bieten dir an, mit einem Gebet darauf zu reagieren – wir würden dir Worte leihen und du darfst sie dir zu eigen machen.

Ich stelle dir gleich ein mögliches erstes Gebet vor. – Das musst du nicht gleich mitbeten. Hör es dir erstmal an. Und dann können wir das nach der Veranstaltung gerne gemeinsam sprechen, wenn du möchtest:

Gebet:

Vater im Himmel,
ich danke dir, dass du mich wunderbar gemacht hast
und mich unendlich liebst.
Mir ist klar, dass ich ohne dich verloren bin und ich dich brauche.
Jesus Christus,
danke, dass du für mich am Kreuz gestorben bist.

Du vergibst mir meine Schuld und schenkst mir ein neues, ewiges Leben.
Ich möchte dir jetzt mein Leben anvertrauen.
Von nun an möchte ich mit dir meine Zukunft gestalten.
Ich will dich immer besser kennen lernen.
Danke, dass dein Heiliger Geist jetzt in mir wohnt und mir hilft.
Amen.

Grundsätzlich gilt diese Einladung nicht nur heute, sondern jederzeit. Aber vielleicht ist es heute so, dass du Jesus hörst, wie er sagt: „Holt den Mann her!" – „Holt die Frau her!" und das spricht dich an und du weißt: Du bist gemeint! – Dann bist du eingeladen, das Gebet, das ich dir eben vorgestellt habe, mitzusprechen und dein Leben bei Jesus festzumachen. Und dann darfst du gleich mit einem von uns Mitarbeitern reden – du sollst nicht ungehört und ungesehen bleiben.

Wenn für dich heute dieser Moment ist, dann bitte ich dich, weiche dieser Chance nicht aus. Manchmal braucht es diese Momente, an denen man das festmacht.

Reaktionsmöglichkeit:

Wenn hier gleich Musik läuft, dann gibt es für dich auch noch eine Möglichkeit auf das Gehörte zu reagieren: Jesus war auf dem Weg zum Kreuz und deshalb steht dieses Kreuz für Jesus. Und du kannst deinen Fingerabdruck direkt bei Jesus am Kreuz hinterlassen und damit zum Ausdruck bringen: Ich bin da. Wenn es dir gut tut, ein angesehener Mensch zu sein und wenn du den Ruf von Jesus hören kannst und ihm folgen willst, dann lass alles stehen und liegen und komm nach vorne. Bringe dich mit allem, was du bist, ans Kreuz. Hinterlass deine Spuren. Mach das Kreuz von Jesus zu deinem Kreuz. Und gib ihm damit alles, was dein Leben bisher belastet hat. Komm einfach nach vorne und gib Jesus dein „Like".

Musikvideo: **Sido feat. Mark Forster – EINER DIESER STEINE**

Die Hochzeit zu Kana – Wie werde ich glücklich?

Länge:	ca. 15 Minuten
Bibelstellen:	**Johannes 2,1–11**
Thema:	Glück – Wie werde ich glücklich? | Ewigkeitsperspektive wirkt sich schon heute aus
Aufbau:	Glück ist flüchtig. Teile das Glück, das du hast. Man kann auch ohne Jesus glücklich sein – Sekundenglück Dauerhaftes Glück gibt es nur mit Jesus – Ewigkeits-perspektive Zuspitzung / Gebet / Reaktionsmöglichkeit
Ergänzende Medien:	Herbert Grönemeyer – SEKUNDENGLÜCK
Sonstiges:	funktioniert gut als Reihe (Teil 1 von 5)
Musikvideo:	**Herbert Grönemeyer – SEKUNDENGLÜCK**

Wie werde ich glücklich? – Dieser Frage wollen wir uns heute nähern. Wir kennen glückliche Momente… Hoffentlich kennen wir die. Manche erleben häufiger welche als andere, aber ich hoffe, dass wir alle glückliche Momente kennen.

Diese Momente gibt es in Groß und in Klein. Große halten meist auch ein bisschen länger an und kleine sind eher etwas für den Moment:

Da ist der Millionen-Lottogewinn, der einen schnell mal für mehrere Jahre zum glücklichsten Menschen der Welt macht – machen würde. Hier scheint nämlich zu gelten: Je größer das Glück, desto seltener das Ereignis.

Da ist der überlebte Motorradunfall, der einen an jedem Jahrestag wieder neu glücklich macht. Aber da sind auch die Verkehrstoten – selbst aus meinem Verwandten- oder aus meinem Bekanntenkreis – die dieses Glück relativieren und die mich traurig, wütend oder verzweifelt zurücklassen. – Ich glaube nicht, dass die Gesundheit das Wichtigste im Leben ist. Aber wie kostbar dieses Gut ist, merken wir besonders dann, wenn es gefährdet ist.

Da sind Familie, Freunde und Bekannte, die allen Grund zum Feiern haben und wo ich gerne mitfeiere: Hochzeiten, Geburtstage, Jubiläen. Tolle Momente. Momente des Wiedersehens, der Erinnerungen – aber manchmal auch der Überraschungen: „Wie? Tante Ursula ist wieder Single? Die haben doch so gut zusammengepasst... Oh, Opa Ernst hat Krebs? – Das hab' ich nicht gewusst. Es trifft auch immer die Falschen... Die Schmidts von gegenüber ziehen um? Warum das denn? Die haben hier doch so gut reingepasst. Das ist aber schade..."

Auch Liebe und Freundschaften und Beziehungen, welcher Art auch immer, sind Meilensteine auf dem Weg zum Glück. Aber wir erleben ständig, dass auch Meilensteine wegbrechen können: Wir sind machtlos, wo die Liebe hinfällt. Aber wir sind genauso machtlos, wenn die Liebe hinfällig wird.

Da sind die erklommenen Stufen auf der Karriereleiter: der geschaffte Schulabschluss, die Beförderung im Job, die Gehaltserhöhung und der wohlverdiente Ruhestand. Aber auch hier ist das große Glück immer wieder mit der spannenden Ungewissheit gepaart: Was kommt nach dem Abitur? FSJ, Studium oder Ausbildung? Wie entscheide ich mich richtig? Ist die Beförderung ein Schritt in die richtige Richtung? Oder befördert sie mich ins Abseits? Was, wenn ich dem nicht gerecht werde? Den Schritt zurück gibt es nicht. – Ist die Gehaltserhöhung nur ein Lockangebot? Wäre ein Stellenwechsel langfristig die bessere Entscheidung gewesen? Man weiß es nicht... Und was kommt nach dem Ruhestand? Bricht damit nicht alles weg, was meinen Wert bisher ausgemacht hat? Kann man jetzt nochmal neu das große Glück suchen? Und viel wichtiger: Kann man es in meinem Alter noch einmal finden?

Glück ist eine flüchtige Angelegenheit. Sekundenglück ist eigentlich eine ganz passende Beschreibung, so scheint es mir. Und je nachdem, wie ich veranlagt bin, macht mich das kleinste Glücksgefühl schon innerlich misstrauisch.

Ich bin in meinem Leben gut damit gefahren, in der Bibel zu schauen, ob ich grundsätzliche Hilfestellungen für mein Leben finden kann. Die Bibel ist ein Buch, das Gott uns an die Hand gibt, damit wir daraus Wichtiges für unser Leben lernen. Die Bibel ist ein Handbuch fürs Leben. Eine Art Bedienungsanleitung vom Erfinder – vom Urheber – vom Schöpfer selbst. Ich glaube, dass der Mensch noch nicht das Maß aller Dinge ist, noch nicht das Ende der Fahnenstange. Ich habe kein Problem damit zu glauben, dass es noch eine Instanz über mir gibt. Ich will zumindest hoffen, dass es da noch mehr gibt als mich – als uns. Denn sonst sähe es doch übel aus.

Ich glaube, dass es einen Gott gibt, der diese Welt ins Rollen gebracht hat. Und der die Kontrolle über diese Welt nicht verloren hat, sondern der sie abgegeben hat. Bewusst abgegeben. So, wie wir Menschen in die Eigenständigkeit erziehen und entlassen. Und denen wir trotzdem weiterhin mit Rat und Tat zur Seite stehen.

Ich glaube an einen Gott, der eine große Liebe zu uns Menschen hat, der unsere Nähe sucht und hofft, dass unser Leben gelingt. Der uns aber nicht beherrscht, sondern betreut und versorgt. Der Hilfe anbietet und für sein gutes und erprobtes Lebenskonzept wirbt. Das wird uns in der Bibel beschrieben. Und deshalb ist die Bibel ein wichtiges Buch in meinem Leben, weil sie mich Gott näherbringt. Weil sie mich dem näherbringt, der eine große Leidenschaft für mich, mein Leben und diese Welt hat. Und deshalb möchte ich dich einladen, mit mir gemeinsam dem Glück auf die Spur zu kommen, indem wir in der Bibel danach suchen.

Wie werde ich glücklich? Ich möchte mit dir über die Bibelstelle reden, die mir am präsentesten vor Augen tritt, wenn es um unser Glück geht. Man kann die Geschichte im Johannesevangelium finden und nachlesen. Ich will sie gerne erzählen, weil Geschichten einfach erzählt sein wollen:

Diese Geschichte handelt vom vielleicht größten Glück, dass wir Menschen auf Erden finden. Diese Geschichte handelt von einem Paar, das heiratet. Und spannend für uns an dieser Stelle ist, dass Gott noch nicht in ihr Leben getreten ist. Jesus ist schon geboren, aber er ist noch nicht in Erscheinung getreten bisher. Zumindest noch nicht für andere offensichtlich. Man kann also ganz offensichtlich glücklich sein – ohne Jesus in seinem Leben.

Und dieses Paar feiert. Und damit haben sie recht. Glück will geteilt sein. Der Volksmund sagt: Geteiltes Leid ist halbes Leid. Deshalb teilen wir

Leid, weil es dann kleiner wird. (Und leichter zu ertragen.) Aber: Freude und Glück werden größer, wenn man sie teilt. Und deshalb teilen wir auch die Glücksmomente miteinander. Das war schon immer so.

Ein erster wichtiger Punkt: Wie werde ich glücklich? – **Teile das Glück, das du hast.** Das ist noch nicht der Weisheit letzter Schluss. Deshalb hättest du dir diesen Abend nicht frei nehmen müssen. Aber das ist schon Mal ein guter Anfang: Teile das Glück, das du hast, mit anderen. Teilen – und nicht vorhalten. Teilen – und nicht neidisch machen. Lade Menschen ein, sich mitzufreuen und freu dich selbst gerne mit, wenn andere Grund zum Feiern haben.

Man muss Feste feiern, wie sie fallen. Das tun die Menschen hier in unserer biblischen Geschichte. Und dann weiß die Bibel auch, wie flüchtig das Glück manchmal ist. Hier wird das daran deutlich, dass die Stimmung schon während der Hochzeit zu kippen droht: Der Alkohol geht aus. Das Genussmittel wird knapp. Die Katastrophe ist kaum vorstellbar. Obwohl: Stellen wir uns das mal für einen Moment vor: Als meine Frau und ich geheiratet haben, haben wir einen ganz wichtigen Tipp bekommen. Und dieser Tipp lautete: Delegiert so viel wie möglich. Macht nicht alles selbst. Ihr sollt diesen Tag genießen können. Das war ein guter Tipp. Aber man delegiert die Aufgaben natürlich an Leute, die das können. Die diesen Punkt auch verlässlich abarbeiten. Wenn was schiefgeht, dann fällt es ja trotzdem auf das Paar zurück.

Und jetzt geht hier der Wein aus. Was wird passieren? Die Stimmung kippt. Angeduselte Gäste kloppen sich um das letzte Bier. Machen sich über das Brautpaar lustig, werden persönlich und ausfallend – vielleicht sogar handgreiflich. Der Abend ist auf jeden Fall gelaufen. Und die Stimmung wird schlecht. – Aber auch langfristig macht das was: Die Braut hat in der Hochzeitsnacht schon Kopfschmerzen und macht ihrem neuen Mann schon gleich die Hölle heiß: „Ich hab mich um die Deko gekümmert, hab mich ins Kleid gehungert, habe die Sitzverteilung so lange hin und her geschoben, bis alle zufrieden waren, hab den Minutenplan für das ganze Wochenende erstellt, damit ja nichts schief geht. Und du hattest nur den einen Job: Du musstest nur Weinkisten kaufen und unter den Tresen stellen. Und selbst das hast du verkackt. Du hast mir den schönsten Tag meines Lebens versaut.“ Das ist ein Fehlstart, der den Rest der Ehe im Raum steht. Das kann man ja nicht wieder gut machen. Selbst wenn man sich wieder verträgt: Zur Silberhochzeit spätestens ruft sie ihm hinterher: „Und bring lieber einen Karton mehr mit“, als er die Tür zuschlägt, um Getränke für die Feier zu kaufen. Und er wird den Wink verstehen und trotzdem tief getroffen sein. Zu Recht.

Und was macht das auch mit Freundschaften untereinander. Der Bräutigam hatte das an seinen Trauzeugen delegiert. Dem sollte die Hochzeit seiner Freunde eine Herzensangelegenheit sein. „Junge, dass du dein Leben nicht im Griff hast, ist schon schlimm genug, aber dass du uns da mit reinziehst… Mit dieser Unaufmerksamkeit hast du auch mein Leben zur Hölle gemacht. – Das verzeihe ich dir nie.“

Verstehen wir: Dieses Missgeschick ist nicht nur eine Kleinigkeit, die auf der Hochzeit nicht ganz rund gelaufen ist. Davon erzählt die ganze Hochzeitsgesellschaft ihr Leben lang. Auf jeder anderen Hochzeit der Stadt taucht diese Geschichte wieder auf. Als lächerliche Geschichte, die man sich beim ersten Bier hinter der Promillegrenze erzählt. Wir sind ab heute das Gespött der Nation. – Das ist wie mit dieser Hochzeit, auf der ich vor 15 Jahren eingeladen war, wo wir im Auto auf der Rückfahrt schon beim Einsteigen einmütig sagten: „Der nächste Mc Donald’s ist unserer“, weil das Essen auf der Feier so übel war.

Das Genussmittel geht aus. Das Glück ist flüchtig. Und Gott sei Dank hat das Brautpaar wenigstens eine Sache richtig gemacht. Sie haben die richtigen Leute eingeladen. Glücklicherweise ist Jesus da. Und der wird jetzt zum Party-Gott. Das ist genau die große Bühne, auf die Jesus gewartet zu haben scheint. Jetzt gibt’s HappyHour. Kein Freibier, sondern Deluxe-Wein für Alle. All-you-can-drink. Das Rundum-Sorglos-Paket. Diese eine Geschichte muss immer herhalten, wenn man beweisen will, dass Jesus nichts gegen das Feiern hat. Aber so ist diese Geschichte missverstanden.

Diese Geschichte ist nicht dafür da, um zu zeigen, dass Jesus genauso gut feiern kann wie alle anderen auch. Jesus macht nicht einfach nur jede Feier mit. – Christen feiern besser!

Ohh – das ist eine steile These. Und die will ich gerne erklären: Ich lese euch diese Geschichte aus der Bibel jetzt doch nochmal vor. Ist gar nicht so lange. Tut auch gar nicht weh.

Lesen: Johannes 2,1–11

Ich habe diese Geschichte immer so gehört, dass es 6 große Krüge waren. Und in jeden Krug gingen ungefähr 100 Liter Wasser. 100 Liter – keine Ahnung, wie viel das für eine ganze Feiergesellschaft ist (kommt ja auch auf die Größe der Party an), aber wenn man das richtig betont, dann hört es sich nach unheimlich viel an. Mag auch sein, dass das viel ist. Aber über die Menge ist hier gar nicht so viel ausgesagt. Das, was wir über die Menge hören, ist, dass es angepasst an die Gruppengröße war. Es stand in Relation zur Anzahl der Leute. Diese sechs Krüge braucht man, damit sich alle waschen können. Sind wenig Leute da, reicht ein Krug, sind es viele braucht man 6 und wenn das ganze Dorf da ist, dann vielleicht sogar 12 oder 20.

Und das ist auch nicht so viel Wasser, dass jeder damit duschen kann. Nein, es reicht, um sich zu waschen. Also: Es ist für jeden was da. 6 Krüge sind passend für die Gruppe. Da bekommt jeder was ab. Es reicht für alle. Gut zu wissen, dass Gott so über Feiern und über das Leben denkt: Da soll jeder was von haben. Jeder soll glücklich werden. Bei Gott kommt keiner zu kurz.

Also: Die Menge ist nicht das Wunder. Dafür ist die Menge zu wenig beschrieben. Das richtig Spannende ist die Qualität: **Mit Jesus ist selbst das Abwaschwasser genießbar.**

Man kann auch ohne Jesus glücklich sein. Aber nicht auf Dauer. Weil unser Glück flüchtig ist. Jede irdische Feier droht aus dem Ruder zu laufen. Kein Wunder. Weil wir mitnehmen müssen, was immer rauszuholen ist. Wir feiern, als wenn es kein Morgen gäbe, weil es sein kann, dass es kein Morgen gibt. Das beschreibt die Bibel auch schon: Wenn wir keine Hoffnung haben, die über unser Leben hinausgeht, dann haben wir nur die paar Jahre hier. Dann lasst uns essen und trinken, denn morgen sind wir tot [**vgl. Jesaja 22,13**]. Und dann muss in jeder Eckzeit das große Glück gesucht werden, weil unsere Zeit hier begrenzt ist. Weil ich was verpassen könnte. Und das kommt ja nicht zurück.

Zu so einem Lebensstil kannst du dich entscheiden. Kein Problem. Und Jesus lässt sich ganz offensichtlich auch zu solchen Feiern einladen. Aber dann schwingt im Glück auch immer ein bisschen Zurückhaltung mit. Ein bisschen Vorsicht, ein bisschen Sorge. Dann finde ich das Glück nur mit angezogener Handbremse.

Das Leben lässt sich besser feiern, wenn du Jesus machen lässt. Dann feiere ich nicht unbedingt mehr. Über die Quantität sagt unsere Geschichte ja gar nichts aus. Haben wir gerade festgestellt. Aber über die Qualität schon: Mit Jesus wird selbst das Abwaschwasser genießbar. Sogar mehr noch.

Die Qualität des Weines ist in der Geschichte ganz genau beschrieben: Da gibt es einen, der sich mit Wein auskennt – der den Wein kosten soll. Und der schlägt die Hände überm Kopf zusammen. Der sagt: Das, was kommt, wenn unsere Feier hier zu Ende geht, das ist ja noch viel besser! Hätte man das geahnt. Man hätte doch ganz anders gefeiert. Das, was kommt, wenn unsere Feier hier zu Ende geht, das ist ja noch viel besser! Ihr schießt euch ab mit billigem Fusel und wenn das Beste kommt, dann seid ihr schon nicht mehr dabei. Dann seid ihr schon ausgestiegen.

Jesus lädt uns also ein, vom Ende her zu denken! Jesus hat uns eine Perspektive zu bieten, die über unser Leben hinausgeht. Jesus sagt: Da kommt noch was. „Wer an mich glaubt, der wird leben, selbst wenn er stirbt. Und wer lebt und an mich glaubt, der wird gar nicht erst sterben“ [vgl. Johannes 11,25+26]. Wenn dir dein Glück hier durch die Finger rinnt, dann hast du wenigstens die Hände frei, um nach meinem Glück zu greifen.

Das ist möglich, weil Jesus sich für uns entschieden hat. Weil er den Tod, der auf alle von uns wartet, schon durchlebt hat. Und wenn der Tod erstmal durchlebt ist, dann hat der Tod seine Endgültigkeit verloren. Dann ist der Tod nichts Endgültiges mehr. Jesus ist für uns durch die Hölle gegangen und hat wieder rausgefunden. Er kennt den Weg. Er ist der Weg. Und wenn wir uns an ihn hängen, dann ist auch für uns mit dem Tod nicht Schluss. Dann hat das Glück gar kein Ende mehr. Es gibt für uns kein flüchtiges Ende. Dir gleitet nichts mehr durch die Finger. Dann kommt dahinter immer noch was. Das Beste kommt noch. Dagegen ist unser Leben hier Kindergeburtstag. – Lässt sich auch feiern. Ist aber noch längst nicht der Burner. Das Glück auf Erden lässt sich so viel mehr genießen, wenn man weiß, dass das noch nicht alles ist, und dass da noch so viel auf uns wartet.

Jesus lädt uns ein, vom Ende her zu denken! Und wenn ich mit dieser Perspektive durchs Leben laufe, dann bin ich eigentlich nur noch am Feiern. Dann kann ich dauerhaft glücklich sein. Unabhängig von den kleinen und großen Glücksmomenten. Und dann kann ich mir erlauben, auf diesem Kindergeburtstag ein paar Eckzeiten ausgelassen zu haben. Dann feiere ich entspannter. Dann nehme ich mit, was das Leben zu bieten hat. Und dann genieße ich ein Bier oder einen Wein auf der Party, aber ich freue mich auch auf den Morgen danach. Einfach weil der Stress entfällt, der Letzte sein zu müssen, der noch steht. Der Letzte macht das Licht aus... Was für ein Quatsch: Wenn gut ist, ist gut. Und wenn's reicht, reicht's. Ich freu mich über mein Glück im Moment und auf die glücklichen Momente, die noch kommen. Und dann nehme ich die Momente dazwischen auch hin. Die, wo's nicht so glücklich läuft. Und dann sag ich auch in den Momenten: Grundsätzlich bin ich glücklich. Denn im wirklich Grundsätzlichen habe ich Glück. Weil Jesus in mein Leben getreten ist und weil er mich einlädt, vom Ende her zu denken.

Zuspitzung:

Wie werde ich glücklich? Wie gelingt es mir, vom Ende her zu denken? Wie profitiere ich von Jesus? Die Antwort darauf gibt Maria. Die Mutter von Jesus. Die gibt den richtigen Hinweis. Das ist für mich der Spitzensatz in dieser Geschichte: Sie sagt den Leuten: **„Tut alles, was er euch sagt!"**

Tut alles, was er euch sagt. – Das klingt vielleicht bescheuert. Warum sollten wir das Abwaschwasser verkosten? Dafür gibt es nur eine Erklärung: weil Jesus es sagt. Und weil dir was entgeht, wenn du es nicht tust. Weil du erleben sollst, was Gott alles in deinem Leben tun kann.

Tut alles, was er euch sagt. – Das ist ein Wesenszug Gottes. Er drängt sich nicht auf. Es ist deine Entscheidung, zu tun oder zu lassen, was Gott sagt. Aber wenn du mich fragst, wie du glücklich werden kannst, dann sage ich dir nichts anderes als Maria: Tue alles, was er dir sagt! Denn dann wirst du erleben, was für einen Unterschied es macht, auf der Seite dessen zu stehen, der grundsätzlich glücklich macht.

Gott drängt sich nicht auf. Aber Gott bietet sich an. Und wenn du auf dieses Angebot eingehen willst, aber nicht weißt, wie das gehen kann – was du sagen sollst, dann will ich dir gerne Worte leihen.

Gott lässt nämlich mit sich reden. Beten nennen wir Christen das. Das ist nicht schwer. Einzig, wenn man das noch nie gemacht hat, dann kann es einem fremd vorkommen. Und deshalb mein Angebot: Ich leihe dir Worte. Und du kannst entscheiden, ob du meine Worte zu deinen machen willst. Das kannst du, indem du einfach am Ende des Gebets dein Amen zu meinem Amen gibst.

Das kannst du laut oder leise tun. Das ist egal. Du kannst dir das heute auch erstmal anhören und morgen wiederkommen. Ich werde die ganze Woche hier sein. Aber wenn du heute das Gefühl hast, dein Glück beim Schopf packen zu können und zu wollen, dann biete ich dir an, mit mir zu beten:

Gebet:

Jesus,
danke, dass du mich liebst
und mich einlädst, mit dir zu leben.
Ich vertraue dir hiermit mein Leben an!
Danke, dass du am Kreuz für mich gestorben bist.
Danke, dass du mir vergibst und mich annimmst, so wie ich bin.
Danke, dass du den Tod besiegt hast, und dass du lebst.
Ich will ab jetzt mit dir leben. – Wir gehören zusammen.
Amen.

Aller Anfang ist schwer. Aber wenn du heute einen Anfang gemacht hast, dann ist das ein glücklicher Moment, der festgehalten werden will. Wir laden dich ein, mit uns ins Gespräch zu kommen. Und wir laden dich ein, uns morgen wieder zu treffen. Du glaubst gar nicht, wie viele wertvolle Dinge Gott in seinem Wort, der Bibel, noch bereithält.

Jesus und die Samariterin – Frau am Jakobsbrunnen

Länge:	ca. 12 Minuten
Bibelstellen:	**Johannes 4,1–30**
Thema:	Beziehungen | Selbstwert
Aufbau:	Routine im Scheidungskampf – Wie scheiße kann es laufen? Rückzug in die Einsamkeit – Sehnsucht nach einem Neuanfang Ungezwungener Smalltalk – Wie geht das nochmal? Runter mit der Maske – Jesus legt den Finger in die Wunde. Deeptalk – Jesus ist an mir interessiert. Bei Jesus können wir sein, wie wir sind, weil er uns sowieso schon kennt. Zuspitzung / Gebet / Reaktionsmöglichkeit
Ergänzende Medien:	Sarah Connor – WIE SCHÖN DU BIST
Sonstiges:	funktioniert gut als Reihe (Teil 2 von 5)
Musikvideo:	**Sarah Connor – WIE SCHÖN DU BIST**

Ich will euch eine Geschichte erzählen. Eine Geschichte von Sandra-Maria. Sandra-Maria ist eine dieser Frauen, die jeden Mann haben kann. Und wenn man ehrlich ist: Sie hatte auch jeden. Oder zumindest fast. Sandra-Maria sieht richtig umwerfend aus. Sie ist kein Teenager mehr, aber mit 35 ist sie auch noch nicht wirklich alt. Sie sieht noch richtig gut aus. So eine Frau würde man nicht von der Bettkannte schubsen. Es ist ja nicht leicht, Männer zur Heirat zu bewegen, aber sie hat es geschafft. Fünfmal schon hat sie jemand gefragt, ob sie ihn heiraten will. Und sie hat „Ja" gesagt. Alle fünf Mal. – Respekt!

Die Männer fliegen auf sie. Und sie fliegt immer auf sie rein. Wenn sie am Wochenende in den Club geht, dann kommt sie immer mit einem Kerl nach Hause. Fünfmal war sie jetzt verheiratet. Gehalten hat keine von den Beziehungen. Die Leute im Dorf reden schon komisch. „Dorfschlampe" ist ein komisches Wort, wenn man selbst damit gemeint ist.

Mittlerweile hat Sandra schon Routine im Scheidungskampf. Zum Glück gibt's keine Kinder: Damals, mit 18, in der ersten Ehe, da war es ihr noch zu früh. Die zweite Ehe ging nicht lange genug. Da war schon nach 14 Tagen alles vorbei. Bei Simon wollte sie versuchen, ihn mit einem Kind zum Bleiben zu überreden, aber das klappte nicht. Nicht das mit dem Kind. Und geblieben ist er auch nicht. Warum es beim vierten Mal nicht gehalten hat, weiß Sandra schon gar nicht mehr. Jedenfalls war sie beim fünften Mal schon vorsichtig genug und verzichtete auf Kinder. Fünf Ehen – und das mit 35. Wie scheiße kann es eigentlich laufen? Vor ein paar Monaten hat sie wieder einen Mann kennengelernt. Mit Jens scheint alles anders zu sein. Aber heiraten will sie nicht nochmal. „Ich bin doch nicht blöd."

Komisch: Bei Männern kommt sie nach wie vor gut an. Zumindest, wenn diese von außerhalb kommen und sie nicht kennen. Bei den Frauen ist das ganz anders. Die Mädels in ihrem Dorf haben schon vor Jahren aufgehört, sie zu grüßen. Mittlerweile wechseln sie die Straßenseite, wenn sie Sandra sehen. Und sie reden auch nicht mehr mit ihr, sondern nur noch über sie.

Was soll's? So ist das Leben. – Nur, wann ist das schief gelaufen? Wenn Sandra mal allein ist, dann denkt sie darüber nach. Denn wenn sie allein ist, dann ist sie für einen kurzen Moment: sie selbst. Wenn sie allein ist, dann ist sie nicht Sandra, die Dorfschlampe. Und dann ist sie nicht Sandra, das Mädchen für eine Nacht, das leicht zu haben ist. Und auch nicht die Sandra, die allen Männern den Kopf verdreht. Wenn sie allein ist, dann ist sie einfach nur Sandra-Maria, 35 Jahre und allein.

Das tut richtig gut! Diese Momente sucht sie. Wann immer es geht. Am liebsten ist Sandra allein: Wenn sie etwas besorgen muss, dann geht sie weite Wege, damit sie kein bekanntes Gesicht trifft. Und wenn es möglich ist, dann sucht sie sich eine Zeit aus, in der sie keiner sieht. Am liebsten würde sie alles rückgängig machen. Sie würde sich bei den Männern anders geben und auch bei den Frauen mehr Selbstbewusstsein zeigen. Sie würde sich regelmäßig mit Freundinnen treffen. Auch mal wieder lachen, wenn jemand dabei ist. Sie hätte Männer als Freunde – und zwar einfach nur als Freunde. Das wird wohl ein Wunschtraum bleiben. Manche Rollen wird man nie los …

Die Geschichte von Sandra steht in der Bibel. Ich habe sie ein bisschen ausgeschmückt, aber im Großen und Ganzen ist es so gewesen. Diese Geschichte steht in der Bibel, aber es könnte auch eine Geschichte von heute sein. Aus meinem Leben. **Auch ich habe manchmal das Gefühl, auf meine Rollen festgelegt zu sein.** Ich will euch erzählen, wie es weitergeht.

An einem Tag, als Sandra wieder vor den anderen Leuten flieht und allein unterwegs ist, trifft sie auf Jesus. Sie wollte überhaupt gar keinen treffen. Sie ist extra in der prallen Mittagssonne unterwegs, weil sie sicher gehen will, dass sie niemanden trifft. – Die Frauen aus dem Dorf nicht und erst recht keinen Mann. Und jetzt ist doch einer da. Sie kennt ihn nicht, aber typisch: Dieser Mann spricht sie an. Er ist nett. Sie reden über ihre Arbeit und über belangloses Zeug. Die beiden trinken ein Wasser zusammen. – Wie unromantisch. Aber Cappuccino gab es damals noch nicht. Und es soll auch gar nicht romantisch sein. Er scheint einfach nur mit ihr reden zu wollen. Der Mann ist nicht von hier. Er kennt sie nicht. Wie cool. Sie kann endlich mal so sein, wie sie ist. Nur, sie weiß gar nicht genau, wie sie ist, wenn sie nicht allein ist. Wenn andere dabei sind, spielt sie immer eine Rolle.

Diese Situation ist ungewohnt. Und sie merkt: Irgendwie ist sie schon wieder komisch. Sie hört sich nur sagen: „Wie kommt es, dass du mich überhaupt ansprichst? Du kennst mich doch gar nicht." Stimmt. Jesus hat sie noch nie gesehen, aber er macht ihr klar, dass er sich für sie interessiert, dass er sie gerne hat.

Dieser Jesus scheint auch nicht anders zu sein als die anderen Männer. Und zack hat sie ihre Maske wieder auf. Sie spielt wieder eine ihrer Rollen. Diesmal spielt sie die Abgeklärte und will ihn abblitzen lassen. Aber

Jesus meint es eben doch anders. Jesus will ihr zeigen, dass er sich für sie als Person interessiert. Die beiden sitzen immer noch beim Wasser und plötzlich sagt Jesus: „Weißt du was, Sandra? Hol doch mal deinen Mann dazu." Sandra kontert schlagfertig: „Ich habe keinen Mann." „Stimmt. Du hast keinen Mann. Fünf Männer hast du gehabt. Alle weg. Und der, den du jetzt hast, das ist nicht dein Mann." Bäähm! Der hat gesessen. Woher weiß er das? Der scheint sie ja doch zu kennen.

Zum ersten Mal sitzt Sandra ohne Maske da. „Du hast keinen Mann. Fünf Männer hast du gehabt. Alle weg. Und der, den du jetzt hast, das ist nicht dein Mann." Ihre ganze Fassade ist zerbrochen. Sie fühlt sich schutzlos ausgeliefert. „Fünf Männer. Alle weg" – hallt es immer und immer wieder in ihrem Kopf. Sie hat sich schon oft vor einem Mann ausgezogen. Aber noch nie hat sie sich vor einem Mann nackt gefühlt. Jesus hat ihre Fassade zerstört. Er hat sie bloßgestellt. Ein schockierender Moment. Aber irgendwie tut das gut. Zum ersten Mal kann Sandra sich hinter nichts mehr verstecken. Zum ersten Mal muss Sandra sich hinter nichts mehr verstecken. Jesus kennt sie. Zum ersten Mal kann Sandra Sandra sein. Das tut gut!

Und man kann Jesus heute immer noch so treffen. Jesus ist immer noch der Gleiche. Der spricht mich an, obwohl er mich kennt. Der ist wirklich an mir als Person interessiert. Man könnte sagen: Der liebt mich. – Nicht so, wie Männer Frauen lieben (oberflächlich, optisch, erotisch). Sondern so, wie Gott Menschen liebt (wertschätzend, liebevoll, ernst gemeint). Wahnsinn: Ich kann Gott treffen, und er ist an mir interessiert. – Du kannst Gott treffen, und er ist an dir interessiert.

Jesus interessiert nicht deine Rolle, die du hier spielst. Jesus nimmt Anteil an deinem Leben, an deiner Person. Jesus ist interessiert daran, wie es in dir aussieht. Nicht daran, wie du aussiehst. Jesus will deine Sehnsucht, deinen Durst stillen. **Für Jesus ist es nicht interessant, wie du bist, sondern dass du bist.**

Ich habe dir die Geschichte von Sandra-Maria erzählt, weil mir eins ganz wichtig ist: Ganz egal, wie dein Leben aussieht oder was in deinem Leben passiert oder passiert ist, Jesus interessiert sich für dich. Für dich als Person. Die Frage ist nur: Darf Jesus dir so nahe kommen? Darf Jesus so persönliche Fragen stellen? Darf Jesus seinen Finger in deine wunden Punkte legen? Jesus möchte, dass wir so sein können, wie wir sind. Und deshalb spricht er unsere wunden Punkte an – schonungslos. Das ist manchmal ganz schön drastisch. Aber das finde ich gut und hilfreich: Da waren die fünf gescheiterten Ehen. Das waren wunde Punkte in Sandras Leben. Ihr ganzes Leben bestand aus wunden Punkten: Der Erfolg beim Speeddating, das Jeden-Mann-haben-Können – das war ein wunder Punkt. Mit jeder gescheiterten Beziehung blieben Wunden, blieben Narben zurück. Und der schlechte Ruf in der Stadt. Auch das war ein wunder Punkt. Sandras ganzes Leben bestand aus wunden Punkten.

Vielleicht ist es bei dir nicht ganz so schlimm. Hoffentlich. Vielleicht aber doch? Auf jeden Fall kennt nicht nur Sandra solche wunden Punkte. Die kenne ich doch auch. Jeden Morgen auf dem Schulhof. Ich spiele doch allen etwas vor. Wenn die wüssten, wie ich wirklich bin… Die Hälfte mache ich nur, weil es alle machen und nicht, weil ich Lust dazu habe. Vielleicht geht es mir genauso wie Sandra und ich wundere mich selbst, warum meine Beziehungen nie lange halten. Obwohl ich doch alles hineinlege. Trotzdem ist nach dem ersten Sex auch bald alles vorbei. Das kann doch nicht richtig sein. Meine Eltern, die mir immer sagen, ich bin zu langsam, zu oberflächlich, nicht verantwortungsbewusst. Manchmal glaube ich sogar – die haben Recht. Meine Ex-Freundin, die mich vor allen schlecht macht und sagt, ich könnte nicht treu sein. – Das macht mich fertig. Mein Opa, der immer sagt: „Junge, aus dir wird nie was." – Klingt fast wie bei meinen Lehrern und langsam glaube ich das auch. Mein Spiegel, der mir jeden Morgen sagt: Ich bin zu klein, zu dick, zu schüchtern. – Das ist ein wunder Punkt. Meine Sehnsucht: Mir geht's vielleicht genau anders als Sandra. Ich tue mich richtig schwer damit, Freunde zu finden. Und Menschen, die eine Beziehung mit mir eingehen wollen – die gibt's, glaube ich, gar nicht.

Auch mein Leben ist voll von wunden Punkten. Und deins wahrscheinlich auch. Und genau diese Punkte spricht Jesus an. Er legt den Finger in die Wunde.

Wir brauchen einen geschützten Rahmen, einen Ort, an dem mal Luft an unsere wunden Punkte kommen darf. Wo wir sicher sein können, da streut jetzt keiner Salz in unsere Wunden. Wir brauchen einen Ort, an dem unsere wunden Punkte atmen können. Wo unsere Sehnsüchte zur Sprache kommen. Und diesen Ort will Jesus geben. Bei Jesus können wir sein, wie wir sind. Weil er uns und unsere Sehnsüchte und wunden Punkte sowieso schon kennt.

Damit ist nicht gleich alles besser. Damit sind unsere wunden Punkte nicht gleich weg. Vielleicht wird uns dadurch erst schmerzlich bewusst, wie sehr die eine oder andere Sache in unserem Leben schiefgelaufen ist. Aber es tut gut zu wissen, dass Jesus mich gerne hat. – Obwohl ich manchmal denke: Wer mich kennt, kann mich nicht mögen. Aber doch, Jesus sagt: Triff mich und merke, ich liebe dich – bedingungslos. **Um dich gerne zu haben, braucht es keine Mindestvoraussetzungen.** Und das gibt uns die Möglichkeit, die Dinge in unserem Leben neu anzugehen. Neu zu ordnen und unseren Frieden damit zu machen.

Zuspitzung:

Bei Jesus gibt es Raum für heilsame Momente, wo du ganz du selbst sein kannst. Einfach, weil er dich sowieso schon kennt. Und weil er sich nicht über dich lustig macht. Und aus dieser Sicherheit heraus kannst du die wunden Punkte in deinem Leben angehen. Jesus will dir helfen, so zu sein, wie du wirklich bist. Und ich wünsche mir, dass du diesen Jesus genauso kennenlernst.

Bei Sandra-Maria hat es mit einem Gespräch angefangen. Genauso kann auch heute ein Gespräch zwischen dir und Gott der Anfang sein. So ein Gespräch nennen wir Christen „Gebet". – Und zu solch einem Gebet möchte ich dich heute einladen. Und weil aller Anfang schwer ist, habe ich dir ein Gebet mitgebracht. Ich biete dir an, dir Worte zu leihen, wenn du vielleicht selbst grade keine hast. Du kannst und darfst meine Worte zu deinen machen. Das Gebet erscheint gleich hier vorne an der Wand. Ich werde es einmal laut vorlesen. Und du kannst erstmal mitlesen, damit du weißt, worum es geht. Und dann werde ich es nochmal lesen und du kannst mitbeten – indem du die Sätze leise für dich wiederholst. Und wenn wir fertig sind, dann kannst du mit einem „Amen“ zum Ausdruck bringen, dass du dieses Gebet mitgebetet hast.

Gebet:

Vater im Himmel,
ich danke dir, dass du mich wunderbar gemacht hast
und mich unendlich liebst.
Mir ist klar, dass ich ohne dich verloren bin und ich dich brauche.
Jesus Christus,
danke, dass du für mich am Kreuz gestorben bist.
Du vergibst mir meine Schuld und schenkst mir ein neues,
ewiges Leben.
Ich möchte dir jetzt mein Leben anvertrauen.
Von nun an möchte ich mit dir meine Zukunft gestalten.
Ich will dich immer besser kennenlernen.
Danke, dass dein Heiliger Geist jetzt in mir wohnt und mir hilft.
Amen.

Reaktionsmöglichkeit:

Du hast einen Anfang mit Jesus gemacht. – Herzlichen Glückwunsch.

Ich würde mich freuen, wenn du gleich nochmal hier nach vorne kommst. Da bekommst du das Gebet auf einem kleinen Kärtchen und hast die Chance, mit Menschen zu reden und zu beten. Trau dich, wir sind gerne bereit und warten auf dich.

Und natürlich kannst du auch beim nächsten Lied wieder hier vorne zum Ausdruck bringen, dass du dich mit Jesus treffen möchtest. So, wie er die Finger in deine wunden Punkte legen will, damit sie heilen können, so darfst du deinen Finger in seine größte Wunde legen, die am Kreuz sichtbar wird. Du darfst deinen Fingerabdruck am Kreuz machen und dich so mit Jesus identifizieren.

Die beiden Schächer am Kreuz – Meine Über-Lebensperspektive

Länge:	ca. 12 Minuten
Bibelstellen:	**Lukas 23,33–43** | Johannes 10,18
Thema:	Tod und Sterben | Was ist meine Über-Lebensperspektive?
Aufbau:	Auf der schiefen Bahn nimmt man schnell Fahrt auf. Die Chance für Jesus: Alle vergöttern ihn, wenn er sich vom Kreuz losreißt. Jesus bleibt aufgekreuzt. Er ist für uns gestorben. Welcher der beiden Verbrecher willst du sein? Zuspitzung / Reaktionsmöglichkeit / Gebet
Ergänzende Medien:	Frieda Gold – WOVON SOLLEN WIR TRÄUMEN | third day – JUST TO BE WITH YOU
Sonstiges:	funktioniert gut als Reihe (Teil 3 von 5)

Musikvideo:	**Frieda Gold – WOVON SOLLEN WIR TRÄUMEN**

Wenn du dein Leben noch einmal leben könntest ... Wenn du nochmal von vorne anfangen könntest, was würdest du anders machen? – Meist fragt man sich das, wenn etwas richtig in die Hose gegangen ist. Wenn man einen kompletten Fehlstart hingelegt hat oder wenn man sich das alles ganz anders vorgestellt hätte.

Ich hatte in meiner Ausbildung einen Kollegen, der kam am ersten Tag 10 Minuten zu spät zur Berufsschule. Der hat nie wieder ein Bein auf den Boden bekommen. Er kam rein und der Lehrer stand ihm gegenüber, guckte ihn an und sagte: „Dann zeig mir mal dein Geo-Dreieck, deinen Taschenrechner und dein Zeichenbrett." – Und Daniel stand da. Nur in seiner Sparausrüstung. Er und seine Jacke. „Dein Ernst? – Junge, du willst doch Zimmermann werden. Da wirst du doch wenigstens ein Geo-Dreieck, einen Taschenrechner und ein Zeichenbrett dabeihaben." Keiner hatte das dabei. Aber Daniel hatte er damit jetzt auf dem falschen Fuß erwischt. Die nächsten drei Jahre hat sich Daniel wahrscheinlich jeden

Tag gewünscht, nochmal beginnen zu dürfen und nochmal alles anders machen zu können.

Ich habe mal angefangen, meinen Eltern Geld aus dem Portemonnaie zu klauen. Und dann habe ich mir Spielzeug davon gekauft. – Keine gute Idee. Dann muss man auf einmal Dinge erklären, an die hatte man vorher gar nicht gedacht. „Thomas, hast du mein Portemonnaie gesehen?“ „Nee.“ „Thomas, wo hast du denn dieses Spielzeugauto her?“ „Gefunden, wieso!?“ „Wo denn?“ „Bei Max.“ „Ja, aber dann gehört es doch ihm?“ „Ja, aber er hat es mir geschenkt...“ „Also was jetzt? Hat er es dir geschenkt oder hast du es gefunden?“ Scheiße. Man verstrickt sich immer weiter in Unwahrheiten. Wenn man doch bloß gleich die Wahrheit gesagt hätte...

Ich kenne jemanden, der hat Karriere gemacht. Mit Immobilien. Inzwischen ist er Abteilungsleiter. Das Problem ist: Er hat keine Ahnung von Immobilien. Er hat auch keine Leidenschaft dafür. Aber man hat damit schon als Azubi viel Geld verdient. Er konnte schon mit 20 auf dicke Hose machen. Aber jetzt, nach ein paar Jahren, soll er eine Abteilung führen, wo ihn alle mit ihrem Fachwissen in die Tasche stecken. Und er ist der Geschäftsführung Rechenschaft schuldig für Dinge, die er nicht erklären kann. – Der Kerl kommt jeden Tag frustriert nach Hause. Der würde sich nie wieder für diesen Job entscheiden. „Wäre ich doch bloß Koch geworden oder Erzieher oder Grafikdesigner.“

Kennt ihr das? Wir treffen Entscheidungen und diese Entscheidungen haben Konsequenzen. Und selbst, wenn wir diese Konsequenzen nicht überblicken können, tragen müssen wir sie trotzdem. Manchmal sind es nicht mal bewusste Entscheidungen. Manchmal sind es Weichenstellungen in unserem Leben, für die wir nichts können. So wie bei Daniel. Weiß der Geier, warum der zu spät gekommen ist. Vielleicht gab es einen Kurzschluss in der Kaffeemaschine von seinem Nachbarn. Aber die Feuerwehr hat so dumm vorm Haus geparkt, dass er mit dem Fahrrad nicht durchgekommen ist. Egal. Er war zu spät und jeden neuen Tag bekommt er das schmerzlich zu spüren. Für den ersten Eindruck gibt es keine zweite Chance. Manche Weichen sind gestellt und wir brettern mit unserem Lebenszug darüber. Wo das hinführt, sehen wir erst, wenn wir da sind. – In Sackgassen ist das ärgerlich.

Ich will euch von zwei Männern erzählen, die in so einer Sackgasse gelandet sind: Die beiden sind auf die schiefe Bahn geraten. Das kann leicht passieren. Schiefe Bahnen führen am Anfang meist bergab. Und da nimmt man ganz leicht Fahrt auf. Aber je schneller man wird, desto mehr Leute rempelt man an. Man fährt sie über den Haufen und wenn's schlimm läuft, dann geht man am Schluss sogar über Leichen. Das ist beiden passiert. Ob wirklich Menschen dabei gestorben sind, weiß ich nicht. Aber die beiden hatten zum Schluss einiges auf dem Kerbholz. Und wahrscheinlich waren sie sogar stolz drauf. Auch für Verbrecher gibt es sowas wie Berufsehre: Wenn's schon mal schiefgelaufen ist, dann will ich beweisen, dass ich schiefer kann als du.

Die beiden hatten richtig viel auf dem Kerbholz. So viel, dass sie daran schwer zu schleppen hatten. Die Gesellschaft lässt einem das nicht durchgehen. Die schiefe Bahn endet fast immer auf dem Abstellgleis. Sie werden ausgegrenzt. Und so finden sich die beiden wieder – am Stadtrand – auf der Müllkippe. Entsorgt von der Gesellschaft. Und hier werden sie zur Rechenschaft gezogen. Hier müssen sie geradestehen für alles, was sie verbockt haben und wo sie hineingeraten sind.

Deutlicher kann eine Gesellschaft nicht sagen: Für mich bist du gestorben. Das kommt einer öffentlichen Hinrichtung gleich.

Diese Geschichte steht in der Bibel. Es ist die Geschichte von zwei Verbrechern, die wirklich von der Gesellschaft zum Tode verurteilt werden. Die beiden werden gekreuzigt. Die 0-8-15-Todesstrafe von damals. Sie haben es nicht anders verdient. Aber die beiden haben die Geschichte nicht für sich. Den Mittelpunkt dieser Szene bildet jemand anderes. Da hängt noch jemand. Und der ist in die gleiche Situation geraten. Auch er hängt am Kreuz und wird sterben.

Und dieser Mann stiehlt den beiden Verbrechern die Show. Wegen ihm sind die Leute hier. Nicht wegen der beiden. Die beiden rechts und links sind arme Würstchen. Das sind Verbrecher wie du und ich. Wenn man mal ehrlich ist, dann haben wir alle ganz schön was auf dem Kerbholz. Dann sind wir auch nicht besser als die. Dann gibt es auch bei uns vieles, das man anprangern kann.

Aber der Kerl in der Mitte, der ist irgendwie anders. Der polarisiert die Leute, seit er da ist. Der hat Menschen vor den Kopf gestoßen, weil er anderen geholfen hat. Über den wundern sich die Menschen, weil er wahre Wunder vollbracht hat. Den himmeln Menschen an, weil er vom Himmel redet, als wäre er schon mal da gewesen. Und das macht *den* Menschen Angst, die selbst gerne vergöttert werden wollen. Und deshalb räumen sie ihn aus dem Weg. Koste es, was es wolle. Und jetzt hängt dieser Jesus wie jeder x-beliebige Verbrecher am Kreuz und steht gerade für Dinge, die ihm nicht vorzuwerfen sind.

Ich finde diese Geschichte so abgefahren! Ich weiß gar nicht, wo ich zuerst hinschauen soll. Da ist diese himmelschreiende Ungerechtigkeit, dass einer stirbt, weil andere ihn nicht leiden können. Dein Ernst? Du musst ihn ja nicht mögen, aber deshalb gleich umbringen? Und da sind zwei Menschen, die sterben, weil sie die logische Konsequenz für ihr Handeln trifft. Die haben so viele Leichen im Keller...

Aber warum hängen sich die Leute nicht daneben, die für den Tod von Jesus verantwortlich sind? Die haben keine Leiche im Keller, die produzieren gerade eine Leiche – für alle sichtbar – auf dem Berg. Das ist eine himmelschreiende Ungerechtigkeit. Und dann machen die sich auch noch lustig über Jesus. „Andere hat er gerettet. Jetzt soll er sich selbst retten, wenn er der Christus ist. Wenn er der ist, den Gott erwählt hat." Das ist gemein. Warum? Weil sie Jesus damit angreifen. Sie stellen ihn auf die Probe. Und weil sie mich damit angreifen. Selbst ich, der ich irgendwie mit Jesus sympathisieren will, muss feststellen, dass diese Aufforderung ihren Reiz hat.

Jesus, das ist deine Chance. Wenn du kannst, dann mach! Jeder würde ohne Zweifel merken, dass du kein Hochstapler bist. Jeder würde sofort merken, dass du Recht hast. Mit allem, was du von dir behauptest. Eine bessere Chance kann es nicht geben. Worauf wartest du? Wenn Gott die Menschen von sich überzeugen will, dann jetzt! Wenn du kannst, dann mach!!! Wenn du nicht kannst – okay, dann hängst du da zu Recht. Dann stelle ich fest: Du hast mich verarscht und dann kannst du mir gestohlen bleiben. Dann bist du für mich gestorben. Also: Komm da runter, wenn du kannst.

Diese Geschichte ist abgefahren. Die macht bei mir Knoten im Kopf. Warum? Weil Jesus sich an dieser Stelle nicht provozieren lässt: Ja, er hängt da – völlig zu Unrecht. Und ja, er hätte da runterkommen können. Das glaube ich zutiefst. Warum, um alles in der Welt, tut er's nicht? Genau darum! Um alles in der Welt – tut er es nicht! Weil alles in dieser Welt daran hängt, dass er hängen bleibt – deshalb tut er es nicht. Was hätte er gewonnen? – Er wäre auf einen Schlag King Dingeling. Jeder würde ihn für Gott halten. (Und er wäre es!) Aber das war er vor Weihnachten – also bevor er auf die Welt kam – auch schon. Dafür hätte er das Ganze hier nicht machen brauchen. Davon hätte keiner profitiert. Dafür hätte er hier nicht aufkreuzen müssen.

Jesus musste „aufgekreuzt bleiben", damit ich davon profitieren kann. Damit du davon profitieren kannst. Jesus will, dass unsere Beziehung zu Gott wieder hergestellt wird. Für diese Beziehung sind wir gemacht. Das ist unsere eigentliche Bestimmung. Wie ein Fisch fürs Wasser gemacht ist, so sind wir für die Liebe Gottes gemacht. Das ist unser eigentlicher Lebensraum, in dem wir aufgehen. In der Nähe Gottes. Die Beziehung zu ihm ist das Lebenselement, in dem unser Leben aufblüht. Aber wir haben dieses Element verlassen. Wie ein Fisch, der aus dem Wasser springt. Aus Leichtsinn, aus Übermut, aus Rebellion, aus Neugier, was ihn an Land erwartet. Und wie den Fisch auch, erwartet uns außerhalb des Elementes, für das wir geschaffen sind, nicht Freiheit und Leben, sondern Zerbruch. Die wichtigste Beziehung ist zerbrochen. Und weil diese Beziehung zu Gott, die Beziehung, für die wir gemacht sind, zerbrochen ist, werden wir schuldig, werden wir verletzt und sind immer wieder in kranken Systemen verstrickt. Diese Welt, durch die wir niemals mit einer weißen Weste durchkommen, diese Welt ist Ausdruck davon, dass wir die Beziehung zu Gott verloren haben. – Diese Welt ist die logische Konsequenz von dem, wie wir leben. Und deshalb müssen wir am Ende geradestehen für all das, was uns von Gott trennt.

Wie diese beiden Verbrecher am Kreuz. Auch wenn ich heute hier stehe und nicht das Gefühl habe, dass ich mit meinem Leben den Tod verdient hätte. Trotzdem bin ich einer dieser Verbrecher. Und der andere bist du.

Wir kommen aus dieser Nummer nicht raus. Wir sind nicht mehr in unserem Element. Und das kann man auf lange Sicht nicht überleben. Wir sind diese beiden Verbrecher. Und wir leiden daran, dass wir die Konsequenzen tragen müssen. Völlig egal, welchen Anteil wir wirklich selbst verschuldet haben und wie viel unglückliche Verstrickung ist. Und mitten in diese Situation kreuzt Jesus auf. Genau in dieser Situation schultert er alles, was uns belastet. **Mit offenen Armen hängt er am Kreuz und hat immer noch ein Herz für uns.** Selbst für die, die eben den Hammer geschwungen haben, und die ihm ins Gesicht gesagt haben: Für mich bist du gestorben. Selbst für die hängt er am Kreuz und bleibt hängen. Selbst für die ist seine Liebe ungebrochen und selbst für die bittet er: „*Vater, vergib ihnen. Denn sie wissen nicht, was sie tun*" [Lukas 23,34]. Alter, dein Ernst?

Und ich bin heilfroh, dass er sich nicht provozieren lässt. Dass er sich nicht provozieren lässt, sich selbst groß zu machen und sich von diesem Kreuz loszureißen. Gott hat sich aus Liebe zu uns auf den Weg gemacht und jetzt bringt er es auch zu Ende. **Gott hat sich auf diese Liebe zu uns festnageln lassen.** Sein Leben für jemanden zu geben, ist auch heute noch Ausdruck von tiefer Liebe. Das macht man nicht für jeden. Es sei denn... – man liebt jeden!

Jesus stirbt am Kreuz. Aus Liebe zu uns. „Du bist für mich gestorben", sagen die einen. Und Jesus guckt zurück und sagt: „Genau. Ich bin für dich gestorben. Du hast mir nicht das Leben genommen. Ich habe es gelassen. Es war meine Entscheidung, am Kreuz hängenzubleiben. Nicht deine Nägel haben mich da oben gehalten, sondern meine Liebe zu dir. Das ist ein himmelweiter Unterschied."

Jesus sagt: „*Niemand nimmt das Leben von mir, sondern ich selber lasse es. Ich habe Macht, es zu lassen, und habe Macht, es wieder zu nehmen*" [Johannes 10,18]. Hier passiert etwas, das die Welt verändert. **Jesus durchlebt den Tod.** Der Tod ist die Konsequenz dieses Lebens. Für jeden von uns. Aber jetzt gibt es jemanden, der den Tod durchlebt hat. Der den Tod wieder mit Leben füllt. Der ihn ad absurdum führt. Jesus gibt sich ganz. Und das öffnet den Horizont für mich.

Zuspitzung:

Ich habe gesagt: Wir sind einer der beiden Verbrecher am Kreuz. Die Frage ist nur: Welcher?

Beide finden sich in der Situation wieder, dass sie das einholt, was das Leben mit ihnen oder aus ihnen gemacht hat. Was hat das Leben mit dir gemacht? Egal. Jesus durchlebt es mit! Jesus kennt die Situation, weil er sie selbst erlebt.

Und er entscheidet sich, dieses Leben bis zum Ende mit dir durchzustehen: „Du kannst hier nicht raus, dann bleibe ich an deiner Seite. Bis zum Schluss."

Wir erleben genau das. Wie diese beiden Verbrecher auch. Aber wie reagieren wir? Der eine Verbrecher macht sich lustig. „Jesus, für mich bist du gestorben. Du interessierst mich nicht.

Wenn ich in die Hölle komme, dann mit VIP-Bändchen." Der andere ergreift die Chance seines Lebens. Ganz oder gar nicht. „Jesus, ich glaube, dass uns Welten trennen. Ich hänge hier zu Recht. Ich bekomme letztlich nur, was ich verdiene. Bei dir sieht das anders aus. Du hängst hier wegen uns. Meine Scheiße hat dich erst in diese Situation gebracht. Jesus, uns trennen Welten. Aber ist da noch was drin für mich? Reicht deine Liebe aus, damit auch ich davon profitieren kann? – **Jesus? Bist du auch für mich gestorben?" Und Jesus sagt: ☺„Noch nicht, aber gleich.**☺ Ich lasse mein Leben auch für dich. Und wenn es das Letzte ist, was ich tue. Im Himmel ist Platz für dich. Darauf kannst du mich festnageln. Wir werden beide noch heute im Paradies sein. In der Nähe Gottes. Und dann hat sich meine Mission gelohnt. Von Anfang bis Ende. Nur für dich. Bist du dabei? Ich zieh das durch."

Du bist einer dieser beiden Verbrecher. Die Frage ist nur: Welcher? Ist Jesus für dich *gestorben*? Oder ist er für *dich* gestorben?

Reaktionsmöglichkeit:

Du hast gleich wieder die Chance, deine Antwort darauf symbolisch zu geben. Hier vorne steht das Kreuz. Du kannst deinen Fingerabdruck auf diesem Kreuz festhalten, um deutlich zu machen, dass dieses Kreuz für dein Leben gilt. Dass du dich an das Kreuz von Jesus hängst, und dass du mit Jesus zusammen den Tod durchleben willst und wirst. Du kannst heute wieder sagen: Ich glaub's.

Gebet:

Auch heute gibt es die Chance, sein Leben an das von Jesus zu hängen. Vielleicht bist du heute hierhergekommen und hast gar nicht damit gerechnet, Gott zu begegnen. Vielleicht hast du bisher immer gesagt: „Jesus ist für mich *gestorben.* Der interessiert mich gar nicht." Und vielleicht hat dieser Abend deine Sicht auf Jesus verändert. Und du würdest den Satz heute anders betonen: „Jesus, du bist für *mich* gestorben. Ich weiß gar nicht, wie ich dir danken soll." Dann würde ich dir gerne Worte leihen, wenn dir die Worte fehlen. Wenn du auf Jesus zugehen willst, dann lade ich dich auch wieder ein, das Jesus direkt zu sagen. Mit dem gleichen Gebet, dass wir auch schon in den letzten Tagen hier gebetet haben. Falls du es noch nicht gehört hast, weil du zum ersten Mal heute hier bist: Keine Panik, ich werde es erst einmal vorlesen, damit du weißt, wovon ich rede. – Es erscheint hier an der Wand, sodass du es mitlesen kannst:

Vater im Himmel,
ich danke dir, dass du mich wunderbar gemacht hast
und mich unendlich liebst.
Mir ist klar, dass ich ohne dich verloren bin und ich dich brauche.
Jesus Christus,
danke, dass du für mich am Kreuz gestorben bist.
Du vergibst mir meine Schuld und schenkst mir ein neues, ewiges Leben.
Ich möchte dir jetzt mein Leben anvertrauen.
Von nun an möchte ich mit dir meine Zukunft gestalten.
Ich will dich immer besser kennen lernen.
Danke, dass dein Heiliger Geist jetzt in mir wohnt und mir hilft.
Amen.

Und jetzt bist du gefragt: Spricht dir dieses Gebet aus dem Herzen und willst du diese Worte zu deinen machen? Dann darfst du das gerne tun. Ich leihe sie dir wirklich von Herzen gerne.

Lasst uns das Gebet noch ein zweites Mal sprechen. Abschnitt für Abschnitt und du kannst gerne mit mir gemeinsam laut mitsprechen. [*Gebet wiederholen.*]

Wenn das heute dein erstes Gebet war, dann freue ich mich mit dir. Und dann würde ich mich unheimlich gerne mit dir unterhalten. Sprich mich einfach an. Oder sprich mit anderen. Es gibt hier noch mehr Leute, die sich gerne mit dir mitfreuen wollen. Ich würde mir nur wünschen, dass du mit diesen Eindrücken heute nicht allein bleiben musst... Also, wir sind für dich da.

Jesus und die Ehebrecherin – Frei sein

Länge:	ca. 12 Minuten
Bibelstellen:	**Johannes 8,1–11** | Psalm 73,28
Thema:	Freiheit | Freiheit, die ich mir nehme, macht nicht frei. | Ich muss nicht bleiben, wie ich bin.
Aufbau:	Erwischt, beschuldigt, entschuldigt, bereinigt, befreit Wie kommt man heute Gott nahe? Veränderung ist ein Prozess und klappt nicht immer auf Anhieb. Zuspitzung / Gebet / Reaktionsmöglichkeit
Ergänzende Medien:	Xavier Naidoo – FREI SEIN | Sarah Connor – BEDINGUNGSLOS
Sonst:	funktioniert gut als Reihe (Teil 4 von 5)
Musikvideo:	**Xavier Naidoo – FREI SEIN**

„Gott nahe zu sein, war mein Glück", sagt sie heute. Heute feiert Janette ihren zweiten Geburtstag. Ein paar Jahre ist es her, als ihr Leben sich auf einen Schlag änderte.

„Freiheit" war ihr großes Thema. „Ich will frei sein. – Frei wie der Wind, wenn er weht." Sie hat ihre Freiheit genossen – in vollen Zügen. Aber manchmal war sie gar nicht so frei, wie sie gerne wollte. Manchmal stieß auch sie an Grenzen. Und dann nahm sie sich einfach ein Stück Freiheit heraus.

Freiheit kann man sich nicht nehmen. – Das weiß sie heute. Aber damals sah sie das anders. Und mit jedem Stückchen Freiheit, das sie sich nahm, wurde es ein bisschen enger: Sie begann zu lügen, bekam nachts Angst, konnte nicht mehr schlafen. Was war passiert?

Janette achtet auf ihr Aussehen. Sie ist 'ne richtig Hübsche. Immer, wenn Janette unterwegs ist, dann wird sie eingeladen – mal zum Eis, mal ins Theater,... Und Janette nutzt das aus. Warum auch nicht? – Man ist doch nur einmal jung. Die Freiheit nimmt sie sich. Warum auch nicht?

Naja, ich wüsste da einen Grund. Sie ist verheiratet. Seit ein paar Jahren schon. Aber ihr Mann lädt sie nicht mehr ein. Er lädt sie nie ein. Wie auch? Sie haben gemeinsame Konten. Da ist es völlig egal, wer bezahlt. Und sie gehen auch nicht mehr häufig aus. Ihr Mann arbeitet viel und ist im Grunde nur am Wochenende zu Hause. In der Woche ist sie allein. Das heißt: Die ganze Woche ist frei!

Kennt ihr das Sprichwort: „Gelegenheit macht Diebe"? Das sagt man so schön und so stiehlt sie sich fast jeden Abend aus dem Haus. Sie trifft sich mit Freundinnen. Zunächst. Aber bald lernt sie andere Männer kennen. Sie wird eingeladen. Wie früher. Ein ganz neues Gefühl von Freiheit. Und mit der Zeit nimmt sie sich immer mehr Freiheiten. Ihr Mann bekommt von alldem nichts mit. Alle anderen Männer im Dorf schon. Aber wer verpetzt sich schon selbst. Die hängen doch alle mit drin.

Eines Tages wird Janette auf frischer Tat ertappt. Wie unangenehm. Ein richtig beklemmendes Gefühl. Eben noch war das die große Freiheit. Oder zumindest hatte sie sich das eingeredet. Jetzt bekommt sie fast keine Luft mehr. So deutlich wird ihr, dass sie Grenzen überschritten hat.

„Das wirst du mir büßen", sind die letzten Worte, die sie von ihrem Mann hört, bevor er die Haustür zuknallt. Wenig später findet sie sich in der aufgebrachten Dorfgemeinschaft wieder. Und das tut richtig weh. Die Hälfte von den Männern, die jetzt mit dem Finger auf sie zeigen, haben sie die ganzen Wochen und Monate eingeladen. Dabei sind sie selbst verheiratet.

Und oft ist es auch nicht bei einem Drink geblieben. Zuletzt ist fast immer mehr daraus geworden. Das ist alles keine Rechtfertigung. Das weiß sie auch. Und es tut ihr leid, was sie getan hat. Jedes Mal, wenn ihr Mann nach Hause kam, überfiel sie ein beklemmendes Gefühl: Sie hatte nachts Angst, im Schlaf von fremden Männern zu reden. Und spätestens jetzt, wo sie ihrem Mann ins Gesicht sieht, merkt sie, was sie angestellt hat. „Schatz, ich kann dir alles erklären", hatte sie ihm hinterhergerufen. Und: „Es ist nicht so, wie es aussieht." – Nichts kann sie erklären und, Alter, es war so, wie es aussah.

Aber irgendwie ist die ganze Situation so verlogen. Warum ist sie auf einmal die Schlampe und alle anderen dürfen sie mit Dreck beschmeißen? Und überhaupt, wo treiben sie sie überhaupt hin? Auf den Kirchhof?! Hier haben die beiden geheiratet. Kann irgendwo deutlicher werden, was sie getan hat?

Sie treiben die Frau mitten in die Arme von Jesus. Denn der steht auf dem Kirchhof und unterhält sich dort mit Menschen. Und jetzt wird es interessant: **Jesus hat den Ruf, dass er ein Herz für Sünder hat.** Jesus hat den Ruf, dass er Menschen, die schuldig geworden sind, immer noch liebevoll ansieht. Aber dieser Fall ist so eindeutig, dass die Menschen jetzt auf Jesus zugelaufen kommen und ihn fragen: „Was hältst du denn davon? – Wir haben diese Frau auf frischer Tat ertappt. Sie hat die Ehe gebrochen. Sie hat das Leben (zumindest ihres Mannes) zerstört. Sie hat geschieden, was Gott zusammengefügt hat... Nenn uns ein Gebot, das sie nicht gebrochen hat?"

Und die Menge ist so aufgebracht, dass alle schon Steine in der Hand haben, um nach ihr zu schmeißen. Jesus guckt Janette an. Und der Blick von ihr spricht Bände. Sie weiß selbst, was sie angerichtet hat. Und dann guckt Jesus die aufgebrachten Menschen an. – Und hockt sich auf den Boden und kritzelt in den Sand. Fast gelangweilt sieht das aus. Was macht der da? Die Spannung steigt ins Unermessliche.

„Jesus, hast du nicht gehört? Was macht man mit so einer Frau?" Die Leute holen schon aus zum Steinewerfen. Doch dann guckt Jesus hoch. Und er sagt nur einen Satz: *„Wer von euch ohne Schuld ist, der soll den ersten Stein auf sie werfen"* [**Johannes 8,7**]. Und dann guckt er wieder auf die Erde und schreibt wieder im Sand. – Es ist Totenstille. Man könnte die berühmte Stecknadel fallen hören. Aber es fällt keine. Das Einzige, was fällt, sind Steine! Menschen lassen ihre Steine fallen, drehen sich um und gehen weg. Der Bürgermeister zuerst. Und nacheinander alle. Zum Schluss ist nicht mal mehr der betrogene Ehemann da.

Eine ganze Weile steht Janette stumm auf dem Kirchhof. Jesus hockt vor ihr und kratzt im Sand. „Jesus, sag doch endlich was... Das hält ja keiner aus." Dann hört er auf, steht auf, sieht die Frau an. Und endlich kommen wieder Worte aus seinem Mund. Endlich hat die Stille ein Ende. „Wo sind denn alle hin? Wollten die dich nicht lynchen?" – „Es ist keiner mehr da."

Und Jesus sagt ihr: „Weißt du was, Janette? Dann werde ich nicht mit dem Steinewerfen anfangen. Geh nach Hause. Bring das in Ordnung und tu das nie wieder."

In dem Moment fällt der letzte Stein – der von Janettes Herzen. Endlich ist das vorbei. Sie atmet befreit auf. Zum ersten Mal seit Wochen, seit Monaten. Jesus wird seinem Ruf gerecht. Er hat ein Herz für die, die Schuld auf sich geladen haben. „Dann werde ich nicht mit dem Steinewerfen anfangen." Und sie weiß ganz genau: Er hätte werfen können. „Wer von euch ohne Sünde ist, der werfe den ersten Stein." – Er hätte werfen können. Aber das tut er nicht. Gott nahe zu sein, war ihr Glück.

Aber damit war noch nicht alles wieder gut. Jesus schickt Janette zurück. „Du weißt, was du getan hast. Du weißt, dass das falsch war. Du weißt, dass man sich nicht jede Freiheit nehmen kann. **Freiheit, die man sich nimmt, macht nicht frei.** Geh zurück. Bring das in Ordnung. Und tu das nie wieder."

Gott nahe zu sein, ist dein Glück. Jesus zu treffen heißt, befreit zu leben. Das ist der sehnlichste Wunsch von Jesus: Dass du befreit leben kannst. Und deshalb sagt Jesus: „Komm zu mir! Komm in meine Nähe! Ich helfe dir, wenn dein Leben in eine Schieflage gerät. Das muss ja gar nicht immer so etwas Großes sein. Auch mit den kleinen Schieflagen kannst du zu mir kommen. Ich will, dass du befreit leben kannst."

An dieser Stelle endet die Geschichte in der Bibel. Und wir stehen vor der Frage: Wie geht das denn für mich? Wie kann denn mein Leben auch so befreit werden? Wie kann ich denn heute Jesus nahekommen? Und das ist eine gute Frage. Wie kommt man Gott nahe?

Wie kommt denn *Janette* Gott nahe? Wie kommt Janette zu Jesus? – Sie wird zu ihm getrieben! Sie kommt nicht mal von allein. Sie ist nicht freiwillig da. – Ich habe keine Ahnung, wie freiwillig du heute hier bist, ob du gestern schon hier warst und weißt, worauf du dich eingelassen hast. Ich habe keine Ahnung, ob dir bewusst war, dass du heute in die Nähe Gottes kommst.

Manchmal trifft man Gott zufällig. Manchmal erlebt man einen Moment, wo man merkt: Oh, hier ist jetzt etwas Besonderes. – **Janette hatte nicht geplant, zu Jesus zu kommen.** Sie wird zu Jesus getrieben und das befreit sie.

Nicht auszumalen, was passiert, wenn wir uns bewusst auf den Weg zu Jesus machen – wenn wir bewusst die Nähe Gottes suchen. Nicht auszumalen, was passiert, wenn wir zu Jesus gehen und ihm von uns aus sagen: Jesus, an dieser oder jener Stelle bin ich nicht frei.

Ich male mir immer aus, wie die Geschichte weitergeht. Und wie Janette nach Hause kommt. Völlig befreit. Völlig begeistert. „‚Geh nach Hause und tu das nicht wieder', hat er gesagt. – Das bekomme ich hin." – Und dann kommt sie nach Hause und irgendwie ist alles anders geworden: Sie hat sich verändert. Ihr Mann hat sich verändert. (Der hat auch seinen Stein fallen gelassen und ist gegangen. – Was ist denn da los? – Hallo, wir müssen reden!) Ihr ganzes Leben ist nicht mehr dasselbe.

Und vier Wochen später ist sie wieder da. Sie steht wieder vor Jesus. Ihre Blicke treffen sich. Sie guckt ihn an und er guckt sie an. Sie erkennen sich wieder und ohne Worte ist alles gesagt. In den Augen von Jesus kann man lesen: „Es hat nicht geklappt, oder?" Und auch der Blick von Janette spricht Bände: Sie hat Tränen in den Augen und alles in ihr schreit: „Ich hab's doch versucht. – Aber das ist verdammt schwer. **Das sagt sich so leicht: ‚Tu das nicht wieder.'** Das sagt sich so leicht, aber das ist unendlich schwer."

Und alles, was ich von Jesus weiß, lässt mich glauben, dass er zum zweiten Mal sagt: „Ich fange nicht mit dem Steinewerfen an. Es ist gut, dass du gekommen bist. Gott nahe zu sein, ist dein Glück! Immer! Es ist dein

Glück, wenn du zu Gott kommst. Ich will, dass dein Leben in die Weite geführt wird. Lass uns gemeinsam zurückgehen und lass uns sehen, wie wir das wieder in den Griff bekommen."

Zuspitzung:

Nicht auszudenken, was das Leben gewinnt, wenn man so zu Gott kommt. Und das ist überhaupt nicht schwer. Genauso kann man auch heute noch zu Jesus kommen. Im Grunde ist das gar nicht anders. Nur dass man Jesus heute nicht mehr direkt sieht.

Gott nahe zu sein, ist auch dein Glück und ich wünsche dir, dass du das auch so siehst. Und dann biete ich dir das Gleiche an wie gestern. Ich habe auch heute wieder das Gebet mitgebracht, mit dem man auf Jesus zugehen kann. Und mit dem man sein Leben an Jesus festmachen kann.

Man muss das nicht mit diesen Worten machen, aber ich habe gemerkt, dass es als Einstieg oft leichter ist, wenn man sich Worte leihen kann. Und das biete ich dir auf jeden Fall an: Mach dir meine Worte zu Eigen, wenn du willst.

Ich lese das Gebet einmal vor, damit du weißt, worum es geht.

Und dann werde ich es ein zweites Mal lesen und wenn dir das aus der Seele spricht, dann darfst du dir diese Worte gerne leihen und dieses Gebet zu deinem eigenen machen. Das kannst du dadurch zum Ausdruck bringen, dass du, wenn ich fertig bin, mit mir gemeinsam laut Amen sagst.

Gebet:

Vater im Himmel,
ich danke dir, dass du mich wunderbar gemacht hast
und mich unendlich liebst.
Mir ist klar, dass ich ohne dich verloren bin und ich dich brauche.
Jesus Christus,
danke, dass du für mich am Kreuz gestorben bist.
Du vergibst mir meine Schuld und schenkst mir ein neues, ewiges Leben.
Ich möchte dir jetzt mein Leben anvertrauen.

Von nun an möchte ich mit dir meine Zukunft gestalten.
Ich will dich immer besser kennen lernen.
Danke, dass dein Heiliger Geist jetzt in mir wohnt und mir hilft.
Amen.

Das ist das Gebet. Und wenn das dein Gebet sein soll, dann werde ich es jetzt nochmal sprechen und du darfst am Ende gerne laut „Amen" dazu sagen. „Amen" bedeutet „So ist es" oder „Das wollte ich auch gerade sagen."

Reaktionsmöglichkeit:

Wenn das jetzt dein Gebet war, dann bitte ich dich, komm gleich nochmal zu mir nach vorne. Ich möchte dir das Gebet auf einem kleinen Kärtchen mitgeben, damit du dich an heute erinnern kannst. Und auch, damit wir gucken können, wie es für dich jetzt weitergehen kann.

Janette wird zu Jesus in die Arme getrieben. Sie kommt nicht freiwillig. Manchmal ist das so: Man trifft Jesus und hatte das gar nicht vor. Manchmal trifft man Gott zufällig. Janette befreit das trotzdem. Nicht auszumalen, was passiert, wenn man bewusst die Nähe zu Jesus sucht. Du bist auch heute wieder eingeladen, das symbolisch zu tun. Du kannst beim nächsten Lied nach vorne kommen und sagen: „Hier bin ich." Und du kannst deinen Fingerabdruck am Kreuz hinterlassen, um zu zeigen: Zwischen mich und dich passt kein Blatt Papier mehr. Wir gehören zusammen.

Musikvideo: **Sarah Connor – BEDINGUNGSLOS**

Zachäus – Das ungenießbare Früchtchen

Länge:	ca. 12 Minuten
Bibelstellen:	**Lukas 19,1–10** | 2. Korinther 5,17
Thema:	Wo ist ein Neuanfang möglich?
Aufbau:	Warum ein Maulbeerfeigenbaum? Sehnsucht nach Veränderung

	Unerwarteter Besuch – Jesus lädt sich ein Peinliche (ehrliche) Einblicke in mein Leben Einschneidendes Erlebnis – einschneidende Veränderung Zuspitzung / Gebet
Ergänzende Medien:	Silbermond – IRGENDWAS DAS BLEIBT
Sonst:	Diese Predigt setzt die vier vorherigen voraus und könnte den Abschluss einer Woche bilden. funktioniert gut als Reihe (Teil 5 von 5)

Musikvideo:	**Silbermond – IRGENDWAS DAS BLEIBT**

„Wo ist ein Neuanfang möglich?" Das ist das Thema von heute. Und dabei soll es um die Geschichte von Zachäus gehen. Jemand, dessen Situation absolut festgefahren ist, der sich aber um einen Neuanfang bemüht hat. – Erfolgreich bemüht hat. Spannend zu lesen. Und deshalb lese ich uns das auch: *Lukas 19,1–10 vorlesen*

So ist ein Neuanfang möglich: Als Arschloch gelebt. Nicht glücklich geworden. Wieder zum Kind mutiert, auf Bäume geklettert und verstecken gespielt. Erwischt worden. Auf dem Boden der Tatsachen gelandet. Fest gefeiert. Besserung geschworen. Ordentlich gespendet. So wäre Gott stolz auf mich.

Wir ahnen, so einfach kann es nicht sein. Ich lade uns ein, genauer hinzuschauen. So, wie uns die Bibel immer einlädt, genauer hinzuschauen. Und gerade bei dieser Geschichte lese ich gerne zwischen den Zeilen: Wenn ich diese Geschichte lese, dann könnte ich zum Gärtner werden. – Also: Das könnte ich natürlich nicht. Ich habe keinen grünen Daumen. Gartenarbeit ist nichts für mich. Ich könnte einen Schuppen bauen. Aber mehr auch nicht. Aber wenn ich diese Geschichte lese, dann fasziniert mich die Botanik. Warum? Weil mich mal jemand mit einer ganz einfachen Beobachtung auf ein völlig unwichtig wirkendes Detail hingewiesen hat. Und dieses Detail kann ich seitdem nicht mehr vergessen. Und das hat mir einen ganz neuen Blick auf diese Geschichte eröffnet.

Seine Frage war: Warum eigentlich ein „Maulbeerfeigenbaum“? Warum diese Detailinformation? In dieser knapp erzählten Geschichte finden sich kaum Details. Aber warum steht da, was für ein Baum das war?

Ich fand die Frage bekloppt. Musste lachen. Aber es hat mir keine Ruhe gelassen und ich habe mal nachgeschaut und habe folgendes gefunden:

Der Maulbeerfeigenbaum: ca. 10–15 m hoher Baum mit breiter Krone und dickem, knorrigem Stamm. Der Maulbeerfeigenbaum hat raue, herzförmige Blätter und feigenähnliche Früchte. Die Früchte sind klein und ungenießbar, solange sie unbehandelt bleiben. Daher werden sie kurz vor der Ernte mit dem Messer eingeritzt. Dadurch setzen sie **Äthylengas** frei, das das Wachstum der Früchte stimuliert: Innerhalb von drei Tagen vergrößert sich die Frucht um das Zehnfache. – Und der Clou ist: Durch das Freiwerden des **Äthylengases** werden die Früchte sogar genießbar. – Sie sind nicht ganz so süß wie andere Feigen, aber gut essbar.

Der Maulbeerfeigenbaum erzählt eine botanische Form der Zachäusgeschichte: Zachäus, dieses kleine ungenießbare Früchtchen, sehnt sich nach einem einschneidenden Erlebnis in seinem Leben. Er wächst vor sich hin. Er hat es dabei weit gebracht. Man **könnte neidisch auf ihn sein.**

Er kann sich alles leisten, lebt aber vom Beschiss. Keiner kann ihn leiden. Leute hassen ihn. Sein Leben ist nicht begehrenswert. Und das merkt er auch: Das kann doch noch nicht alles gewesen sein! Allein macht Erfolg keinen Spaß. Der Mensch ist ein Beziehungswesen. Aber keiner will mit unserem ungenießbaren Früchtchen etwas zu tun haben.

Sein Leben mag der Himmel auf Erden sein. Aber eben nur auf Erden. Seine Bäume wachsen nicht in den Himmel. Und das ist sein Problem: Ihm fehlt die Perspektive. Er sehnt sich danach, dass was passiert. Etwas, dass sein Leben verändert. Etwas, dass sein Leben auf eine andere Stufe bringt.

Und das sieht und findet Zachäus in Jesus. Jesus ist nicht aus seiner Welt. Wenn es bei Zachäus heißt: „mein Haus, mein Auto, mein Boot“, dann heißt es bei Jesus: „kein Haus, kein Auto, kein Boot“. Jesus ist das genaue Gegenteil – der genaue Gegenentwurf von seinem Leben.

Aber bei Jesus weiß man, woran man ist. Der Mann hat Format. Ist eine Lichtgestalt. Beeindruckend – schon allein, wenn man ihn nur leben sieht...

Und man erahnt, dass da noch viel mehr dahintersteckt. Zachäus himmelt Jesus an. Er vergöttert ihn. Zu Recht: **Mit Jesus wachsen Lebensbäume in den Himmel.** Jesus verkörpert Lebensperspektiven.

Was würde Zachäus dafür geben, diesen Jesus zu sehen?! Zachäus ist bereit, sich in den Augen der Welt peinlich zu verhalten. Er klettert auf einen Baum. Ein gestandener Mann wird zum Kind.

Vielleicht hat er Glück und wird nicht gesehen. Aber wenn doch, dann ist er das Gespött der Leute: „Ein reicher Schnösel, der sich Hand und Hose dreckig macht, um einen armen Wanderprediger zu sehen." Das Risiko geht er ein. Das ist ihm egal. Das ist es ihm wert. Und vielleicht hat er ja Glück und es sieht ihn keiner.

Und in der Tat: Er hat Glück. – Aber erstens, kommt es immer anders und zweitens, als man denkt. – Erst hat er Glück und dann sieht ihn jeder. Er hat Glück, denn zunächst sieht ihn erstmal Jesus. Und dann sehen ihn auch alle anderen. Wie peinlich. Egal.

Manchmal lädt sich Gott selbst in ein Leben ein. Und oft ist genau das so ein einschneidendes Ereignis. Zachäus hat das sehnsüchtig erwartet. Er hat nicht daran geglaubt. Er hat es nicht zu hoffen gewagt. Er hat nicht zu hoffen gewagt, dass Jesus ihn besucht. Dass er in sein Leben kommt. Aber bei Jesus werden Träume war. Auch Träume, die man sich zu träumen verboten hat.

Und jetzt passiert das, was ich mir so bildlich vorstellen kann. Unerwarteter Besuch: Und dann zeigst du dem Besuch dein Haus, deinen Lebensraum. Du gibst Einblicke in dein Leben. Ganz private Eindrücke. Gerade der unerwartete Besuch bekommt die besonders privaten Einblicke. – Die unangenehm privaten Einblicke. Ich vermute, ihr wisst, was ich meine: Du zeigst dem Besuch dein Haus. Und dabei fallen dir vor allem die Bereiche auf, die unangenehm sind. Wenn ich der Besuch bin, dann schaue ich da gar nicht so drauf. Dann gucke ich darüber hinweg. Dann will ich mir das Haus angucken. Dann will ich wissen, wie die Person lebt. Ich habe eine Lehre auf dem Bau gemacht. Ich kann auf einem Dixi-Klo meine Notdurft verrichten – ohne Probleme. Ich habe mit Dreck kein Problem.

Aber wenn ich jemandem zeige, was meins ist, dann will ich ihm zeigen, worauf ich stolz bin. Was die Vorzeigeseiten meines Lebens sind. Doch bei solch einem Rundgang fällt mir alles auf, wofür ich sonst blind bin, wenn ich durchs Haus gehe: Ich will voll Stolz meine Schlumpfsammlung zeigen, aber auf dem Weg in den Keller kann ich von der Treppe aus auf die Oberseiten der Vitrinen sehen. Und da sehe ich als erstes den Staub. – Wie unangenehm. Ich will das Wohnzimmer zeigen und die geile Geschichte vom „Schnäppchenparkett“ erzählen. Aber beim Öffnen der Wohnzimmertür muss ich die Klamotten bei Seite schieben, die schon vom Sessel fallen, weil die Speicherkapazität eines Sessels für Klamotten begrenzt ist. Besser ich erzähle nicht vom Parkett, sonst guckt der da noch genauer hin. Und wenn der Gast dann noch schnell aufs Klo will, dann frage ich mich, während er sich eingeschlossen hat, wann ich da das letzte Mal geputzt habe.

Unerwarteter Besuch ist unangenehm. Und ohne, dass der Gast etwas sagt, will ich mich bessern. Und so ist es bei Zachäus auch. Mit Jesus lässt sich Gott dazu herab, sich mit diesem kleinen ungenießbaren Früchtchen abzugeben. Und spätestens beim Rundgang wird Zachäus bewusst, wie skurril das ist. Und dass sein noch so hochklassiger Lebensstil so überhaupt nicht in Gottes Welt passt. Und dass seine Art zu leben so grundsätzlich unvereinbar ist mit Gottes Art, wie er sich Leben vorstellt.

Dazu braucht es gar keine mahnenden Worte von Jesus. Die wären wahrscheinlich nicht Mal gekommen. Jesus ist doch Kummer gewohnt. Der könnte auch auf ein Dixi-Klo gehen. Der hat auch eine Lehre auf dem Bau gemacht (als Zimmermann – wie ich), aber vor Allem ist er im Kuhstall zur Welt gekommen.

In dem Moment hätte Zachäus das EC-Versprechen formulieren können. Oder zumindest unterschreiben. Er ist gerade zum ECler geworden. Er hat Jesus in sein Leben eingeladen. Er hat erkannt: „Jesus Christus ist mein Erlöser und Herr.“ Und jetzt fragt er sich, wie er denn zukünftig leben will. Was das mit seinem Leben macht? „Darum möchte ich ihm die Ehre geben und mein Leben nach seinem Willen gestalten.“ Ich sehne mich danach, dass mein Leben ihm Freude macht und ihm die Ehre gibt.

Das wird nicht ohne einschneidende Veränderungen gehen. Das betrifft so viele Lebensbereiche. Und für ihn ist sofort klar: Das betrifft zuerst, aber nicht zuletzt, meinen Umgang mit Geld, meine Einstellung zur Ehrlichkeit, meine Vorbildfunktion im Umgang mit meiner Macht. Meine

Selbstverliebtheit: Sich selbst groß zu machen, geht immer auf Kosten anderer. Und damit soll Schluss sein. Mein Leben soll Gott die Ehre geben. Soll ihm Ehre machen.

Und jetzt überschlägt er nicht die Kosten. Jetzt handelt er nicht den besten Preis aus. Jetzt setzt er Zeichen. Damit alle sehen: „*Wenn jemand zu Christus gehört, gehört er schon zur neuen Schöpfung. Das Alte ist vergangen, etwas Neues ist entstanden*“ [2. Korinther 5,17]. Das ist ein einschneidendes Erlebnis. Ein schmerzhafter Moment, in dem man das erkennt. Aber in dem Moment geht es nach vorne: Das kleine, ungenießbare Früchtchen entwickelt sich explosionsartig weiter. Sein Leben blüht auf. Seine Frucht wächst um mindestens das 10-fache. Sein Leben bekommt eine neue Dimension. Und Zachäus wird genießbar. Sein Leben wird für ihn und andere zum Genuss.

Wo ist ein Neuanfang möglich? Bei Jesus – jederzeit. Wir haben uns vor ein paar Tagen gefragt, wie ich glücklich werden kann (siehe „Die Hochzeit zu Kana“). Grundsätzlich glücklich. Nicht nur punktuell. Und wir haben dabei gemerkt, dass es dafür eine Perspektive braucht. Diese Perspektive kann ich mir nicht selbst geben. Jesus schon. Weil er über dieses Leben hinausblickt. Weil er eine Überlebensperspektive bietet. Eine Perspektive brauche ich für einen Neuanfang. Am Abend danach ging es um unseren Wert (siehe „Jesus und die Samariterin“). Einen Wert, den Jesus so ganz anders einschätzt, als ich das tue. Jesus macht meinen Wert nicht an meiner Vergangenheit fest. Das ist gut, wenn ich nach einem Neuanfang Ausschau halte. – Gut, wenn mich da nicht die Vergangenheit gefangen nimmt. Dann haben wir erfahren, wie grundsätzlich neu Jesus denkt (siehe „Die beiden Schächer am Kreuz“). Und dass Jesus mit einem Leben abschließen kann, ohne es zu beenden. Dass Jesus sein Leben und den Tod durchlebt hat und damit auch dein Leben zu einem versöhnlichen Ende bringen kann. Jesus ist der personifizierte Neuanfang. Weil er sein Leben lässt und die Macht hat, Leben wiederzugeben. Wo kann ein Neuanfang möglich sein, wenn nicht bei Jesus! Und gestern ging es passenderweise um unsere Freiheit (siehe „Jesus und die Ehebrecherin“). Es ging darum, wie gut es tut, Schuld anzusprechen und Lebensbereiche neu zu sortieren.

Da haben wir eine Ahnung davon bekommen, dass Jesus der place to be ist, wenn es um einen Neuanfang geht. Und heute, bei Zachäus, durften wir Zeuge werden, wie sich ein Leben verändert durch so einen Neuanfang.

Zuspitzung:

Ich möchte dich einladen und herausfordern, über dein Leben nachzudenken. Ich kann und will dich zu deinem Glück nicht zwingen. Aber ich will dir sagen, dass ein Neuanfang jederzeit möglich ist. Nicht, weil du das Zeug dazu hättest, sondern weil wir einen Gott auf unserer Seite haben, dem kein Ding unmöglich ist.

Ich lade dich auch heute ein, das in Worte zu fassen. In deine Worte. Sag Jesus, wie du zu ihm stehen willst. Das kannst du formlos in der Stille tun. Der Gott, der Menschen findet, die sich selbst im Baum verstecken... Der Gott, der weiß, wonach sich Menschen sehnen... Der Gott, der sich in ein Leben einladen lässt, der weiß auch, was du auf dem Herzen hast. **Auch ein Gebet, das auf der Erde leise bleibt, ist eins, dass zum Himmel schreit.**

Und wenn es dir hilft, diesen Neuanfang in hörbare Worte zu fassen, du aber selbst keine finden kannst, dann kannst du dir auch heute wieder meine Worte leihen. Und du kannst meine Worte zu deinen machen, indem du am Ende in das Amen mit einstimmst:

Gebet:

Jesus,
danke, dass du mich liebst
und mich einlädst, mit dir zu leben.
Ich vertraue dir hiermit mein Leben an!
Danke, dass du am Kreuz für mich gestorben bist.
Danke, dass du mir vergibst und mich annimmst, so wie ich bin.
Danke, dass du den Tod besiegt hast und dass du lebst.
Ich will ab jetzt mit dir leben. – Wir gehören zusammen.
Amen.

Das war heute unser letzter Abend. Morgen Abend sehen wir uns hier nicht wieder. Aber Gott trifft Menschen auch noch morgen. Hier, in diesem Haus, treffen sich Menschen, denen das guttut. Und die das nicht mehr missen wollen. Wenn du nach dieser Woche dazugehören willst, dann bist du herzlich eingeladen, hier regelmäßig vorbeizukommen.

Der Auferstandene am See Tiberias – Déjà-vu

Länge:	ca. 13 Minuten
Bibelstellen:	**Johannes 21,1–14**
Thema:	Unfassbar: Jesus ist nicht mehr anfassbar, aber immer noch derselbe. Auch wenn du denkst, du bist allein: Jesus ist da. Du triffst auf vorbereitete Verhältnisse.
Aufbau:	Anfangseuphorie: Jesus hat das Leben im Griff Enttäuschung: Jesus hat sich hängen lassen Die Hoffnung stirbt zuletzt – aber sie stirbt. Déjà-vu – Jesus lebt und ist immer noch derselbe. Die Hoffnung ist zurück im Leben. Zuspitzung / Gebet / Reaktionsmöglichkeit

Kennt ihr Déjà-vus? Situationen, von denen man denkt: Das kenne ich. Das habe ich schon mal erlebt. Hier wiederholt sich doch was. Ein Fehler in der Matrix. Hier ist was verkehrt. Ich erlebe etwas zum zweiten Mal und eigentlich müsste ich schon wissen, wie es ausgeht:

Ich hole das Nutella-Glas aus dem Schrank und weil der Deckel nicht richtig zu war, fällt es mir runter. Das Glas bleibt heil, aber die Fliese in der Küche hat einen Sprung. Papa ist fuchsteufelswild. Heute Morgen das gleiche Bild wie gestern. Ich hole das Glas, der Deckel ist nicht zu, das Glas fällt, bleibt heil, aber es gibt ne zweite Macke im Fußboden. Ich will gar nicht wissen, was Papa heute sagt, wenn er nach Hause kommt. Zwei Tage hintereinander. Das darf doch nicht wahr sein.

Ich habe das hübsche blonde Mädchen aus der neunten Klasse geküsst. Dabei ist sie erst seit letztem Sommer an der Schule. Meine letzte Freundin war auch erst ein paar Wochen im Teenkreis. – Ich verliebe mich immer in Personen, die ich noch nicht kenne. Aber es hält auch nur, bis ich sie kenne. Verrückt – das passiert mir immer wieder.

Ich bin richtig gut im Longborden. Ich kann richtig gut Carven und auch im Freestyle kann ich mich sehen lassen. Obwohl: Genau das „Sehen lassen" ist das Problem. Immer wenn jemand zuguckt, will ich zu viel. Und nach kurzer Zeit pack ich mich auf die Fresse.

Déjà-vu! Manche Dinge passieren immer wieder. Und manche Dinge müssen mir ein zweites Mal passieren, damit ich endlich was lerne.

Petrus kennt das. Und die Geschichte von heute ist für Petrus so ein Déjà-vu: Petrus steckt in seiner vielleicht größten Lebenskrise. Alles, worauf er im Leben gesetzt hat, ist den Bach runter gegangen. Er hatte Jesus kennengelernt und er dachte, Jesus könnte sein ganzes Leben verändern. Drei Jahre seines Lebens hat er an diesen Jesus verschwendet. Er war begeistert. Hatte jedes Wort geglaubt. Er hat sich oft gewundert, bis er merkte, dass diese Wunder mehr waren. Die Wunder ließen einen hinter die Kulissen blicken. Hinter die Kulissen des Lebens. Ein Stück Himmel blitzte auf. Ein Stück Herrlichkeit Gottes.

Er hat ihm blind vertraut, diesem Jesus. Jesus hatte ihn gewonnen, als er ihm eindrücklich bewiesen hat, dass er alles im Griff hat. Dass er selbst die Dinge im Griff hat, mit denen sich Petrus bestens auskannte. – Und die ihm trotzdem manchmal aus den Händen glitten. Das Fischen – zum Beispiel: Petrus war Fischer. Zum Abitur hatte es nicht gereicht. Petrus war ein Macher. Kein Denker. – Nicht, dass er dumm war, ganz im Gegenteil. Aber er musste einfach sehen, was er geschafft hat. Wenn man eine ganze Nacht auf dem Wasser war und früh morgens das Land ansteuerte, dann konnte man den Ertrag zählen. Dann wusste man, was seine Arbeit wert war. Fischer war ein ehrlicher Beruf. Petrus war gern Fischer.

Aber es gab auch die anderen Tage. Die Tage, an denen nichts gelang. Kein einziger Fisch ging ins Netz. Dabei hatten sie nichts falsch gemacht. An solchen Tagen konnte man verzweifeln. Petrus hasste diese Tage. Weil er sich dann wertlos vorkam. Weil er auch an diesen Tagen sah, was seine Arbeit wert war: nichts! – An solchen Tagen kam er sich wertlos vor. „Ich kann nichts, ich bin nichts, mit mir kann keiner etwas anfangen..."

An einem dieser Tage ist ihm Jesus ein erstes Mal begegnet: Sie hatten gefischt. Die ganze Nacht gefischt – aber nicht einen Fisch erwischt. Bis Jesus kam: Er störte sie beim Reparieren der Netze. Und er schickte sie wieder raus auf den See. Was für eine Katastrophe: (1) Mit kaputten Netzen fischen gehen. (2) Mitten am Tag. (3) Da, wo es tief ist. – Drei Scheißtipps auf einmal!

Petrus weiß bis heute nicht, warum er das gemacht hat. Vielleicht, weil er einfach Ruhe haben wollte. Vielleicht, weil er zu müde war, um zu diskutieren. Vielleicht, weil er so perplex war, dass jemand ihm Tipps zur Fischerei gab und weil sein Selbstwertgefühl sowieso schon am Boden war. Egal. Er hat's getan. Und das war der Fang seines Lebens. Noch nie hatte er die Konkurrenz um Hilfe gebeten beim Fischen. Er war immer froh, wenn er einen Schwarm für sich allein fangen konnte. Aber an dem Tag war er froh über jede Hilfe. Sein Boot war so voll, dass er den Segen gar nicht fassen konnte. Er lief über vor Glück. Und auch das Boot der Konkurrenz wurde voll.

Dieser Tag hat das Leben von Petrus verändert. Von da an hat er jeden Tag erlebt, dass Jesus das Leben spannend macht. Jesus hatte alles im Griff. Jesus verstand sogar etwas von den Dingen, von denen man dachte, man hat sie selbst ganz gut im Griff. Er verstand diese Dinge sogar besser.

Petrus ließ alles stehen und liegen und ging mit diesem Jesus mit. Petrus wusste: Diesen Jesus musst du mit an Bord haben. Mit Jesus in deinem Boot wird dein Leben gelingen. **Es folgten die drei geilsten Jahre seines Lebens.** Er hat so viel gelernt von diesem Jesus. Jesus hatte die Welt verändert. Nicht nur die kleine Welt des Petrus. Jesus drehte am ganz großen Rad. Und er, Petrus, konnte dabei sein: Jesus machte Kranke gesund und selbst Tote lebendig. Jesus lief auf dem Wasser und machte, dass Petrus das auch kann. Alle Jünger hatten es gesehen. Das war für Petrus die ganz große Bühne. Jesus redete von Gott und mit Gott. So, als wäre er selbst Gottes Sohn. So, als wäre er Teil der Herrlichkeit Gottes. Er diskutierte mit Pharisäern, so dass ihnen die Argumente ausgingen. Durch Jesus hatte Petrus das Gefühl, Gott verstehen zu können – ihm ganz nahe zu sein. Menschen liefen Jesus nach, lagen ihm zu Füßen, beteten ihn an. Mit Jesus in einem Boot. – Der helle Wahnsinn. Das waren die drei geilsten Jahre seines Lebens. Und er war einer der drei engsten Freunde von Jesus. – Mittendrin statt nur dabei.

Doch dann lief alles aus dem Ruder. – Innerhalb weniger Stunden stand ihm das Wasser bis zum Hals. Der Wind hatte gedreht. Einer seiner engsten Freunde lieferte Jesus ans Messer. – Warum, ist Petrus schleierhaft. Und auch Judas selbst hat es später bereut, aber nicht mehr geraderücken können. Die öffentliche Stimmung gegenüber Jesus kippte und auch Petrus selbst distanzierte sich von Jesus – er könnte sich heute noch dafür ohrfeigen. Das wird wohl auf ewig zwischen den beiden stehen... Die jubelnde Masse wandte sich gegen Jesus und brüllte sich in Ektase: „Kreuzigen, kreuzigen." Für sie war Jesus gestorben. Auf einmal: Von heute auf morgen.

Petrus kann das nicht fassen. Sein Lebenshaus ist auf einmal zusammengestürzt. Von heute auf morgen. Von jetzt auf gleich: Jesus war tatsächlich gestorben. Befürchtet hatten sie es schon länger. Er hatte sich mit einflussreichen Menschen angelegt. Aber sie hätten nicht gedacht, dass das passiert. – Dass Jesus wirklich stirbt. Jesus war doch das Leben selbst. Hat über den Tod gelacht. Hat ihn ausgelacht – oder sich über ihn geärgert. Einmal hat er sich so über den Tod geärgert, dass er dem Tod zeigen musste, wo der Frosch die Locken hat. Und er hat seinen Freund wieder lebendig gemacht, obwohl der schon am Vergammeln war. Nichts war diesem Jesus unmöglich.

Und dann haben sie ihn drangekriegt. Haben ihn festgenommen und er hatte dem nichts entgegenzusetzen. Petrus hatte sich an diesem Abend für seinen Helden geschämt. Er hatte ihn vergöttert und der hat sich hängenlassen. Nein, nein und nochmal nein! Diesen Jesus kannte er nicht. Da kann der Hahn krähen auf dem Mist, es bleibt so, wie es ist.

Obwohl – das mit dem Hahn ist vielleicht ein schlechtes Beispiel... der hat ja wirklich gekräht. Zweimal sogar. Und da war nichts mehr zu sehen von der Freundschaft. Auf einmal hatte Petrus doch ein schlechtes Gewissen. Hätte er Jesus zur Seite stehen sollen? In guten wie in schlechten Zeiten? – Aber sie waren ja nicht verheiratet. – Aber tun Freunde das nicht auch? Kann es sein, dass Freundschaft auch mal etwas kostet?

Wie auch immer: Jesus ist tot. Das hätte niemals passieren sollen. Das hätte eigentlich nicht passieren können, aber es ist passiert und das ändert alles. Petrus hatte all seine Hoffnung in Jesus gelegt. Und die Hoffnung stirbt bekanntlich zuletzt – aber sie stirbt. Zum Schluss entscheiden die Fakten. Jesus ist tot. Das tut weh, aber man muss der Wahrheit ins Gesicht sehen.

Es gab nochmal kurz Irritationen mit dem Grab. Das war nämlich auf einmal leer. Petrus hatte es selbst gesehen. Wenig später war auch Jesus wieder da. Petrus hatte die durchbohrten Hände gesehen und sie auch berührt. Aber irgendwie war das nicht dasselbe. Jesus kam durch die verschlossene Tür und so verschwand er auch wieder. Es sollte sie beruhigen, und das tat es auch. Anfangs. Aber diese Euphorie verflog und das Grau des Alltags – die Hoffnungslosigkeit hatte sie wieder.

Es ist wie es ist … – Man muss der Wahrheit ins Gesicht sehen. Petrus ist in der tiefsten Krise seines Lebens angekommen. Das Leben geht weiter und so landet Petrus wieder bei dem, was er gelernt hat – beim Fischen. Alles auf Anfang. Die gleiche Crew wie früher – dazu kamen noch ein paar Freunde, die sie bei Jesus kennengelernt hatten und denen es jetzt genauso ging.

Auf geht's, in ein neues altes Leben. Aber wenn es einmal nicht läuft, dann läuft es nicht. Sie schlagen sich die ganze Nacht um die Ohren, aber es gelingt ihnen nichts. Es rinnt ihnen alles durch die Finger. Das Leben ist scheiße – so ohne Jesus. Sie haben den Halt verloren und sie können auch nichts mehr festhalten.

Und dann erlebt Petrus sein Déjà-vu: Völlig erschöpft kommt er am Morgen an Land. Selbst das, was er kann, hat er nicht mehr im Griff. Es ist nicht sein Tag – nicht seine Woche – nicht sein Jahr. Es ist nicht sein Leben – wie es scheint. Und dann ruft so ein Klugscheißer von der Seite: „Habt ihr's schon mal auf der anderen Seite versucht?"

So ein Besserwisser! Was denkt der denn? Glaubt der im Ernst, wenn es die ganze Nacht nicht läuft, dann probiert man nicht alles Erdenkliche aus? Petrus weiß nicht, warum er sich darauf einlässt. Vielleicht will er einfach nur seine Ruhe haben. Vielleicht ist er zu müde zum Diskutieren. Vielleicht ist er einfach nur perplex und vielleicht ist sein Selbstwertgefühl sowieso schon am Boden.

Déjà-vu! So fing alles an. Alles auf Anfang und auf einmal geht wieder alles von vorne los. Die Netze werden voll, sie reißen fast. Wieder braucht man alle Mann, um den Segen zu bergen.

Petrus traut seinen Augen nicht. Er hatte den Mann am Ufer gar nicht beachtet. Er hatte ihm gar nicht ins Gesicht gesehen. Aber man muss der Wahrheit ins Gesicht sehen. Und man kann der Wahrheit wieder ins Gesicht sehen. Jesus steht da. Ist immer noch Teil seines Lebens. Jesus ist nicht tot. Er ist da. Ganz real.

Er sitzt nicht mehr im Boot. Nicht mehr zum Anfassen. Aber er greift genauso ein. Er zieht die Fäden genauso wie damals. Jesus ist nicht tot. Dieser Wahrheit muss man ins Gesicht sehen. Dieser Wahrheit kann man ins Gesicht sehen. Jesus ist diese Wahrheit. Und für Petrus gibt es kein Halten mehr. Für Petrus ist das Boot zu langsam. Er springt raus. Und er schwimmt Jesus entgegen. Auf dem Wasser laufen war gestern. Heute gibt es etwas viel Größeres. Jesus lebt. Und damit geht auch Petrus Leben weiter.

Halb ist es Schwimmen, halb ist es Laufen, denn das Wasser ist nicht mehr tief. Eben stand es ihm noch bis zum Hals, aber jetzt reicht es nur noch bis an die Knie. Und das ist auch gut so. Gut, dass das Wasser wenigstens noch bis zu den Knien reicht, denn sonst hätte man sehen können, dass Petrus die Knie weich werden...

Déjà-Vu! Jesus ist derselbe. So hat er ihn kennengelernt und so ist er nach seinem Tod und nach der Auferstehung immer noch... Jesus ist auferstanden. Jesus ist nicht totzukriegen. Jesus bleibt in unserem Leben. – Und das muss gefeiert werden.

Petrus ist wohl kein guter Schwimmer, auf jeden Fall ist das Boot fast genauso schnell und als alle ans Ufer kommen, sehen sie, dass Jesus schon alles vorbereitet hat. Ja, so kennen sie Jesus. Egal, wo du hinkommst, du findest vorbereitete Verhältnisse vor. Jesus ist schon da. Und er hat dein Ankommen vorbereitet.

Zuspitzung:

Dieser Wahrheit kann man ins Gesicht sehen. Auch, wenn Jesus heute nicht mehr sichtbar ist. Auch, wenn er in deinem Boot nicht mehr anfassbar ist. Er ist da und er hat die Dinge genauso wie damals in der Hand.

Und wenn du dieser Wahrheit ins Gesicht sehen willst, wenn du Jesus ins Gesicht sehen willst und wenn du dich heute dafür entscheiden willst, ihm entgegenzulaufen, so wie Petrus das gemacht hat, dann will ich dich einladen, mit mir gemeinsam zu beten. Reden mit Gott braucht keine magischen Worte. Du kannst mit ihm reden, wie dir der Schnabel gewachsen ist. Reden mit Gott braucht keinen magischen Moment. Du kannst das tun, wann immer dir danach ist.

Aber, wenn man ein erstes Mal mit Gott in Kontakt treten will, dann fehlen einem manchmal die Worte und dann findet man manchmal nicht den richtigen Moment. Deshalb habe ich dir Worte mitgebracht und schlage dir einen Moment vor: jetzt. Meine Worte, die ich dir gerne leihe, klingen so:

Gebet:

Jesus,
danke, dass du mich liebst
und mich einlädst, mit dir zu leben.
Ich vertraue dir hiermit mein Leben an!
Danke, dass du am Kreuz für mich gestorben bist.
Danke, dass du mir vergibst und mich annimmst, so wie ich bin.
Danke, dass du den Tod besiegt hast, und dass du lebst.
Ich will ab jetzt mit dir leben. – Wir gehören zusammen.
Amen.

Wenn du den Moment nutzen willst, dann können wir das gleich noch einmal gemeinsam beten. Ich werde das tun. Und wenn du willst, dann bete gerne laut mit.

Und dann bitte ich dich, dass du nicht einfach so nach Hause gehst. Lass uns gemeinsam im Gespräch bleiben. Ich würde mich freuen, wenn du gleich auf mich oder einen anderen von uns Mitarbeitern zugehst und wir gemeinsam reden können.

ALTTESTAMENTLICHES

Oft haben Menschen zum Alten Testament ein etwas distanzierteres Verhältnis. Bestimmt liegt das auch daran, dass in der Titulierung „alt“ bei uns etwas Veraltetes mitschwingt. Wir lassen damit einen großen Schatz ungeborgen, wenn wir so leichtfertig den Großteil der Bibel geringschätzen. Immerhin begegnet uns im Alten Testament derselbe Gott, den wir auch im Neuen finden, und der bis heute in unser Leben spricht. Ich erlebe es als einen der größten Schätze meines Glaubens, wenn mir durch das Nebeneinander des Alten und Neuen Testaments diese Kontinuität Gottes neu bewusst wird.

Zu entdecken, dass auch durch die große Zeitspanne zwischen Altem und Neuem Testament Gott seinem Wesen treu geblieben ist, lässt mich leichter glauben, dass dieser Gott bis heute immer noch unverändert ist.

Neben den Jesusgeschichten bietet auch das Alte Testament viele bildhafte Erzählungen. Mir erleichtert es auch hier den Zugang, wenn ich mich in diesen Geschichten wiederfinden kann. Deshalb will auch das Alte Testament (nicht ausschließlich, aber mindestens punktuell) narrativ gepredigt werden. Es würde mich freuen, wenn es dem ein oder anderen auch hilft, das Alte Testament für sich zu entdecken.

Der Sündenfall – Adam, Eva und die Schlange

Länge:	ca. 15 Minuten
Bibelstellen:	**1. Mose 3,1–19** | Lukas 18,7
Thema:	Mein kindliches Vertrauensverhältnis zu Gott
Aufbau:	Zerstörtes Vertrauensverhältnis
	Zweifel am Wahrheitsgehalt
	Die Strafe

Der Sündenfall unterstreicht die Perfektion in Gottes Schöpfung! Das ist die erste These meiner Predigt. Der Satz hört sich vielleicht erst einmal etwas komisch und ungewohnt an, aber ich will das erklären: Wenn Gott den Menschen mit einem freien und selbstständigen Willen geschaffen hat, dann muss es auch möglich sein, eine Entscheidung zu treffen, die Gott, der Schöpfer, alles andere als gutheißen kann. Wenn Gottes Geschöpf mit seiner Entscheidungsfreiheit perfekt ist, dann muss sich dieses Geschöpf auch gegen Gott entscheiden können.

Was wäre das sonst für ein freier Wille, wenn Gott sagen würde: Du hast einen freien Willen, solange du dich für mich entscheidest. Das wäre so, als wenn meine Frau sagen würde: „Thomas, komm wann du willst, Hauptsache du kommst um eins.“ Das ist doch nicht frei. Frei wäre ich, wenn meine Frau sagen würde: „Thomas, komm wann du willst, aber um eins gibt es Essen.“ Dann könnte ich mich nämlich entscheiden, ob ich was zu essen haben will oder nicht. Dann bin ich frei.

Also: Der Sündenfall zeigt, dass Gottes Geschöpf wirklich perfekt funktioniert. Auch wenn die Entscheidung, die das Geschöpf fällt, nicht perfekt ist. Das ist aber auch schon das Einzige, was in irgendeiner Form positiv am Sündenfall ist.

Ich hatte mal einen Studienkollegen, der sah das grundlegend anders. Er bezog sich auf das Buch Mormon, das den Sündenfall grundsätzlich positiv werten würde. Hört sich komisch an, aber seine Begründung dafür war: Weil erst durch die Vertreibung aus dem Paradies die Vermehrung der Menschen notwendig geworden ist, sei der Sündenfall ein Glücksmoment. Denn ohne Sündenfall wäre Leben nicht begrenzt, stünde uns der Tod nicht vor Augen und bräuchten wir die Fortpflanzung nicht zur Arterhaltung. Ehe und Familie gehörten für ihn aber zu den höchsten Lebenswerten und in den Genuss wäre man ohne den Sündenfall nie gekommen. Der Sündenfall sei also alles andere als tragisch. So sah er das und so einfach ist manchmal Irrlehre. Bei uns in der Schule hieß es bei solchen Gelegenheiten immer: Dein Einwand ist zwar logisch, aber falsch.

Der Sündenfall ist natürlich nicht positiv. Sünde ist das, was uns von Gott trennt. Und das Getrenntsein von Gott kann selbst durch die beste Ehe oder Familie auch nicht mal annähernd kompensiert werden. Das könnt ihr mir ruhig glauben. Ich kenne nämlich beides. Sowohl das Getrenntsein von Gott als auch die beste Ehe. Glaube ich zumindest.

Wer den Sündenfall als positiv darzustellen versucht, widerspricht der Bibel. Ganz klar! Gucken wir uns doch diesen ersten menschlichen Fehltritt ruhig noch einmal an:

Respekt vor der Schlange. Ich bin ja schon etwas fasziniert von der Figur der Schlange, muss ich zugeben. So, wie sie hier auftritt: Adam und Eva haben bis dahin selbstverständlich im Einklang mit Gott gelebt. Adam und Eva hatten so eine richtige Vater-Kind-Beziehung zu Gott, wie sie sich jeder Vater oder jedes Kind wünschen würde. **Adam und Eva wären doch im Traum nicht auf die Idee gekommen, dass ihnen irgendetwas fehlen könnte.** Es ging ihnen doch gut. Wenn da jetzt die Schlange gesagt hätte: „Eva, iss doch mal diese Frucht hier", dann hätte Eva mit Sicherheit gesagt: „Nö, die soll ich doch nicht essen und ich hab ja genug anderes, was ich essen kann." Mal ehrlich, um die Frucht kann es hier nicht gegangen sein. So besonders kann die jetzt als Frucht nicht gewesen sein. Hallo?! Wir sind im Paradies! Das wird nicht der einzige Baum gewesen sein, dessen Früchte gut ausgesehen haben. Das wird nicht der einzige Baum gewesen sein, dessen Früchte nicht von Schimmelpilzen befallen waren. Und das weiß die Schlange ganz genau. Und deshalb ködert sie überhaupt nicht mit der Frucht. Sie lockert durch eine scheinbar harmlose Zweifelsfrage den Boden in der Seele der Frau, um Unkraut zu sähen in der Beziehung zwischen Mensch und Gott.

Und die Frage scheint ja wirklich harmlos zu sein, weil sie ja komplett aus der Luft gegriffen ist. „Stimmt es, dass ihr von gar keinem Baum essen dürft?" Eva kontert schlagfertig: „Von wegen: Von keinem Baum essen. Das Gegenteil ist der Fall. Wir dürfen von allen Bäumen essen." Und dann merkt Eva, dass das jetzt auch nicht so hundertprozentig korrekt ist, und sie muss einschränkend sagen: „Nur von dem einen dürfen wir doch nicht essen." Und damit hat die Schlange schon einen riesigen Schritt getan: Eva redet selbst von einer Einschränkung, die Gott ihnen gemacht hat.

Dabei gibt sie Gott aber falsch wieder. Gott hat gar nicht gesagt: „Geh da nicht hin. Denk nicht mal dran. Fass die ja nicht an, sonst musst du sterben.“ Gott hat das nicht wie der große Bruder gesagt, der zu seinem kleinen Geschwisterchen sagt: „Finger weg, fass das nicht an, sonst bring ich dich um.“ Gott hat das wie ein Vater gesagt: „Du, du solltest nicht davon essen. Sonst musst du nämlich sterben.“

Aber mit dieser Zweifelsfrage, die die Schlange gestellt hat, wird Eva in diese Sichtweise geführt: Gott hat verboten... Die Schlange hat damit erreicht, dass eines der Vorurteile entsteht, gegen die Christen bis heute zu kämpfen haben: nämlich, dass Gott in seiner „Grausamkeit und Härte“ den Menschen so viel versagen würde. **Als wäre Gott voll die Spaßbremse.** Und als ob Christen auf alles verzichten müssten, weil sie nichts, aber auch gar nichts dürfen.

Die Schlange hat damit das angegriffen, was die Grundlage der Beziehung zwischen Mensch und Gott, zwischen Kind und Vater, zwischen Geschöpf und Schöpfer ist: das kindliche Vertrauensverhältnis. Dieses Vertrauen, dass Eva hätte sagen lassen: „Nein, Gott sagt, ich soll davon nicht essen, und er wird dafür seine Gründe haben. Auch wenn ich die nicht kenne, es wird schon besser so sein.“ Und dann hätte sie am Abend, als sie mit Gott durch den Garten schlendert, mal nachfragen können: „Du Papa, sag mal, warum soll ich eigentlich nicht von dem Baum in der Mitte essen?“

Dieses kindliche Vertrauen wird hier zum ersten Mal erschüttert. Und das ist wie ein Riss in der Jeans: Den kannst du nicht mehr wegmachen. Da kann man nur noch einen Flicken drauf nähen. Aber selbst, wenn es ein Herzchenflicken ist, man wird sich immer dran erinnern, dass da ein Loch drin ist. Seit diesem Tag ist das kindliche Vertrauensverhältnis zu Gott gerissen.

Und genau diesen Moment nutzt die Schlange, um noch einen Schritt weiterzugehen: Wenn das Vertrauensverhältnis angeknackst ist, dann kann man jetzt ja auch mal am Wahrheitsgehalt von Gottes Aussagen zweifeln: „Papperlapapp, von wegen, ihr werdet sterben! Im Gegenteil, ihr werdet sein wie Gott, ihr werdet Gut und Böse selbst auseinanderhalten können. Kein Wunder, dass Gott euch das verbietet. Der will euch kurz halten.“

Und menschlich gesehen hat die Schlange ja sogar insoweit recht, als dass der Genuss der Frucht (menschlich-irdisch gesehen) ja gar nicht den Tod, sondern die Erkenntnis zur Folge hat. Es ist ja schließlich auch der Baum der Erkenntnis und nicht der Baum des Todes. Allerdings verschweigt die Schlange, dass Gott diesen Baum oder diese Frucht auch mit dem Tod belegt hat. Dass Gott sagt: „Die Konsequenz aus dem Nicht-sollen-und-trotzdem-essen wird der Tod sein." Das verschweigt die Schlange **und mit dieser Halbwahrheit nimmt die Schlange dem Menschen nach dem Vertrauen in die Güte Gottes auch den Respekt vor der Wahrhaftigkeit Gottes.**

Die Schlange stellt Gott als das Hindernis auf dem Weg zum Glück dar. Und in dem Augenblick, wo der Blick in Gottes Güte getrübt ist, in dem Augenblick wird Eva – wird uns Menschen – der Gehorsam zur Last. Dann wird uns Gott zur Grenze unseres Dürfens, zur Verletzung unserer Selbstständigkeit. In dem Augenblick komme ich mir übervorteilt, benachteiligt und entrechtet vor. Da fange ich dann an, selbst Ansprüche an das Leben anzumelden und die Sache selbst in die Hand zu nehmen. Frei nach dem Motto: „Ich muss wachsen, er aber muss abnehmen." Und da geht's dann 1:1 gegen die Bibel und damit auf totalen Konfrontationskurs gegen Gott.

Da hätte das der Baum mit den ekeligsten Früchten sein können, der hätte mich immer noch lockend angesehen und ich hätte immer noch empfunden, dass von diesem Baum gut zu essen gewesen wäre. An dieser Stelle ist der Kampf entschieden, mein innerlicher Kampf zwischen Gut und Böse. In dem Moment, wo mein Vertrauen in die Güte Gottes und der Respekt in die Wahrhaftigkeit Gottes gestört sind, greife ich die Frucht, esse und gebe sie mit Empfehlung weiter.

Respekt für die Schlange. Da kann mancher Vorwerk-Vertreter noch ne ganze Menge von lernen.

Ein bisschen was von der kindlichen Naivität haben sich Adam und Eva aber doch bewahrt. Nämlich, als sie anfangen, die Schuld zu verteilen. Das wirkt wie im Kindergarten: „Eva hat aber angefangen. Und die hast du mir gegeben und damit bist du mit schuld."

Adam und Eva haben ja Recht: Sie haben beide nicht angefangen. Und deshalb bekommt die Schlange auch zuerst die Strafe, aber **eigener Wille heißt auch eigene Konsequenz.** Für Adam und Eva hört das Leben auf, nur gut zu sein. Das hat böse Konsequenzen und schlimmer Weise kennen sie jetzt den Unterschied zwischen Gut und Böse. Misserfolg und Schmerzen sind die Konsequenz aus dem Obstsalat. Und Gott hat es ja vorher schon gesagt, letztendlich folgt sogar der Tod.

Die Strafe für Adam und Eva war logisch: Die haben gegessen und müssen daher sterben. Gott hat es ja gesagt. Aber die Schlange hat nicht gegessen. Deshalb finde ich die Strafe für die Schlange auch viel interessanter. Gott verflucht die Schlange, indem er sagt: „Diese Feindschaft, die du zwischen dir und den Menschen angezettelt hast, die wird ewig bestehen. Die Menschen werden dir den Kopf zertreten und du wirst dich rächen und ihnen in die Ferse beißen." Und damit ist nicht nur erklärt, warum Frauen Angst vor Schlangen haben, sondern da steckt eine tiefere Bedeutung drin.

Die Tür für das Böse steht ein für alle Mal offen. Es wird ein ewiger Kampf sein, dem Bösen zu widerstehen. Ein ewiges Hin und Her zwischen Widerstehen und Erliegen. Mal werden wir dem Bösen den Kopf zertreten und mal wird es uns in die Ferse beißen. That's live! **So ist das Leben. Das ist jetzt ein ewiger Kampf und es wird ein Kampf bis zum Ende bleiben. Da müssen wir jetzt durch!**

Aber wenn wir noch genauer hinsehen, liegt auch ein Stück Hoffnung für uns in diesem Fluch Gottes über die Schlange. Für „Kopf zertreten" und „in die Ferse beißen" wird beide Male das gleiche hebräische Wort gebraucht. Das ist möglich, weil die hebräische Sprache ganz viel in Bildern redet. Das heißt: Sowohl das „Kopf zertreten" als auch das „in die Ferse beißen" führt zum Tod. Und darin steckt die Verheißung, dass der Kampf gegen den Bösen oder das Böse offen ausgetragen wird. Bis aufs Messer. Und dass zum Schluss beide Seiten sterben werden. Also nicht nur wir, sondern auch das Böse. **Auch die Sünde wird nicht überleben.** Das muss geschehen, weil Gott es gesagt hat. Auch das Böse wird vergehen, weil Gott es gesagt hat. Basta!

Und Gott hat mit Jesus Christus und mit seinem Tod am Kreuz dem Bösen bereits diesen Todesstoß versetzt. Halleluja, es gibt wieder Hoffnung für die Welt. Hoffnung, die Jesus Christus für uns erkauft hat, indem er den Kampf gegen das Böse aufgenommen hat und dem Bösen den Kopf zertreten hat. Damit hat Jesus dem Bösen / dem Satan die Macht genommen.

Jetzt liegt es an uns, uns Gott wieder anzunähern. Und da hat Jesus auch gesagt, wie das gelingen kann: Das kindliche Vertrauensverhältnis zu Gott ist das Entscheidende, das, was uns stark macht gegen die hinterlistigen Angriffe des Satans und deshalb hat Jesus auch immer wieder gesagt: *„Wer nicht wie ein kleines Kind voller Vertrauen zu Gott kommt, dem bleibt das Reich Gottes verschlossen"* [vgl. Lukas 18,17].

Das kindliche Vertrauen, dass die Schlange Eva genommen hat, das müssen wir wieder aufbauen. Wir müssen wieder dahin kommen, dass wir dem Zweifel gegenüber sagen können: „Das mag sich vielleicht logisch anhören, aber die Bibel sagt etwas anderes. Und wenn die Bibel das sagt, dann meint Papa das so, dann meint Gott das so."

So, wie kindliche Naivität für Kinder lebensnotwendig sein kann, so ist eine menschlich naiv-anmutende Haltung gegenüber der Bibel, an den Stellen, wo ich sonst angreifbar wäre, lebenswichtig für uns Christen. Ich bin nicht für einen bedingungslos naiven Umgang mit der Bibel. Aber an Stellen, wo ich angreifbar wäre, wo ich die Bibel vielleicht auch nicht verstehen kann, da möchte ich Gott einen Vertrauensvorschuss geben. Lasst uns an den Stellen, wo wir angreifbar sind, doch auch mal sagen können: „Das weiß ich nicht" oder „Das verstehe ich nicht (oder noch nicht), aber Gott wird schon seine Gründe haben, warum er das so gesagt hat." Lasst uns werden wie die Kinder, dann gibt es wieder Hoffnung für die Welt.

Amen!

Josua und Kaleb – Josua I

Länge:	ca. 11 Minuten
Bibelstellen:	**4. Mose 13+14** | 1. Mose 12,2 | 2. Mose 3,8 | 2. Mose 33,11 | Apostelgeschichte 9,2 | 2. Korinther 12,9
Thema:	Aufbruch, Neues wagen
Aufbau:	Glaube ist immer in Bewegung. Spielräume entdecken und zum Spielen nutzen Generationsunterschiede sind Interpretationsunterschiede Das Privileg der Jugend ist es, Dinge anders zu sehen.

Es wichtig, von Zeit zu Zeit zu schauen, ob Zeichen auf Veränderung stehen. Wenn ich mich mit älteren Christen unterhalte, dann frage ich sie manchmal, wie lange sie schon mit Jesus unterwegs sind. Und wenn sie mir dann erzählen, dass sie schon über 50 Jahre im Glauben stehen, dann soll mich das beeindrucken, aber es erschreckt mich eher. Denn danach hatte ich nicht gefragt. Ich bin ein Fan der deutschen Sprache. Und ich glaube, die deutsche Sprache ist besser als ihr Ruf. Sie verrät so viel über uns. Ich hatte gefragt, wie lange mein Gegenüber mit Jesus unterwegs ist. Und mein Gesprächspartner hat mir verraten, wie lange er schon nicht mehr unterwegs ist, sondern im Glauben steht.

Glaube ist immer in Bewegung. Jesus forderte seine Jünger auf, mitzukommen und ihm zu folgen. Paulus war ein Reisender, der im Grunde nie angehalten hat, es sei denn, man hat ihn gewaltsam daran gehindert, in Bewegung zu sein. Dazu musste man ihn ins Gefängnis werfen. Aber das galt nicht nur für die Jünger und die Apostel. Nicht nur für die Führungskräfte. Alle Christen fielen ihrer Umwelt auf als „Anhänger des neuen Weges“. So steht es in Apostelgeschichte 9,2. Anhänger des neuen Weges. Nicht Verfechter eines neuen Standpunktes…

Glaube ist immer in Bewegung. – Nicht jede Bewegung ist auch immer schon Ausdruck von Glauben. Es ist auch wichtig, wohin man sich bewegt. Auf was man zusteuert. Aber Stillstand ist der Tod. Und so ist es wichtig, immer wieder zu fragen, wohin sollen und wollen wir?

Es gibt viele unterschiedliche biblische Geschichten, die etwas mit Aufbrüchen und Umbrüchen zu tun haben. Aber ich will heute eine Geschichte rausgreifen, die mich beeindruckt und inspiriert. Und die mir zeigt, welch großes Privileg wir genießen, wenn wir Gestaltungsfreiräume haben. Es ist ein Vorrecht, Spielräume zu entdecken, wo andere Begrenzungen wahrnehmen. Und es ist vielleicht ein Sonderrecht und vielleicht sogar ein Auftrag an uns, dass wir entdeckte Spielräume auch bespielen und zum Spielen nutzen.

Mich beeindruckt die Geschichte von den 12 Kundschaftern, die gemeinsam beauftragt werden, das Land Kanaan in Augenschein zu nehmen. Mich beeindruckt besonders, dass Kaleb und Josua zu einer anderen Sichtweise kommen als alle anderen. Wie kann das passieren? Alle sehen die gleichen Dinge. Aber die Bewertung fällt völlig unterschiedlich aus. Wie kann das passieren? – Ich wage mal einen Erklärungsversuch:

Das ganze Volk soll das verheißene Land einnehmen. Das wird also ein Gemeinschaftsprojekt. Und deshalb wird auch aus jedem Stamm eine Person zum Kundschafter bestimmt. 12 Stämme – 12 Kundschafter. Angesehene Leute – aus jedem Stamm einer. Für mich sind Kaleb und Josua die beiden Küken in der Truppe. Die beiden Jungspunde. Vertreter einer neuen Generation. Genaugenommen wird das nirgends explizit behauptet, aber ich glaube, es waren die beiden ECler in der Gemeinde. Die Jugendvertreter im Gemeindevorstand sozusagen. Das ist alles nur in meinem Kopf. Aber die Vorstellung ist nicht abwegig und sie hilft beim Verstehen. Wie komme ich auf die Idee, dass Kaleb und Josua eine neue Generation verkörpern?

In 2. Mose 33 (also an ganz anderer Stelle) wird über Josua gesagt, dass er noch jung war, als er Mose diente. Aber auch sonst: Josua und Kaleb können sich mit ihrer Vision nicht durchsetzen. Das Volk stimmt ab und es stimmt geschlossen gegen die Landnahme. Das Ergebnis scheint nicht mal knapp zu sein. Das beleidigt Gott, der versprochen hatte, die Landnahme zu segnen. Und als Konsequenz für dieses Zögern verordnet Gott einen ausführlichen Spaziergang. So lange, bis alle Vertreter dieser Entscheidung gestorben sind. Alle versterben. Die 10 Kundschafter trifft der Schlag – die sind auf einen Schlag weg. Aber die ganze Generation stirbt aus, bevor ein weiterer Versuch unternommen wird, das verheißene Land einzunehmen. Und das Ganze regelt sich über die Zeit. 40 Jahre gehen ins Land, bis alle kriegstüchtigen Männer, die damals 20 Jahre und älter waren, an Altersschwäche gestorben sind. Nur Kaleb und Josua überleben das. Also entweder waren sie die mit Abstand Jüngsten und haben begnadet lange gelebt. Oder sie sind jung geblieben trotz extrem hohem Alter. Wie auch immer, die beiden verkörpern eine andere Generation.

Und darin liegt auch das Geheimnis ihrer ganz anderen Sicht auf die Dinge. Darin liegt das Geheimnis ihrer anderen Interpretation der Lage. Darin liegt das Geheimnis ihrer komplett anderen Bewertung der Risiken, Chancen und Möglichkeiten. Keiner der Kundschafter hatte Böses im Sinn. Auch die alte Generation wollte das Beste für ihr Volk. Aber der Generationsunterschied ist manchmal auch ein Interpretationsunterschied.

Gucken wir uns mal an, aus was für einer Welt die 10 Kundschafter kommen. Die 10 Kundschafter stehen für den Großteil des alten Volkes Israel. Viel Volksgeschichte gibt es da noch nicht. Und kurz gesagt, lebt dieses Volk trotz aller Rückschläge aus einer ganz großen Vision. Aus einer ganz großen Hoffnung heraus. *„Ich will dich zu einem großen Volk machen und in ein Land führen, darin Milch und Honig fließt."* [vgl. 1. Mose 12,2 | 2. Mose 3,8] Von dieser Hoffnung lebt das Volk Israel. Aber das ist auch das Einzige, was sie überleben lässt. An diese Hoffnung klammern sie sich. Aber nichts davon zeichnet sich schon ab. Diese Generation kann sich nur daran erinnern, als versklavtes Volk in einem fremden Land zu leben. Als ungebetener Gastarbeiter für das Überleben der Familie zu malochen. Und nichts – aber auch gar nichts – scheint zu gelingen. Generationen vor ihnen wurden freundlich in Ägypten aufgenommen. Aber das ist nicht mehr ihre Welt. Für sie ging es immer nur bergab. Erst mussten sie nur hart arbeiten und hatten wenig davon. Dann wurden ihnen die Kinder weggenommen, zumindest die Jungs. Die Stammhalter. Und dann kam Mose mit seinen Visionen, die über lange Zeit dazu führten, dass die Arbeitsbelastung stieg und alle Probleme schlimmer wurden. Der Auszug war teuer erkauft und verlief nicht reibungslos. Die Ägypter jagten hinterher und holten sie sogar ein. – Ja, sie hatten auch immer wieder Rettung erlebt. Das stimmt schon, aber es hat sich nie nach Segen angefühlt, immer nur nach Rettung. Nach Rettung in letzter Sekunde. „Das ist gerade nochmal gut gegangen." „Das war aber mächtig knapp jetzt."

Alle Erfahrungen dieser Generation sind negativ. Ihr ganzes Leben lässt sich nur aushalten, weil sie sich an dieser einen Hoffnung festhalten. Weil sie sich an etwas klammern können: Dass alles besser werden wird, irgendwann... Ich kann mir vorstellen, wie diese Männer abends völlig erschöpft von ihrer Sklavenarbeit kamen und die unschuldigen Kinder zuhause auf sie gewartet haben und noch ein paar Minuten mit Papa spielen wollten... Und ständig fragte ein Kind: „Papa, erzählst du mir noch eine Geschichte?"

Aber was will man seinem Kind denn erzählen? Da ist man heilfroh, dass es diese eine Hoffnung gibt. Diese Hoffnung, dass das Volk Israel einmal zu Frieden kommen wird und zu-frieden sein wird. Diese Hoffnung ist überlebenswichtig für diese Generation.

Und jetzt stehen diese 10 Kundschafter im Land Kanaan und sollen gucken, ob das das verheißene Land sein könnte. Und sie trauen ihren Augen nicht. Im wahrsten Sinne des Wortes. Das kann doch nicht wahr sein. Bisher hat unser Leben immer gezeigt, dass es nicht nach vorne geht. Nur die Hoffnung auf Gottes Zusagen hält uns am Leben. Wenn wir jetzt dieser Hoffnung folgen, dann wird auch daraus nichts werden. Weil immer alles bergab läuft. Weil wir gar nicht anders denken können als so. Die Hoffnung stirbt zuletzt. Aber wenn wir uns jetzt entscheiden, unsere Hoffnung zu leben, dann kann es sein, dass sie trotzdem stirbt. So wie alles immer stirbt, was wir anpacken. Und dann haben wir nicht mal mehr die Hoffnung, die uns am Leben hält. **All der Mist dieser Welt lässt sich ertragen, wenn man hoffen darf.** Aber wenn diese Hoffnung sich jetzt nicht bewahrheiten sollte, dann sind wir am Ende. Ich verstehe die alte Generation. Manchmal denke ich, ich könnte einer dieser Generation sein.

Und dann will ich dir zeigen, warum es Menschen wie Josua und Kaleb braucht. – Vertreter einer neuen Generation. Menschen, die als vielleicht einzige Kernkompetenz mitbringen, jung und dynamisch zu sein. Weil ihre Sicht auf das Leben eine ganz andere ist. Ihr Lebenslied ist noch nicht geschrieben. Ihre Sicht der Dinge ist noch nicht festgefahren… „Papa, erzählst du mir noch eine Geschichte?" Die junge Generation hat alles von den Alten gehört. Aber beide Seiten sind für sie Geschichten aus der gleichen Kategorie: jetzt sieht es übel aus. Aber es wird nicht immer so bleiben. Ihre Hoffnungsvision ist viel realer. Ja, Papa und Mama haben von vielen Misserfolgen erzählt. Manche habe ich auch erlebt. Aber das hat sich für mich angehört wie ein nötiges Schwungholen. Die Hoffnung stand doch auch immer mit im Raum. Und meine Geschichte ist noch nicht geschrieben. Warum sollte diese rosige Zukunft nicht heute beginnen? Was würde denn verloren gehen, wenn es nicht heute wäre, sondern morgen? Meine Hoffnung stirbt heute nicht. Die Hoffnung stirbt zuletzt. Und das ist bestimmt nicht heute. An irgendeinem Tag wird die Welt untergehen. – Aber an allen anderen Tagen nicht. Und all die anderen Tage kommen vorher.

Auf den Blickwinkel kommt es an. Und so gehen Josua und Kaleb durch das Land und können ihr Glück kaum fassen. Sie dürfen 40 Tage und 40 Nächte das verheißene Land probeliegen. Das ist der Himmel auf Erden. Das alles wird mal uns gehören. Und hast du gesehen, wie prächtig man sich hier entwickelt? Was es hier für Entfaltungsmöglichkeiten gibt? Was hier aufwächst, ist großartig. Wer hier aufwächst, wird großartig.

Alle Kundschafter entschließen sich, Obst als Anschauungsmaterial mitzubringen. Und ich kann mir Kaleb und Josua bildhaft vorstellen, wie sie zusammen mit den anderen diese riesige Weintraube kaufen und wie sie sich zusammenreißen, nicht schon davon zu naschen auf dem Weg zurück. Und dann fangen die Kundschafter an, ihren Bericht zu geben und die beiden trauen ihren Ohren nicht. Anstatt sich hinzustellen, Vorfreude zu wecken und den Menschen den Mund wässrig zu machen, stehen sie da und sagen: „Und das essen die Leute da zum Frühstück. Das ist nur der Obstteller. – Erinnert ihr euch? Wir sammeln den Morgentau zusammen, damit wir nicht verhungern. Das ist keine Chancengleichheit. Wir haben keine Chance. Wir waren Sklaven, wir sind Sklaven und wir bleiben Sklaven. Vergesst es. Schön wäre es gewesen, aber den Kampf kannst du nicht gewinnen." Und schon schrumpeln die Weintrauben zu Rosinen zusammen. Auch lecker, aber irgendwie saftlos.

Josua und Kaleb sehen das ganz anders. Sie sehen das Gleiche, aber sie sehen es ganz anders. Und das ist ihr gutes Recht. Ich würde sogar so weit gehen und sagen, sie haben nicht nur die Berechtigung, die Dinge anders zu sehen, sondern sie haben den Auftrag, ihre Stimme zu erheben und die Dinge anders zu sehen. „Auf gar keinen Fall lassen wir uns das entgehen. Wir werden auf jeden Fall losziehen und das Land in Besitz nehmen." – Sie sagen nicht: Wir sollten losziehen und mal gucken, wie weit wir kommen… Nein, sie glauben der Verheißung Gottes. Und zwar nicht als vages Zukunftsversprechen. „Wir werden auf jeden Fall losziehen und das Land in Besitz nehmen." Diese Chance lassen wir uns nicht entgehen. Herausforderungen sind dornige Chancen oder wie war das? Natürlich ist ein

Land, in dem Milch und Honig fließen, nicht mehr frei. Aber die Menschen, die darin leben, sind der Beweis dafür, wie gut es sich da leben lässt. Was für Entwicklungschancen es dort gibt. Hier kann man zu-frieden sein und zu Frieden kommen. **Josua und Kaleb sehen, wie großartig man sich entwickelt, wenn man so großartig versorgt ist.** Diesen Blickwinkel braucht es. Und das ist wahrscheinlich das Privileg der Jugend, Dinge noch so sehen zu können.

Deshalb lasst uns nach Möglichkeiten Ausschau halten, nach Freiräumen, die es zu bespielen und zu gestalten gibt. Ich lade dich ein, wie Kaleb und Josua zu sein und Großes zu erwarten, Großes zu sehen und groß zu denken. Das ist verheißungsvoll. Denn Gott hat gesagt: „*Meine Kraft ist schon in den Schwachen mächtig. – Oder genauer: Meine Kraft kommt in den Schwachen zur Entfaltung*“ [**2. Korinther 12,9**].

Amen.

Josuas Loyalität – Josua II

Länge:	ca. 7 Minuten
Bibelstellen:	**Josua 1**
Thema:	Loyal bleiben und Ziele weiterverfolgen
Aufbau:	Deine Meinung ist gefragt...
	... auch wenn der jugendliche Tatendrang ausgebremst wird.
	Loyalität und Verbindlichkeit sind wichtig.
	Bring dich weiter ein – mit deiner Vision im Blick!
	Das ist das Privileg der Jugend: Probiere dich aus!

Wir starten durch in den zweiten Teil unserer Erkundungsreise. Wir haben im ersten Teil Josua über die Schulter geschaut. Seinen neuen, jungen und unverbrauchten Blick auf die Lage der Nation gefeiert. Und ich hoffe, dieser Blick hat uns inspiriert. Und ich bin gespannt, was wir mit den Augen Josuas und Kalebs noch entdecken werden.

Heute wartet eine ganze Menge Spannendes auf uns. Ich denke unweigerlich an die Fortsetzung der Josua-Geschichte. Vielleicht erinnert ihr euch daran, dass Josua und Kaleb zusammen mit 10 anderen Kundschaftern die Zukunftschancen im Land Kanaan begutachteten. Sie haben exakt das Gleiche gesehen wie die anderen, sind aber zu einer ganz anderen Bewertung gekommen. Und **wir haben gemerkt, wie wichtig es ist, dass Jugendliche mit einbezogen werden, wenn man Zukunft gestalten will.**

Also, Josua und Kaleb waren im Team der Kundschafter genau richtig. – Du bist hier genau richtig. Denn deine Meinung ist gefragt. Aber die Geschichte von Josua und Kaleb geht etwas frustrierend weiter. Die Jungs landen in der Realität. Der jugendliche Tatendrang wird ausgebremst. Sie verlieren die Abstimmung. Ihre Ideen und Visionen kommen nicht zum Tragen. Gemeinschaft ist ein Kompromiss. **Es geht auch im Volk Gottes um Mehrheiten und um gemeinsame Überzeugungen.** Und so stellen Josua und Kaleb fest, dass sich nicht alles so schnell ändern lässt, wie sie sich erhofft hatten. Sie erleben sogar das Worstcase-Szenario: Nichts von dem, was sie sich erträumt haben, wird umgesetzt. Keine ihrer Visionen ist mehrheitsfähig. „Warum habt ihr uns denn dann überhaupt gefragt, wenn ihr nicht hören wollt, was wir zu sagen haben?“ – Das kann ein richtig frustrierender Moment sein. Manche Pläne scheitern an der Realität. Manche Bremse setzt die Vernunft oder die Erfahrung. Das kann auch an vielen Stellen ein Schutz sein. Deshalb sind wir gemeinsam unterwegs.

An manchem Alten hält man vielleicht fest, weil alles neu nicht immer alles besser bedeutet. Euphorie kann einen auch schnell übersehen lassen, wie viel Gutes und Bewährtes es neu zu erfinden gibt, wenn wir Dinge anders machen. Zukunft ist ein Kompromiss. Gemeinsam unterwegs zu sein, ist ein Kompromiss. „Com-promittimus“ ist lateinisch und bedeutet: Wir versprechen gemeinsam. Wir einigen uns. Wir machen aus zwei Sichtweisen eine. Das kann durch Überzeugung oder durch Loyalität beim Überstimmen passieren. Und manche Überzeugungen und Aufträge sind vielleicht auch unverhandelbar.

Das alles gibt es und Josua kann ein Lied davon singen. Und ich möchte mir Josua zum Vorbild nehmen. Josua erlebt den härtesten Fall: nichts von seinen Vorstellungen ist mehrheitsfähig. Er war nach dem Kundschaften eigentlich nur zurückgekommen aus dem gelobten Land, um die anderen zu holen. Um sie an die Hand zu nehmen und sich wieder ins Getümmel zu stürzen. „Das müsst ihr gesehen haben … – Was steht ihr hier noch rum? Kommt mit, ich zeig euch das.“ Aber keiner möchte mitgehen. Das ganze Volk will lieber hockenbleiben, statt auszuschwärmen.

Ich feiere die Einstellung von Josua und Kaleb. Die beiden hauen nicht auf den Tisch. Die stehen nicht da und sagen: „Macht, was ihr wollt, aber dann machen wir nicht mehr mit.“ Sie sagen nicht: „Also wir haben uns in Eschkol schon ein Haus gekauft und werden da Weintrauben im Garten anpflanzen.“ Sie sagen gar nichts dazu. Zumindest nicht laut. Sie sagen bei ihrem Bericht: „Wir werden auf jeden Fall losziehen.“ Aber das sagen sie, weil sie sich in ihrer Überzeugung nicht vorstellen können, dass es anders kommt. Das sagen sie nicht, weil sie es zur Not auch allein machen würden … Sie tragen die Entscheidung mit. „Das ist mein Laden.“ Da gehöre ich hin und da bleibe ich dabei. Verbindlichkeit ist ein hohes Gut. Es kann nicht immer alles so laufen, wie ich das denke. Das fällt mir nicht immer leicht. Und nicht immer kann ich mich damit dauerhaft zufriedengeben. – Das darf auch so sein. Um manche Überzeugung darf auch länger gerungen werden und verbissener gekämpft. Aber einfach auf den Tisch hauen, geht nicht, wenn ich weiß, wo ich hingehöre.

Josua weiß das. Und er bleibt. Und er bringt sich weiter ein. Er wird sogar zweiter Vorsitzender in dem Laden. Er wird die rechte Hand von Mose und hängt sich weiter rein. Er verkämpft sich an anderen Stellen, ohne dass man jemals ein „Hättet ihr mal gleich auf mich gehört“ oder ein „Ich hab es ja gleich gesagt“ von ihm hört. Er geht die kompletten 40 Jahre mit durch den brennend heißen Wüstensand. Man könnte sagen: Es kostet ihn die komplette Jungend. Und die ganze Zeit muss seine Vision warten – weil die Zeit noch nicht reif ist. Zumindest noch nicht für alle. – Ich will dich an dieser Stelle nicht entmutigen. Ich will dir nicht sagen, dass du dich gerne investieren sollst, dass sich aber doch nichts ändern wird. An dieser Stelle ist Josua ein Extrembeispiel, an dem wir lernen dürfen, dass Loyalität und Verbindlichkeit lebenswert und lohnenswert sind. Und dass es trotzdem unser Auftrag bleibt, gemeinsam unterwegs zu sein.

Josua bringt sich weiter ein. Er bleibt kompromissbereit. Und trotzdem verliert er seine Vision nicht aus den Augen. Er übernimmt verschiedene

Aufgaben. Er ist Führungskraft in seiner Ortsgruppe – in seinem Stamm. Und da macht er auf sich aufmerksam. Er lässt sich in einen überregionalen Arbeitskreis berufen – wird Kundschafter. Das öffnet ihm die Augen. Aber seine Paraderolle ist das nicht. Egal. Dann wird er Kriegsminister. Kein Job, den man gerne macht, aber der auch irgendwie gemacht werden muss. Und er macht seine Sache gut. Er ist zweiter Vorsitzender und rechte Hand von Mose. **Das ist das Privileg der Jugend: Probiere dich aus.** Und irgendwann wird ein Nachfolger für Mose gesucht. Für den großen Mose. Für den Mann, über den man noch nach Generationen reden wird. Für den Mann, in dessen Fußstapfen er sich nie selbst hätte laufen sehen.

Es geht mir nicht um die Karriere, die Josua hinlegt. Ich möchte nicht sagen: Guck mal, was aus dir werden kann, wenn du dranbleibst. **Gemeinde ist kein Leistungswettbewerb.** Aber Gemeinde ist ein Ort, der geistlich und persönlich Entfaltungspotential bietet. Und Josua darf sich in dem Laden in fast jedem Amt ausprobieren. Und er wächst daran. Manches scheitert. Aber manches gelingt auch. Und zum Schluss übernimmt er die Leitungsaufgabe und füllt sie mit seiner Persönlichkeit, mit seiner Vision (die er von Gott bekommen hat und die Gott in ihm wach gehalten hat und die er spätestens bei Josuas Dienstantritt erneuert). Er füllt die Leitungsaufgabe mit seiner Person, mit Gottes Vision und mit seiner Leidenschaft.

Und diese Geschichte von Josua will ich im Blick behalten. Und ich wollte sie mit euch teilen, am Morgen dieses Tages, wo viele Ideen von uns auf die Wirklichkeit treffen und wo wir merken, dass sich vielleicht nicht alles umsetzen lassen wird. Aber wir sind eingeladen und aufgefordert, trotzdem kreativ zu sein und Zukunftsideen zu schmieden. Und dann lasst uns dranbleiben und zusammenbleiben.

Ich will mir eine Scheibe von Josua abschneiden und ich hoffe, ihr tut das auch. Und dann dürfen wir uns sagen lassen, was Gott Josua mit auf den Weg gibt: *„Hör nicht auf, in dem Gesetzbuch zu lesen, und denk Tag und Nacht darüber nach. So weißt du, worauf du achtgeben musst. So kannst du dein ganzes Tun danach ausrichten, wie es darin geschrieben steht. Dann wird dir alles gelingen, was du unternimmst. Dann hast du Erfolg“* [Josua 1,8].

Amen.

VÄTERGESCHICHTEN

Die Vätergeschichten sind Teil des Alten Testaments. Sie bekommen in meinem Buch eine Extrakategorie, weil sie im Zusammenhang gelesen werden wollen. Diese Geschichten begegnen uns zu Recht schon in der Kinderstunde. Sie halten einfache und grundsätzliche Aussagen über Gott und unser Leben bereit und durch die lebendige Erzählung sind sie für Kinder richtig gut geeignet.

Aber wenn sie ausschließlich dort ihren Sitz im Leben haben, geht uns unheimlich viel der Tiefe verloren. Es lohnt sich durchaus, diese altbekannten Texte auch in späteren Lebensphasen noch einmal näher zu betrachten. Dabei kann und soll der lebendige Charakter der Geschichten erhalten bleiben. Man kann diese Geschichten durchaus erwachsener und mindestens genauso bildreich erzählen...

Den Blick für diese Geschichten hat mir Landeskirchenrat i.R. Klaus Teschner (langjähriger Vorsitzender der Evangelistenschule Johanneum) geweitet. Dafür bin ich ihm sehr dankbar und große Teile der narrativen Auslegung gehen deshalb auch auf ihn zurück.

Die Geburt von Jakob und Esau – Jakob und Esau I

Länge:	ca. 15 Minuten
Bibelstellen:	**1. Mose 25,19–34** | 1. Mose 33,12-20 | 1. Mose 50,20 | 1. Mose 27,39-40
Thema:	Gott schreibt auf krummen Linien gerade. | Brüche im Leben | Für manche ist der zweite Platz der Platz an der Sonne.

Aufbau:	Eindeutig – zweieiig: Zwei Völker in einem Bauch – das kann nicht gut gehen. Jakob zieht Esau über den gedeckten Tisch. Ein Knick in der Lebenslinie – Gott schreibt trotzdem gerade darauf. Brüche im Leben können heilsam sein.
Sonstiges:	funktioniert gut als Reihe (Teil 1 von 6)

Das fängt ja „gut" an. Da wachsen Zwillingsbrüder im Mutterleib heran und strampeln und trampeln gegeneinander. Rivalität und Konkurrenz zum frühestmöglichen Zeitpunkt! Wie soll das erst in späteren Jahren werden? Das kann ja „heiter" werden! Wird es auch, wie die Geschichte der beiden feindlichen Brüder bald zeigen wird.

Wir treten ein in die Geschichte von Jakob und Esau. In den Geschichten rund um Jakob und seinen älteren Bruder Esau begegnen uns Geltungskämpfe – jeder gegen jeden! Jakob gegen Esau, Rahel gegen Lea, Jakob gegen Laban, ja sogar Jakob gegen Gott persönlich – im Ringkampf am Jabbok. Erst ganz am Ende versöhnen sich die beiden Zwillinge und trennen sich dann in Frieden. Esau zieht nach Süden ins Gebirge Seir, Jakob geht in die Mitte des Landes Kanaan [**1. Mose 33,12–20**]. Auch jetzt noch scheint eine Art Sicherheitsabstand angebracht zu sein.

„Das fängt ja gut an", so harmlos-ironisch denkt die Mutter Rebekka nicht. Sie hält das Rumoren in ihrem Bauch kaum noch aus. „Wenn es mir so gehen soll, warum bin ich schwanger geworden?!" – Deutliche Worte, die zeigen, wie unangenehm rund es da in ihrem Bauch zugeht. Denn hinter dieser Schwangerschaft steckt unheimlich viel Fürbitte. Die Kinder sind eine Gebetserhörung. Vierzig Jahre ist Isaak alt, als er Rebekka heiratet. Und sechzig Jahre ist er alt, als Jakob und Esau geboren werden. *„Und der Herr ließ sich erbitten"* [**1. Mose 25,21 – Luther**] heißt es da in der Bibel. Hinter diesen dürren Notizen stehen 20 Jahre wartendes Flehen.

Und nach so viel Bitten, Beten und Warten geht Rebekka das ständige Stoßen in ihrem Bauch auf die Nerven. Sie sieht darin offenbar ein böses Vorzeichen und hat damit recht. Mit ihrer pränatalen Diagnostik liegt sie falsch. Die beiden Kinder stoßen und treten sich nicht direkt gegeneinander, denn wir werden später merken: Zweieiiger als Jakob und Esau können Zwillinge gar nicht sein. Die beiden wachsen also in ihrer jeweils eigenen, separaten Fruchtblase auf und sind voreinander geschützt. Rebekkas pränatale Diagnostik ist also eine Fehldiagnose, aber sie kriegt als Mutter doch die doppelte Dosis des Rumorens ab. Und in der Tat: Diese Kinder werden nicht ein Herz und eine Seele. Und das sagt Gott ihr auch. Rebekka hat eine schlechte Vorahnung und geht, Gott zu befragen. Und sie bekommt eine klare Antwort: Es sind nicht nur zwei Babys, sondern zweierlei Völker, die da in deinem Bauch heranreifen. Und sie werden sich im wahrsten Sinne des Wortes auseinanderleben. Aus Entzweiung wird Trennung, schließlich gegenseitige Bekämpfung und daraus wird wieder Unterordnung und Überordnung. Und zwar umgekehrt als Menschen es erwarten würden: *„Der Ältere wird dem Jüngeren dienen“* [**1. Mose 25,23 – Luther**].

Wir wissen nicht, wie Rebekka so eindeutigen Kontakt mit Gott aufgenommen hat. Das wird nicht gesagt. Schon als Gott Abraham den Reisebefehl gibt, bleibt diese Frage ungeklärt. Ganz offensichtlich gilt: Gott spricht direkt zu den Vätern und Müttern Israels, in persönlicher Anrede. Später im 1. Samuelbuch lesen wir, dass zur Zeit Samuels des Herrn Wort selten war und es kaum noch Offenbarungen gab. So ändern sich Zeiten. Kommunikationsformen und -wege ändern sich. Das wissen wir und damit müssen wir leben. Das Wort des Herrn ist selten geworden und es gibt kaum noch Offenbarungen. Und trotzdem redet Gott auch heute!

Jetzt kommt es endlich zur Geburt. Und der Geburtsvorgang bringt die nächsten Zeichen: zweieiige Zwillinge. Eindeutig zweieiig! Der erste ist rötlich und rauhaarig. Sie nennen ihn Esau – in Anlehnung an das Gebirgsland Edom, das ebenfalls rötlich und rau zerklüftet ist. Jakob, der zweite, ist glatt. Und er hält noch beim Herausrutschen mit einem Ärmchen die Ferse Esaus fest, so als wolle er ihn am Eintritt ins Leben hindern und selbst als erster anschlagen – so ein bisschen wie bei einem Schwimmwettkampf.

Esau ist nur um eine Baby-Länge voraus. Gynäkologisch kann man sich darüber streiten. Es ist sehr unwahrscheinlich, denn dann müsste die zweite Fruchtblase direkt nach der ersten platzen, damit Jakob überhaupt eine Chance hat, die Ferse seines Bruders zu packen. Aber es gibt nichts, was es nicht gibt. Und außerdem gleicht die Nacherzählung einer Geburt ja auch mehr einem Gefühlsbericht als einer detailgetreuen Ingenieursdarstellung. Festzuhalten bleibt jedenfalls: **Es war knapp! Beinahe hätte Jakob Esau noch eingeholt.** (Ich mag mir gar nicht ausmalen, wie ein Überholvorgang im Geburtskanal hätte aussehen sollen...)

Im Namen „Jakob" klingt das hebräische Wort für „Ferse" an. Und passenderweise ist „Jakob" auch wortverwandt mit „betrügen" oder „Betrüger". Aber der ursprüngliche Wortsinn von Jakob: „Jahwe möge dich schützen", scheint nicht mehr durch. Jetzt ist Jakob erstmal der „Fersenhalter".

Das fing wirklich nicht gut an. Und im gleichen Stil geht es weiter. Zwillinge – durch und durch zweieiig! Sie haben nicht nur unterschiedliche Haut. Auch in ihrem Naturell und in ihren Talenten sind die beiden völlig unterschiedlich. Der eine: ein Jäger mit Überlebenserfahrung auf freiem Feld. Der andere: ein Nesthocker mit guten Sitten und – besten Beziehungen zu seiner Mutter. Also eine Art „Muttersöhnchen". Zelte mit dichten Planen aus Fell und kuscheligen Wollkissen sind ihm lieber als Höhlen, Hohlwege und Haine zum Übernachten. Es ist wie bei der späteren Geschichte Josefs, der auch viel zu Hause ist, spinnt und sinnt und träumt. Auf die Härten des Lebens treffen beide erst später. Dann aber ungebremst.

Die beiden Jungs sind also grundsätzlich unterschiedliche Typen. Und die Eltern machen den Konflikt auch nicht leichter. Im Gegenteil: Sie gießen auch noch Öl ins Feuer. Sie zeigen ihre Vorlieben ganz frei und offen: Isaak isst gern Gegrilltes. Schussfrisch. Damit ist Esau also Papas Liebling, denn Esau schießt gern zu Grillendes. – Steinbock, Antilope, Dammhirsch. Ein Blick in die damalige Fauna lässt staunen über den Artenreichtum; allerdings waren auch ein paar lästige Berglöwen dabei – und deshalb bleibt Jakob lieber zu Hause. Und deshalb ist Jakob auch Mamas Liebling. Rebekka hat Jakob gerne um sich. Sie liebt seine Häuslichkeit und so lernt er ganz gut kochen. Der eine jagt und schießt. Der andere sammelt und pflückt. Der eine fängt. Der andere bereitet zu. Der eine arbeitet körperlich hart. Der andere versteht es zu verwöhnen. Ein gutes Team – wenn es denn ein Team wäre. „Gegensätze ziehen sich an", sagt man. Der eine ergänzt den anderen. „Zusammen sind wir ein unschlagbares Team." – Schön, wenn es so wäre... Eine Ehe, vielleicht auch eine Zweckgemeinschaft zwischen den beiden, könnte so funktionieren. Aber die beiden sind Brüder. Und Brüder gönnen sich gegenseitig nicht mal das Schwarze unter den Fingernägeln. Und so kommt die Geschichte von Jakob und Esau zu ihrem Höhepunkt für heute.

Jakob hat gekocht! Rote Linsen – er hatte ja Zeit. Sein Bruder war den ganzen Tag unterwegs. Er kommt von der Pirsch. Ob er einen Bären oder wenigstens ein Bärenfell mitbringt, wissen wir nicht. Bärenhunger bringt er auf jeden Fall mit.

„Mit Hungrigen lässt sich leicht Geschäfte machen", denkt Jakob. Und tatsächlich, es läuft fasst wie von selbst. Esau sieht die warme Mahlzeit und sagt zu seinem Bruder: *„Lass mich doch von deinem roten Zeug essen"* [1. Mose 25,30]. Oder wie es Martin Buber übersetzt, der sich bemüht, die Poesie des Hebräischen beizubehalten: *„Lass mich doch schlingen von dem Roten, dem Roten da."* Und jetzt zeigt sich zum ersten Mal die ganze Verschlagenheit Jakobs. Statt ihm einfach etwas abzugeben und vorzusetzen, macht er daraus einen Deal. Ganz beiläufig, in der Küche. Eben mal so zwischendurch macht er ihm ein Kaufangebot für ein mächtig großes Gut. Für das Erstgeburtsrecht. Damit war eine erhebliche Bevorzugung bei der Güteraufteilung verbunden. Der erste erbt das meiste.

Wäre Esau ausgeschlafen und satt, hätte er mit Sicherheit einen Lachkrampf bekommen und Jakob in die Suppe gespuckt und gesagt: „Du kleiner Fersenhalter. Versuchst es immer wieder. Schon bei der Geburt hat es nicht geklappt, der erste zu sein und jetzt kommst du mir mit so was Rotem da. Behalt deine Suppe und erstick dran!" – Brüder reden so.

Aber Esau ist nicht ausgeschlafen. Ganz im Gegenteil. Und es zeigt sich Esaus impulsive und sprunghafte Art. Er geht auf den angebotenen Deal ein. Und das Tragische ist: Jakob hat das Erstgeburtsrecht nicht mal erkauft – er hat es sich nicht verdient. Er hat einfach nur die Situation ausgenutzt. Jakob zieht Esau über den gedeckten Tisch, könnte man sagen. Er unterbreitet Esau kein Geschäft. Macht ihm kein vernünftiges Angebot. Kein: „Ich hab hier dein Lieblingsgericht. Genieße es! Ich bring dir sogar eine Kerze. Ich verwöhne dich einen ganzen Abend lang. Natürlich ist das nicht ganz umsonst, aber mach dir darüber jetzt keine Gedanken. Iss ruhig! Iss jetzt und zahle später." So ist es hier nicht. Jakob strengt sich nicht mal richtig an. Er nutzt einfach nur die Situation aus. Esau weiß nicht mal, was das ist, was er da isst. Der hat einfach nur Hunger. „Nur" ist gut. Der kommt vor Hunger fast um. „Hast du was zu essen? Ach komm, ich schlinge sogar das Rote runter." **Wenn Jakob ihm nichts von dem Roten gibt, dann könnte man ihn vielleicht sogar wegen unterlassener Hilfeleistung drankriegen.** Aber Jakob gibt ihm ja was. Es ist nur unverschämt teuer. Und Esau ist bereit, diesen Preis zu bezahlen. Mit einer flapsigen Nebenbemerkung schießt er sein Erstgeburtsrecht in den Wind: „Erben werden wir, wenn der Vater stirbt. Das ist noch lange hin. Hungrig bin ich jetzt. Und wenn ich nicht bald etwas esse, dann sterbe ich vor meinem Vater und hab auch nichts davon."

So oder so ähnlich mag Esau gedacht haben. Aber ist Esau in dem Moment überhaupt zurechnungsfähig? Darf man so eine hingeworfene Bemerkung dermaßen ernst nehmen? Jakob tut das ganz bewusst. Er nimmt Esau beim Wort. Das ist nicht direkt gemein. Aber auf keinen Fall fair. Und Jakob lässt seinen Bruder sogar schwören. Gott als Zeuge, weil offenbar sonst keiner dabei ist. Und jetzt nimmt das Unheil seinen Lauf. Die Bibel erzählt in dürren Worten davon: *„Esau aß und trank. Dann stand er auf und ging weg"* [1. Mose 25,34]. Elf kurze Worte. Elf Worte, die das Leben der beiden Brüder nachhaltig beeinflussen. Und wir fragen uns: Muss man für eine momentane Dummheit so lange die Konsequenzen tragen wie Esau? Und kann der, dem dieser vorteilhafte Deal gelungen ist, sich ein Leben lang – vor Gott und vor Esau – wohlfühlen? **Beide haben sich auf dieses Geschäft eingelassen und beide kostet dieser Deal mehr, als sie sich im Moment bewusst sind.**

Die „Jakob- und Esau-Geschichte" wird hier zu einem „Fortsetzungsroman" über eine Problemfamilie. Das hört sich erstmal komisch an, aber in der Familie von Jakob und Esau geht nichts, aber auch gar nichts so richtig glatt. Es geht auch nichts total schief. Am Ende wird doch noch alles gut. So ist zumindest das Gesamturteil über diese Vätergeschichten: *„Ihr gedachtet es böse mit mir zu machen, aber Gott gedachte es gut zu machen"*

[1. Mose 50,20]. Jakob und Esau sind Teil einer Problemfamilie. Nichts geht glatt. Überall ist zumindest etwas der Wurm drin. Aber: Gott schreibt auch auf krummen Linien gerade.

Kennen wir das? Auch wir fragen heute nach der Regie und Führung Gottes trotz unserer eigenen Problemgeschichten. Und wie oft hadern wir mit Gott und mit unserem Schicksal: „Gott, meine Lebenslinie ist zu krumm. Darauf kann man nicht schreiben. Nichts, aber auch gar nichts läuft glatt. Alles geht immer schief. Sowas passiert mir immer. Herr, hilf! Mach meine krummen Linien grade. Warum ist meine Lebenslinie nicht wie alle anderen auch mit dem Lineal gezogen?"

Die Antwort ist einfach: „Weil du dann selbst darauf schreiben würdest!" Gott ist nicht dazu da, um krumme Linien gerade zu machen. Das hat er bei Jakob und Esau nicht getan. Heute nicht und im weiteren Verlauf der Geschichte auch nicht. Gott macht nicht meine krummen Linien gerade. Sondern: Trotz krummer Linien schreibt er gerade darauf. Gott nimmt unser Leben, so wie es ist. Mit allen Ecken und Kanten. Und er lässt die Ecken und Kanten. Schließlich machen die unser Leben doch einzigartig und besonders. Aber er gebraucht unser krummes, krüppeliges Leben und schreibt darauf Geschichte. Seine Geschichte mit uns. Trotz der krummen Linien. Eine gradlinige und zielführende Geschichte. Spannend!

Und so spannend bleibt es auch bei Jakob und Esau. *„Esau aß und trank. Dann stand er auf und ging weg."* Diese elf kurzen Worte beeinflussen eine Lebensgeschichte nachhaltig. Das ist eine Ecke oder eine Kante im Leben von Esau. Hier erfährt seine Lebenslinie einen Knick. Und die Vätergeschichte schließt hier mit einem ausdrücklichen Tadel an Esau ab: *„So verachtete Esau seine Erstgeburt"* [1. Mose 25,34 – Luther].

Normalerweise wird nicht so auf Esau herumgehackt. In der ganzen „Jakob- und Esau-Geschichte" begegnet uns das sonst nicht. Und deshalb frage ich mich: Geht es in dieser Szene wirklich um die Nichtachtung der Erwählung? Verachtet Esau hier wirklich seinen Segen? Oder geht es einfach um die Rangfolge zweier Völker? *„Zwei Völker kommen aus deinem Bauch. Das eine Volk ist stärker als das andere, das ältere wird dem jüngeren dienen"*

[1. Mose 25,23]. Jakob – und damit das spätere Israel – als Nummer 1 und Esau – und damit das Volk der Edomiter – als Nummer 2 [vgl. auch 27,39–40].

Es geht hier doch nicht um Erwählung und Verwerfung, sondern um eine Beschreibung der zukünftigen Stellung beider Brüder. Wie stehen sie in Zukunft zueinander? Aus der Nichtbeachtung der Erstgeburt folgt zwar eine schicksalhafte Bestimmung und Rangordnung, aber: **Wer die Nummer 2 ist, ist nicht automatisch verworfen für Zeit und Ewigkeit.** Die Geschichte Gottes klammert unsere unterschiedlichen Ausstattungen und Möglichkeiten nicht aus, sondern ein. Klugheit, Beliebtheit, Gesundheit, Schönheit und Erfolg sind unterschiedlich, auch unter Christen. – Da kann man jetzt sagen: leider oder Gott sei Dank. – Je nachdem, ob man viel oder wenig davon hat. Aber trotzdem: Auch wenn Gott in seiner souveränen Zählung manchem, so wie Esau, nur die Nummer 2 zuweist, man lebt doch immer noch aus der Gnade Gottes. Daran ändert sich doch nichts. Und damit lebt man auch in seinem Segen.

Solange Esau das nicht begreift und akzeptiert, zerreißen ihn der Konkurrenzkampf und der Hass auf seinen Bruder schier. Erst als Esau seinen Frieden mit der Situation und seiner zugewiesenen Position machen kann, kann sich Gottes Segen auch in seinem Leben richtig entfalten. Und auch Esau wird nachträglich gesegnet.

Esau ist nicht geeignet als Gründungsvater des Volkes Israel. Diese Schuhe sind ihm zu groß. Das ist doch nichts Schlimmes! Schlimm ist es, weil es sich für ihn als Niederlage anfühlt. „Ich bin doch der Ältere. Ich bin doch der Große." Aber wer sagt denn, dass das eine Niederlage ist? Vielleicht ist gerade das Segen für Esau. Dagegen wäre es für Esau vielleicht mehr Fluch als Segen, ganz vorne in der Verheißungskette Israels zu stehen. Dafür ist er einfach nicht gemacht. **Vielleicht war Jakob, der kleine Fersenhalter, gar nicht zu spät. Vielleicht war Esau zu früh. Und Gott rückt hier nur wieder grade, was schiefzulaufen droht.** Das verzockte Erstgeburtsrecht ist ein Knick in der Lebenslinie von Esau. Er ist der Ältere und bekommt doch nur das kleine Stück vom Kuchen. Aber als Esau seinen Frieden damit machen kann und als er viele Jahre später zurückblickt, merkt er, dass Gott auf dieser geknickten Linie wunderbar gerade geschrieben hat.

Auch meine Lebenslinie hat vielleicht so manchen Knick: Das Abitur habe ich nicht geschafft oder das Studium musste ich abbrechen. Oder: Ich bin der einzige in der Familie, dessen Ehe nicht bis zur Silberhochzeit gehalten hat. Oder: Ich bin jetzt Maschinenbauingenieur mit Schlips und Kragen. Aber als Schlosser war ich irgendwie glücklicher. Solche Beispiele gäbe es zuhauf. Unser Leben ist wahrscheinlich voll von solchen Knicken und Brüchen. Aber wer sagt, dass diese Stellen Todesurteile unseres Schicksals sind?

Gott sei Dank: Wir haben einen Gott, der mitgeht und der auf unseren krummen Lebenslinien immer noch grade schreibt. Ich kenne jemanden, der einmal zu viel befördert wurde in seinem Leben. Der geht jeden Morgen in die Firma und reibt sich zwischen den verschiedensten Anforderungen auf. Aber einen Schritt zurück auf der Karriereleiter gibt es nicht. Es ist nicht immer ein Segen, wenn man immer noch weiter und noch weiter nach vorne kommt. Bei Gott ist nicht nur eine Eins gut genug. Mancher ist nicht geschaffen für die erste Reihe. Für manchen ist der zweite Platz der Platz an der Sonne. Das ist göttliche Mathematik.

Gott schreibt auf krummen Linien gerade. Darauf dürfen wir uns verlassen. Das hat er oft genug gezeigt. Gott macht keine Fehler. Warum sollte er gerade bei uns damit anfangen? Und Gott zählt anders, als wir rechnen. Manchmal sind wir, auch mit weniger, viel mehr beschenkt. Gott sei Dank! Mein Leben ist in Gottes Hand und da gehört es hin. Da ist es gut aufgehoben.

Amen.

Jakobs erschlichener Segen – Jakob und Esau II

Länge:	ca. 15 Minuten
Bibelstellen:	**1. Mose 27,1–41** | 1. Mose 32,27 | 1. Mose 12,2
Thema:	Der Held von Gottes Segensgeschichte ist ein Sünder. Selbst ein Betrüger sieht den Himmel offen. Auch in der zweiten Reihe gibt es noch Segen.
Aufbau:	Segen lässt sich erringen und erzwingen. • Der Plan: Rebekka zieht Jakob das Fell über die Ohren.

- Die Täuschung – Jakob haut Isaak übers Ohr.
- Der Segen – Isaaks Worte in Gottes Ohr.

Segen lässt sich erbitten und erbetteln.

- Auch Segensreste sind was wert.
- Jakobs Segen färbt auf Esau ab.
- Jakobs Segen färbt auf uns ab.

Sonstiges: funktioniert gut als Reihe (Teil 2 von 6)

Es gibt viele Geschichten in der Bibel, die vom Segen Gottes handeln. Um eine davon wird es heute gehen. Wir hören von Jakob und Esau, den zwei Geschwistern, von denen der Jüngere (Jakob) dem Älteren (Esau) erst das Erstgeburtsrecht und dann den Erstgeburtssegen abluchst.

Heute schauen wir auf den zweiten Teil. Es geht darum, wie Jakob zusammen mit seiner Mutter Rebekka den Erstgeburtssegen seines Vaters ergattert, der eigentlich für Esau bestimmt war. Diese Geschichte steht im ersten Mosebuch, in Kapitel 27. Ich werde die Geschichte jetzt nicht komplett vorlesen, sondern sie Stück für Stück erzählen. Aber sie eignet sich wunderbar zum Nachlesen. Eigentlich müsste man diese Geschichte nachspielen. Sie ist einfach so atemberaubend spannend, dass man sie als Drama darstellen müsste.

Isaak, der Vater der Zwillinge, ist alt geworden. Sein Augenlicht verlässt ihn und auch die anderen Lebenskräfte lassen deutlich nach. Isaak spürt das Ende kommen. Und er ruft seinen Ältesten – Esau – zu sich und sagt: „Ich bin alt und weiß nicht, wie lange ich noch lebe. Aber bevor ich sterbe, möchte ich dich segnen, möchte ich Gottes Segen, der spürbar auf meinem Leben gelegen hat, an dich weitergeben. Geh und bereite mir eine letzte Mahlzeit. Jage mir noch einmal etwas Schönes. Und dann will ich meinen Segen auf dich übertragen." Und Esau macht sich auf den Weg. Aber Isaaks Frau Rebekka hat das ebenfalls gehört. Und sie möchte gerne, dass ihr Lieblingssohn den Familiensegen bekommt.

Wir haben es hier mit einem Familienkomplott zu tun. Die Mutter mit ihrem Lieblingssohn gegen den Vater mit dessen Lieblingssohn. Eine Familien-Beziehungskiste, **ein Erbstreit mit einem seltsamen Streitwert: Segen.** Segen als die entscheidende Hinterlassenschaft des Stammesvaters Isaak.

Ein solcher Segen spielt später auch als Abschiedsgabe Jakobs an seine 12 Söhne bzw. an die daraus entstehenden 12 Stämme Israels eine große Rolle.

Isaak hatte davon geredet, dass er Esau seinen Segen geben will. „…ich will essen und dich segnen…" hatte er zu Esau gesagt. Aber Rebekka versteht sofort die Tiefe dahinter.

Wir sagen heute so schnell: „Meinen Segen hast du." Aber was willst du letztlich mit meinem Segen? Auf den Segen Gottes kommt es an. Rebekka versteht: Was Isaak plant, hat vor Gott Gültigkeit. Isaaks Segen kommt von Gott, weil der Gesegnete in die Nachfolge des Segens über Abraham gestellt wird. Anders ausgedrückt: Gott hat Abraham auf ganz besondere Weise gesegnet. Und in Isaak ist dieser Segen auf den Weg gebracht. Was Isaak weitergibt, hat vor Gott Gültigkeit, weil es den Gesegneten in die göttliche Segensfolge stellt: Abraham, Isaak und… Esau. Und das hört Rebekka und möchte an dieser Stelle gerne ihren Lieblingssohn wissen. Abraham, Isaak und Jakob.

Zum Plan des Vaters gesellt sich jetzt also ein Gegenplan der Mutter. Rebekka plant ein Täuschungsmanöver. Während Esau auf der Pirsch ist, bringt ihr Jakob einen Ziegenbock. Statt Wild vom freien Feld gibt es Gezähmtes von einer umfriedeten Weide. Rebekka traut sich zu, diese Mahlzeit mit raffinierten Gewürzen so zuzubereiten, dass Isaak nichts merkt. Jakob soll seinem Vater dann das Essen bringen, bevor Esau überhaupt etwas gefangen hat. Und dann soll Jakob den Segen abgreifen, den Isaak eigentlich für Esau vorgesehen hatte.

Jakob kommen allerdings Zweifel an der Durchführbarkeit des Planes. Es bleiben für ihn offene Fragen, Denkfehler, strategische Lücken. Der Plan seiner Mutter scheint ihm schwierig umsetzbar zu sein. Die unterschiedliche Haut der beiden Brüder ist nur eine der offenen Fragen. Und in der Tat erfordert der Plan von Rebekka eine enorm komplizierte Logistik: Sie bringt die Festkleider Esaus herbei. Die riechen so schön kräftig nach Esau. „Hier, zieh die an!" Die beiden blutbeschmierten Felle der gerade geschlachteten Böcke verdecken die glatten Hautstellen und sollen ein Gefühl von Esaus Haut simulieren. Und dann bekommt Jakob das imitierte Wildbret – den „falschen Hasen“ sozusagen – in die Hände. Rebekka dirigiert ihren Sohn quasi von Anfang bis Ende durch diese Situation. Das Ganze geht sogar so weit, dass sie auch die Konsequenzen auf sich nimmt, wenn Isaak den Betrug wittern und spontan von Segen auf Fluch umschwenken würde. Auch das würde sie auf ihre Kappe nehmen.

So verkleidet tritt Jakob jetzt in Isaaks Zelt ein. Er tritt zum Segen an. Aber von vornherein hält man den Atem an: Ob das wohl gut geht? Reicht das schauspielerische Talent Jakobs aus, um den eigenen Vater an der Nase herumzuführen?

Ob das gut geht, darüber kann man streiten. Je nachdem, mit welcher Seite man sympathisiert. Auf jeden Fall schafft es Jakob letztlich. Aber: nur durch massives Lügen und Betrügen. Zunächst stellt er sich selbst unter falschem Namen vor. Dann führt er sein schnelles „Zurückkommen“ auf ein besonderes Jagdglück zurück und gebraucht – oder besser: missbraucht – dazu obendrein den Namen Gottes: Gott der Herr hat ihm den „falschen Hasen“ direkt vor Pfeil und Bogen geschickt. Schließlich lässt er sich betasten und wiederholt die Lüge mit dem falschen Namen. Obendrein trägt er auch noch Wein auf und küsst und lässt sich küssen.

Ganz im Gegensatz zu seinem Gelegenheitsgeschäft mit der Linsensuppe, als er sein Erstgeburtsrecht erwarb, legt er sich hier richtig ins Zeug. Im wahrsten Sinne des Wortes. Aber eine Schwachstelle bleibt trotz allem: seine Stimme. Und so bleibt ein Rest-Misstrauen bei Isaak. Mehrmals fragt er nach dem Namen. Er betastet seinen Sohn. Er küsst ihn, um den Geruch und die Behaarung aus der Nähe zu begutachten. Und er äußert seine Skepsis: *„Die Stimme ist Jakobs Stimme, aber die Hände sind Esaus Hände“* [1. Mose 27,22]. An dieser Stelle schreit alles in uns: „Ja, was ist denn wohl eher zu fälschen? Die Stimme oder die Haut? – Glaub der Stimme.“ Aber das traut Isaak wohl auch Jakob nicht zu. Mit Sterbenden treibt man es nicht so. Und so glaubt Isaak, was er auch glauben will und lässt sich vom Geruch und vom Tastsinn überwältigen.

Und dann passiert es: Die Prozedur nimmt ihren Lauf, die Liturgie des Sterbesegens ist nicht mehr zu stoppen. Nachdem Isaak noch einmal tief Luft geholt hat und durch den Duft des Feldes in die richtige Stimmung versetzt ist, kommt ein dichterisch-rhythmisch gestalteter Spruch über seine Lippen:

„Gott gebe dir vom Tau des Himmels und von der Fettigkeit der Erde und Korn und Wein die Fülle. Völker sollen dir dienen, und Stämme sollen dir zu Füßen fallen. Sei ein Herr über deine Brüder, und deiner Mutter Söhne sollen dir zu Füßen fallen. Verflucht sei, wer dir flucht; gesegnet sei, wer dich segnet" [**1. Mose 27,28–29 – Luther**].

Ein Machtwort über die Zukunft des Segenempfängers. Dieser Segen ist mehr als nur „gute Wünsche mitgeben". Der Segen wird zur Bestimmung, zur Verfügung über ein ganzes Leben. Es ist ein dreigeteilter Segen, der alle drei Komponenten des Lebens berührt:

(1.) Das persönliche Wohlergehen: **der Fruchtbarkeitssegen**. *„Tau des Himmels, Fettigkeit der Erde, Korn und Wein die Fülle."* – Das geht mich persönlich an. Ich werde überreich beschenkt. Ich bin gesegnet.

(2.) Das Wohlergehen eines ganzen Stammes und Volkes: **ein Herrschaftssegen**. *„Völker sollen dir dienen und Stämme sollen dir zu Füßen fallen."* Das wird sich erst viele Generationen später erfüllen, gibt aber Jakobs Leben schon heute eine Perspektive. – Und auch das ist Segen: eine Perspektive nach vorne zu haben.

(3.) Und der dritte Teil des Segens ist **ein Völkersegen**. *„Ich will segnen, die dich segnen."* Darin klingt an: *„In dir sollen gesegnet sein alle Völker auf Erden."*
Das ist ein Nachklang an den Abrahamssegen und macht deutlich, dass Jakob jetzt in eine Segenslinie mit Abraham und Isaak gestellt ist. Und das gibt dem Leben von Jakob schon heute eine Bedeutung, deren Größe nicht zu fassen ist, weil sie alle Menschen umspannt.

Erschreckenderweise stellen wir hier fest: **Segen lässt sich „erzwingen" oder besser „erringen"**. Man kann Gott Segen abringen. Jakob hat das im Laufe seines Lebens mehrfach getan und es hat auch mehrfach bei ihm geklappt. Jakob hat eigentlich immer um den Segen mit Gott gerungen. Den Segen, Erstgeborener sein zu dürfen, den hat er sich zweimal erkämpft. Später bei seinem Schwiegervater hat er mit Haken und Ösen um materiellen Segen gerungen. Und auch sein Spitzensatz beim Ringkampf mit Gott persönlich kommt nicht von ungefähr: *„Ich lasse dich erst los, wenn du mich gesegnet hast“* [1. Mose 32,27]. „Ich lass dich nicht gehen, bevor ich nicht deinen Segen bekommen habe.“

Segen lässt sich erringen. Jakob ringt seinem Bruder, seinem Vater und letztlich Gott den Segen ab. Jakob erschleicht sich einen Segen und es funktioniert. Wir halten verwundert und wahrscheinlich auch verärgert fest: Der ganze Betrug funktioniert. Der Segen gilt. Ein Lügner wird gesegnet.

Es folgt die Ernüchterung: Auf diesen Segensspruch, diesen dichterischen Höhepunkt folgt auch sprachlich der Absturz. Aus der Lyrik in unartikulierbares Entsetzen bei Isaak [vgl. 1. Mose 27,33] und in Schreien bei Esau [vgl. 1. Mose 27,34].

Ernüchternd ist auch, dass Rebekka und Jakob Esau noch in Ruhe sein Wildbret grillen lassen. Das hat fast etwas durch und durch Durchtriebenes. Esau macht in Ruhe Papas Henkersmahlzeit fertig, dann aber **ist für Esau alles zu spät. Die Sache ist im wahrsten Sinne des Wortes schon gegessen.** Der andere Sohn ist gesegnet und wird es auch bleiben! Keine Rede mehr von einer Verkehrung des Segens in Fluch. Und das macht Isaak für mich zu einem weisen und gottesfürchtigen Menschen:

Segen lässt sich weitergeben. Isaak tut das. Er hat den Segen von seinem Vater Abraham bekommen und jetzt hat er ihn weitergegeben. Der Segen Gottes geht durch unsere Hände. Aber letztendlich geht dieser Segen nicht in unseren Besitz über. Wenn Gott es so gefügt hat, dann soll es so bleiben. Und dann kann man zusammen mit seinem übergangenen Sohn weinen und trauern, aber auch Isaak muss das so akzeptieren. Wenn es Gottes Segen ist, den ich weitergebe, dann liegt er nicht in meiner Hand. Und es übersteigt meine Kompetenz, ihn in einen Fluch zu verwandeln.

In diesem Verhalten ist Isaak für mich weise. Ich frage mich: Wie hätte ich mich an Isaaks Stelle verhalten? Was macht dieses Drama mit Isaak? Einen Segen hat er. – Er hat nur einen Versuch, um seine Hinterlassenschaften zu verteilen und er merkt, dass nicht nur Esau, sondern auch er darum betrogen wird. „Das hatte ich mir anders vorgestellt.“ Auch Isaak wird hier um sein Lebenswerk gebracht.

Aber auch Isaak hätte damals schon das Lied von Manfred Siebald schreiben können: „Was wir so fest in Händen halten, das ist uns alles nur von Gott geliehn. – Wir dürfen es verwalten, wir dürfen es gestalten und geben es zurück an ihn." Das ist eine weise Sicht. Segen lässt sich weitergeben. Er geht durch unsere Hände, aber wir können ihn nicht fassen. Er geht nicht in unseren Besitz über.

Der andere Sohn ist gesegnet und wird es auch bleiben! Keine Rede von der Annullierung eines Rechtsaktes wegen der Vortäuschung falscher Tatsachen. Es bleibt alles so, wie ausgesprochen. Esau hat das Nachsehen. Was er am Ende nach viel Geschrei und Beschweren, nach Bitten und Betteln und Tränen bekommt, ist ein Segen zweiter Klasse.

Überhaupt gehört die Reaktion Esaus auf den verpassten Segen zu den erschütterndsten Passagen aus der Vätergeschichte. Man kann vor Esau nur Respekt bekommen und mit ihm mitfühlen und muss Abstand nehmen von der irrigen Vorstellung, dieser Esau sei von Gott gehasst und verworfen. Denn: Esau schreit nach dem Segen. Ihm liegt doch auch an einem Machtwort Gottes über seinem Leben! Er beklagt sich völlig zu Recht über die Methoden seines Bruders. Und er fragt vorsichtig nach dem Segen: „Hast du denn für mich keinen Segen?" „Hast du denn nur einen Segen?"

Diese Frage klingt so demütig, als wäre Esau bereit, eine gewisse Benachteiligung in Kauf zu nehmen. Er weint dem verlorenen Segen nach! Und wir lernen: Segen lässt sich auch erbitten und erbetteln. Esau bittet erneut und ausdrücklich um den Segen. Und so wird er tatsächlich doch noch erhört! Er wird tatsächlich nachträglich gesegnet. Er bekommt auch noch was ab.

Die händeringenden Klagen und Fragen Esaus werden positiv beantwortet. „Hast du denn keinen Segen in Reserve für mich?" „Doch!" „Hast du denn nur einen Segen?" „Nein, ich habe zwei! Genauer gesagt eineinhalb. Einen fetten – den hat jetzt Jakob. Und einen mageren – aber der bleibt für dich."

Und so segnet Isaak auch Esau, der weinend an das Bett seines Vaters tritt. Eigentlich ist das die viel angemessenere Haltung, um Segen zu empfangen. Demütig – statt hinterlistig.

Im mageren Segen Esaus sind negative und positive Bestimmungen: Wo Esau wohnt, ist die Erde karg und unfruchtbar. Er ist auf Regen angewiesen. Nicht mal Tau kommt von oben. Außerdem wird er seinem Bruder untertänig sein. Aber es gibt auch Lichtblicke: Esau wird ein kleiner Gebietstyrann. Als kleiner Kriegsherr wird er mit Erfolg Beute machen. Er wird von seinen Kämpfen und Schutzgelderpressungen leben können. Und sein Volksstamm wird sich eines Tages vom Joch seines Bruders befreien können. Esaus Segen hat also nur zwei der drei Komponenten, die Jakobs Segen beinhaltete:

(1.) **Den Fruchtbarkeitssegen**. Der fällt aber bei Esau magerer aus. – „Von deinem Schwerte wirst du dich nähren. Du wirst nicht überreich, aber ausreichend beschenkt."

(2.) **Und der Herrschaftssegen:** Naja, herrschen wird er ja nicht. Aber als Lichtblick bleibt, die Unterdrückung wird auch nicht für immer dauern. „Du wirst deinem Bruder dienen, aber das wird nicht ewig andauern."

Wir sehen: Der Segen für Esau fällt deutlich magerer aus. Esau wird für den Überlebenskampf gesegnet. Mehr nicht. – Mehr nicht? – Immerhin: Auch „Segensreste" sind was wert.

Den dritten Teil des Segens gibt es bei Esau nur indirekt. Er klang bei Jakob mit an. Der Segen für Jakob ist der Segen Israels. Der Segen, den Gott Abraham zugedacht hatte. Und da heißt es: *„Alle Völker der Erde sollen durch dich gesegnet sein"* [1. Mose 12,2]. Da ist auch Esau mit bedacht. Wieder: Nicht zuallererst, aber doch ausreichend. Jakobs Segen färbt auf Esau ab.

Das Ganze ist eine herbe Segensgeschichte: Es wird massiv gelogen und betrogen – und doch wird auch massiv gesegnet. Die Zurückstellung Esaus wird trotz Weinen und Klagen nicht aufgehoben. Gott zieht seinen Segen über die Linie Abrahams, Isaaks und Jakobs durch. Und auf diese Drei geht das Bekenntnis des Volkes Israel und der christlichen Kirche immer wieder zurück. Abraham, Isaak und Jakob. Esau kommt in dieser Segenskette nicht vor. Er ist die Nummer 2. Aber er ist nicht verworfen: Er hat sein eigenes Lebensrecht, seine eigene Aufgabe, seine eigenen Segensgaben. Die zweite Reihe ist in der Bibel nirgendwo verworfen.

Das Verhalten Gottes ist ärgerlich und tröstlich zugleich. Ärgerlich, weil wir keine moralischen Gründe dafür finden können, dass Gott Jakob bevorzugt und Esau auf den zweiten Platz verweist. Es gibt dafür keinen ersichtlichen Grund. Zwar sammelt das Umfeld der Geschichte Minuspunkte gegen Esau, nämlich dass er mit seinem Erstgeburtsrecht derart impulsiv und nachlässig umging, und dass er seine Eltern bei seiner Partnerwahl für zwei Hetiterinnen nicht konsultierte. Aber was ist das alles gegen die wiederholten Betrugsversuche Jakobs?! Und hier liegt das Tröstliche: Der Held der Segens- und Erwählungsgeschichte – Jakob – ist ein Sünder!

Wenig später hat Jakob eine Gottesoffenbarung in Bethel. Er trifft Gott persönlich und darf Einblicke in den Himmel gewinnen. Damit wird aber sein Betrug nicht überdeckt oder gedeckt, sondern umgekehrt: Sogar ein Betrüger sieht den Himmel offen.

Jakob wird hier nicht glorifiziert dargestellt. Keiner, der sich in Zukunft auf den Stammesvater Jakob beruft, kann in Selbstgerechtigkeit baden. Gottes Gnade ist es, die sogar einem Betrüger Hoffnung gibt. – Gott offenbart sich nicht nur einem korrekten Menschen, sondern auch einem Sünder. Und er schreibt mit ihm Geschichte weiter.

Wir können aus dieser Geschichte nicht schließen, dass Gott es stets für gut befindet, wenn wir unsere Brüder oder Verwandten oder sonstigen Mitmenschen bei jeder Gelegenheit über den Tisch ziehen. Wir erleben hier keine Legitimation der Sünde. Aber wir erkennen: Gott hat ein Herz für Sünder. Sogar ein Betrüger sieht den Himmel offen. Das ist ein Hoffnungszeichen für alle nicht-perfekten Menschen. Das ist ein Hoffnungszeichen für dich und für mich. Jakobs Segen färbt auch auf uns ab. Und so lässt es sich leben.

Amen!

Jakob und die Himmelsleiter – Jakob und Esau III

Länge:	ca. 15 Minuten
Bibelstellen:	**1. Mose 28,10–22** | 1. Mose 4 | 1. Mose 27,42–45 | 1. Mose 32,11 | 1. Mose 26,35 | 1. Mose 32,3+25 | Matthäus 27,46 | Psalm 22,2 | Johannes 1,51
Thema:	Gott kommt uns entgegen, begleitet uns. Das macht uns hoffnungsvoll und dankbar.
Aufbau:	Geh mit Gottes Segen, aber geh! Überraschung: Gott ist da. In the middle of nowhere. Mach mal Pause – von Haltestellen und vom Stillehalten. Himmlische Träume – Gottes Zuspruch: Ich komme mit. Jesus im AT – Der Himmel ist offen. Gott kommt aus sich heraus – uns entgegen. Selbstverpflichtung – Meine Dankbarkeit mit Leben füllen.
Sonstiges:	funktioniert gut als Reihe (Teil 3 von 6)

Kaum hat Jakob mithilfe seiner Mutter Rebekka den Segen seines Vaters erschlichen, da merkt er: Ich bin zwar gesegnet, aber auch tödlich gefährdet. Esau wird sich rächen! So wie auch Kain sich an seinem kleinen Bruder gerächt hat [vgl. 1.Mose 4], weil er bei Gott nicht gut ankam. Was kann denn Abel dafür? Aber darum geht es gar nicht immer. So ist das: Aus Neid wird Hass und aus Hass wird Mord. Seit jeher ist das die Gefahr. Immer auf die Kleinen. Das ist bis heute geblieben: **Die großen Brüder jagen die Kleinen, weil die ihnen oft den Rang ablaufen.**

Rebekka spürt das und lässt es Jakob wissen. Und schon wieder hat Rebekka einen Plan – oder verfeinert sie nur ihren alten, weil sie merkt: er war nicht zu Ende gedacht? Die beiden müssen sich räumlich voneinander entfernen! Aus den Augen, aus dem Sinn. Am besten, Jakob geht für eine Weile zurück nach Haran und überwintert dort den Zorn Esaus. Trennung auf Zeit. Auch das kann eine Lösung sein. „*In einigen Jahren sieht die Welt ganz anders aus*“ [1. Mose 27,42–45]. Wie tragisch: Da war der Plan so gut … Und zum Schluss verliert die Mutter ihren Lieblingssohn.

Und so macht sich Jakob auf den Weg: *„Jakob zog aus von Beerscheba und machte sich auf den Weg nach Haran"* [1. Mose 28,10 – Luther]. Mehr als 600 km weit Richtung Nordosten, dann über den Euphrat und weiter Richtung Osten nach Haran. An den Ort, wo Vater Abrahams Reise begann.

Eine lange und gefährliche Reise, die Jakob ohne Tross und Truppen bewältigen muss. Nur mit einem Wanderstab [vgl. 1. Mose 32,11]. – Erinnern wir uns? Esau war der Mann des Feldes. Esau war der Draufgänger. Jakob mehr das Muttersöhnchen. Das ist nicht seine Welt. Und jetzt trifft ihn die Konsequenz seines Handelns ungebremst. Das fühlt sich mehr nach Fluch als nach Segen an. Wegen der Geschichte mit dem Segen ist er jetzt auf der Fluch(t). – Und er ist auf sich allein gestellt.

Aber es gibt ja auch noch ein weiteres Motiv für seine Reise. Er soll nicht nur seinem drohenden Tod entwischen, sondern er soll auch bald eine Frau finden, die seiner Sippe entspricht. Esau hatte darauf keinen Wert gelegt. Er hatte ohne die Zustimmung seines Vaters zwei Frauen aus den umliegenden Stämmen geheiratet. Und die machten den Schwiegereltern nichts als Ärger. Mehr noch: *„Die Frauen bereiteten Isaak und Rebekka großen Kummer"* [1. Mose 26,35]. Da waren Isaak und Rebekka sich ausnahmsweise mal einig: Jakob sollte das anders machen. Und so entlässt Isaak Jakob mit besonderen Richtlinien und einem saftigen Hochzeitssegen zu seinem Onkel mütterlicherseits. In diesem Segen wimmelt es nur so von Nachkommen und zukünftigem Landbesitz, von Kindern und Rindern und Ländern. Und so geht Jakob gemäß dem Rat seiner Mutter und mit dem Segen seines Vaters, aber auch aus Angst vor seinem Bruder, von zu Hause weg. Eine Familientragödie.

Aber, wo zieht er hin? Er kann nicht in sein Heimatland ziehen, denn in Haran ist nicht mehr seine Heimat. Sein Opa Abraham war von dort ausgezogen. Jakob kann in Haran zwar eine Frau aus seinem Stamm finden, aber nicht das Land für seine Stämme. Er wird eines Tages zurück müssen von Haran nach Kanaan.

Aber Kanaan ist auch noch nicht seine Heimat. Und auch in dem verheißenen Land wird er ein Fremder bleiben. Wie sein Vater. Ein Umherziehender. Er ist ein heimatloser Nomade. Jakob steht „in the middle of nowhere" – mitten im Nirgendwo. Fernab von allem, was Heimat sein könnte.

Jetzt läuft Jakob nicht mit einem Kompass in der Hand querfeldein. Auch damals gab es befestigte Wege und Straßen. Und es gab schon einige heilige Begegnungsstätten am Straßenrand. Orte, an denen Abraham Gott oder zumindest Gottes Stimme begegnet ist. Zum Beispiel am Hain Mamre, wo Abraham – wenn auch vergeblich – mit Gott um das Wohlergehen von Sodom und Gomorra gerungen hatte. Oder auf dem Berg Morija, wo Abraham die Opferung seines Sohnes Isaaks / Jakobs Vaters überstanden hatte. Und auch der „Brunnen des Lebendigen", wo Gott Hagar, der Magd von Abraham und Sara, begegnet ist, ist so eine heilige Begegnungsstätte.

Solche Stätten also gab es. Aber wir hören nichts davon, dass diese Orte von Isaak, Jakob oder Esau als Gedenkstätten gepflegt worden wären. Und so befindet sich an fast jeder Ecke irgendeine Gedächtnisstätte von Abraham oder von Einheimischen, aber da keiner sie kennt, begibt Jakob sich ins Niemandsland. Zumindest was die kultische Präsenz Gottes angeht. Jakob rechnet nicht damit, Gott auf seinem Weg zu begegnen. Umso überraschter ist er dann auch, als er unterwegs doch auf die Gegenwart Gottes trifft. **Manchmal ist Gott eben doch da, wo wir ihn gar nicht mehr erwarten: Da sind wir uns sicher, dass wir uns von ihm entfernt haben, oder dass er sich von uns entfernt hat, und plötzlich ist er doch da.**

Jakob zumindest erkennt: *„Der Herr ist an diesem Ort anwesend, und ich wusste es nicht"* [**1. Mose 28,16**]. Gott selbst kommt uns entgegen. Gott ist uns auch unterwegs nahe. Gott geht mit in die Fremde. Gott selbst war Nomade, doch Jakob war ahnungslos. „Der Herr ist an diesem Ort anwesend, und ich wusste es nicht."

So kann es manchmal gehen. Manchmal gibt es zufällige Gottesbegegnungen oder besser: zufallende Gottesbegegnungen.

- „Ich wusste es nicht – und merkte es doch."
- „Ich wusste es nicht – merkte es doch – und merkte es mir auch."

Jakob ist ständig auf der Flucht. Und doch wird daraus keine besinnungslose wilde Jagd. Begleitet und behütet begegnet ihm der lebendige Gott an unvermuteten Stationen: hier in Bethel, später in Mahanajim [**vgl. 1. Mose 32,3**] oder am Jabbok [**vgl. 1. Mose 32,25**].

Jakobs Leben ist ein Laufen und Weglaufen. – Aber mit Haltestellen und „Haltestillen" [1. Mose 32,10-13]. Stille halten an markierten Orten. „Ich wusste es nicht und merkte es mir doch." Wir merken hier beides: Gott begegnet mir zufällig. Mir fällt eine Gottesbegegnung zu. In Momenten, in denen ich am wenigsten damit rechne und in denen ich es vielleicht am nötigsten habe. Aber wir erleben auch die Heiligkeit Gottes, die sich an einem besonderen Ort zeigt.

Wo sind unsere „Haltestillen"? Unsere tägliche stille Zeit kann so ein Innehalten sein. Auch ein Gottesdienst oder eine gemeinsame Abendmahlsfeier können solche Fixpunkte sein. Haben wir solche Haltestellen und „Haltestillen"? Solche Denksteine und Dankorte?

Jakob markiert den Ort als eine heilige Stätte. Als einen Ort, an dem man Gott begegnen kann. Er nimmt dazu sein Kopfkissen. (Zugegebenermaßen ein seltsames Kopfkissen: einen Stein. Nix IKEA – Wohnst du noch oder lebst du schon? Das war mehr Marke Baumarkt und wir fragen uns, wie man auf einem Stein als Kopfkissen so tief schlafen und vor allem so gut träumen kann ...)

Was Jakob dann von Gott sieht, ist traumhaft schön: Er sieht eine Treppe oder eine Rampe, die stufenweise bis zum Himmel führt. Aber diese Leiter ist eine besondere Leiter. Nicht wie der Turm zu Babel, den Menschen aufrichteten. Von unten anfangend – um sich selbst einen Namen zu machen. Die ganze Konstruktion hier ist eine Sache Gottes. Eher eine Rettungsleiter, von oben herabgelassen. Wie von einem Rettungshubschrauber.

Nicht die Menschen wollen und können nach oben, sondern Gott steht oben – so, als wäre er auf dem Weg nach unten. Und tatsächlich: Es ist Bewegung zwischen Himmel und Erde. Engel Gottes steigen auf dieser Rampe auf und ab. Als hätten sie den Erdenkindern etwas zu bringen und Gott etwas zurückzumelden.

An Jakobs Traum merken wir: Der Himmel ist nicht zu, nicht vermauert. Auch nicht leer oder kalt, sondern offen und voller Bewegung und Betrieb. Und obwohl Gott für alles seine Leute und Boten hat, spricht er jetzt persönlich mit Jakob. Er steht ihm gegenüber und Jakob hat seine erste Gottesbegegnung. Jetzt wird dem Traum der Ton zugeschaltet. Und die Stimme, die Jakob hört, ist für ihn unglaublich ermutigend: Mitten in seine Ungewissheit kommt Gewissheit. Jakob weiß noch gar nicht, ob er eine Frau finden wird. Ob er eine Familie gründen wird. Und ob er jemals wieder heil hierher zurückkehren wird. Und jetzt ist schon die Rede von seinen zahlreichen Nachkommen und von dem Land, auf dem er jetzt liegt, als seinem Land. Er schläft gewissermaßen zur Probe vor seinem späteren Einzug.

Und die Stimme ist nicht vage oder doppeldeutig wie bei einem Orakel, sondern klar und entschlossen: Ich bin der Gott deines Großvaters und Vaters. Ich will oder ich werde dir und deinen Nachkommen dieses Land geben. Du sollst oder du wirst ein großes Geschlecht / ein großes Volk werden. Es sollen gesegnet werden durch dich alle Geschlechter / Völker auf Erden. Ich werde dich nicht verlassen. Ich bin mit dir auf deinem Weg. Und zwar hin und zurück.

Lassen wir uns mal auf der Zunge zergehen, was das heißt: Ich begleite dich hin und zurück. Ich begleite dich auf deinem Weg weg vom gelobten Land. **Gott geht mit – auch weg vom eigentlichen Ziel. Das ist kein Kompromiss Gottes, das ist sein Programm.** Das entdecken wir bei ihm immer wieder. Gott geht mit in die Gottesferne. Das klingt paradox! Ist es auch. Und trotzdem tut er das. Gott geht den Weg mit in die Gottesferne. Das entdecken wir nicht nur hier. Das begegnet uns in der Bibel immer wieder. Im Alten wie im Neuen Testament. Gott geht mit ins Exil, in die Gottesferne – und wieder zurück. Jesus geht mit nach Emmaus (also von Jerusalem weg) – und wieder zurück. Er hätte ja auch sagen können: „Geht ihr mal alleine. Wenn ihr wieder zurückkommt, werde ich hier auf euch warten." Aber das macht er nicht! Gott geht mit in die Gottesferne. Am Kreuz schreit Jesus: *„Mein Gott, mein Gott, warum hast du mich verlassen?"* [**vgl. Matthäus 27,46 bzw. Psalm 22,2**] Das sind Worte, die Gott ruft, als er in der Gottverlassenheit ankommt.

Gott begleitet dich auf dem Weg von ihm weg, um dich wieder zurückholen zu können. Um dir ein „Wieder-nach-Hause-kommen" möglich zu machen oder möglich zu halten.

Ein Gedanke, den wir aus dieser Geschichte lernen können: Gott ist ein Gott, der kompromisslos mitgeht und begleitet. Auch weg von ihm selbst. – **Gott kommt aus sich heraus, wenn wir mal in uns gehen müssen.**

Gott lässt den Kontakt nicht abreißen. Dann lieber mal in die falsche Richtung mitgehen. Auch wenn er den beschwerlichen Rückweg schon kennt und vor Augen hat... Das müssen wir uns auf der Zunge zergehen lassen. Damit wir es dann runterschlucken und verdauen können, damit wir das verinnerlichen können. – Was für eine Ermutigung nicht nur für Jakob, sondern auch für uns, auf einem schweren Weg, der vor uns liegt.

Das alles träumt Jakob auf dem Kissen aus dem Baumarkt – auf dem Stein. Und jetzt nimmt er diesen Stein und stellt ihn als eine Art Merkstein auf. Er nimmt das Kopfkissen als einen Gedenkstein. Und später sogar als Grundstein für einen neuen Tempel.

Jetzt kommt der Schlussakt, das Schlussprotokoll Jakobs zu dieser denkwürdigen Nacht. Jakob ist überwältigt und gibt diesem Ort eine neue Bedeutung: Haus Gottes. – Also eine Stätte, wo Gott wohnt. Und Pforte des Himmels. – Also eine Stelle, wo der Himmel offen ist, wo Gott die Trennung zwischen seiner und unserer Welt durchbricht, aus sich herausgeht, sich uns zuwendet und ansprechbar ist.

Merken wir was? Hier steckt das Evangelium des Neuen Testamentes schon drin. Hier ist das beschrieben, was uns allen in Jesus Christus zugänglich und deutlich gemacht wird: Jesus als Tür zum Himmel. In Jesus ist die Trennung aufgehoben. Der Himmel ist offen. Gott geht aus sich heraus und wendet sich uns zu. Jesus sagt in Johannes 1,51: *„Amen, amen, das sage ich euch: Ihr werdet den Himmel offen sehen. Und die Engel Gottes werden vom Menschensohn zum Himmel hinaufsteigen und von dort wieder zu ihm herabsteigen!“*

Hier ist der Auftrag Jesu schon im Alten Testament. Interessant, oder? Und darum ist diese Stätte Gottes „Haus der offenen Tür“, also „heilig“, ganz zu Gott gehörig. Und eine Einladung für Ahnungslose: „Ich wusste es nicht und merkte es doch.“

Und jetzt markiert Jakob diesen Ort. Diese zufällige Begegnungsstätte macht er zu einem bewussten Ort der Gottesbegegnung. Er dreht den Stein von einer horizontalen in eine vertikale Position. Das macht diesen Ort besonders und auffällig, denn so liegt ein Stein niemals von sich aus.

Hier hat jemand etwas erlebt. Hier hat jemand Spuren hinterlassen. Und er weiht diesen Ort nachträglich mit Öl. Der Stein ist ein Merkzeichen, ein Erinnerungszeichen, ein Gedenkstein für eine unvergessliche Gottesbegegnung, ein Wanderzeichen für den Rückzug und ein Grundstein für einen zukünftigen Tempel. Er erinnert an eine Stimme. Und Jakob verbindet diese Erinnerung mit einer Selbstverpflichtung. Diesmal ist es allerdings kein kalkuliertes Geschäft, was Jakob hier festhält. Dieses Gelübde ist ganz naiv. Hätte er es jetzt noch nötig, mit Gott ins Geschäft zu kommen? Er hat doch schon alles in mündlicher Zusage von Gott empfangen. Aber jetzt möchte er einfach auch seinerseits die Konsequenzen ziehen: Wenn er heil zu seinem Vater zurückkommt, wird er nur den Gott seiner Väter anbeten. Wenn er auf dem Weg von Gott behütet wird, dann wird er Gott später regelmäßig 10% abgeben und zurückgeben. (Wenn ihr also mal über den Zehnten nachdenkt: Hier kommt der Gedanke her. Als eine freiwillige Selbstverpflichtung aus reiner Dankbarkeit.) Und wenn er hierhin zurückkommt, soll aus dem einen Stein ein viel größeres Gebäude für Gott werden.

Wenn – dann: Dieses Bedingungen-stellen an Gott regt uns auf. „Und wenn nicht?" „Was dann?" Das ganze Unternehmen könnte ja schiefgehen. Ein Überfall und Jakob ist am Ende und fällt als Verehrer Gottes aus. Wird er dann / muss er dann Gott fluchen? Werden dann Gottesdienst und Gotteshaus sinnlos? Wird er sich dann andere Götter suchen? Solchen Eventualitäten grübelt Jakob nicht nach. Er nimmt einfach den Moment der Verheißung ernst und sagt zu Gott und zu sich selbst: **„Wenn mir so viel zukommt, dann will ich mich auch erkenntlich zeigen und dankbar sein."**

Gelübde oder Selbstverpflichtungen gehören dazu, wenn wir Dankbarkeit leben und leben wollen. Ganz harmonisch und nicht gezwungen.

Vielleicht können wir das heute aus dieser Geschichte mitnehmen: Gott geht den Weg in die Gottesferne mit. Das ist Segen, wie wir ihn auch heute erleben dürfen: „Ich gehe mit dir! Und zwar durch das Leid / durch die Anfechtung / durch die Zweifel." „Ich gehe nicht leichtfertig darüber hinweg, sondern zusammen mit dir da durch." „Ich begleite dich auf dem Weg von mir weg und wieder zu mir zurück." Und wir entdecken hier die Pforte des Himmels. Wir erkennen hier schon den Auftrag von Jesus: Jesus, der sich selbst auch als Tür zum Himmel bezeichnet und bezeichnen kann, weil in ihm die Trennung zwischen Himmel und Erde aufgehoben ist. Weil Gott aus sich herausgeht und sich uns zuwendet. In Jesus ist der Himmel offen. Und wir lernen, dass gelebte Dankbarkeit eine Art von Selbstverpflichtung ist. Das ist kein kalkuliertes Geschäft. Wir können uns mit unserer Selbstverpflichtung keinen besonderen Segen erkaufen, sondern es sind die Konsequenzen, die jeder für sich aus dem gnädigen Angebot Gottes zieht oder ziehen kann.

Gott in der Gottesferne. Ein Gott, der aus sich herausgeht, um sich uns zuzuwenden und unsere Konsequenzen, unsere Antwort darauf: Diese drei Gedanken mögen uns in die nächste Woche begleiten und unser Denken, Nachdenken und Weiterdenken prägen.

Gott segne euch, dass auch ihr den Himmel offen seht.

Amen.

Jakob heiratet Labans Töchter – Jakob und Esau IV

Länge:	ca. 12 Minuten
Bibelstellen:	**1. Mose 29,1–30** | 1. Mose 28,16
Thema:	Gott kommt zum Ziel. Wie komisch und tragisch es auch immer zwischendurch aussieht.
Aufbau:	Ein Rückschritt mit Ausblick [Exkurs: Vätergeschichten sind auch Müttergeschichten] Das Brunnenerlebnis: Stille Wasser sind tief – Liebe auf den ersten Blick. Eine enttäuschende Hochzeitsnacht – der Betrüger wird betrogen. Eine Familientragödie setzt den Fruchtbarkeitssegen in Gang.
Sonstiges:	funktioniert gut als Reihe (Teil 4 von 6)

Jakob begegnet Gott auf dem Weg in die Heimat seiner Mutter. Er sieht den Himmel offen, spricht mit Gott und erfährt ihn als einen fürsorgenden Gott, der sich mit ihm zusammen auf den Weg macht in die Gottesferne, aus dem gelobten Land weg. Und der gleichzeitig eine Perspektive vor Augen malt, die gewaltig ist: wiederkommen, Land gewinnen, Großfamilie gründen. – Das ist mal ein Wort!

Das war für Jakob eine überaus wichtige Zwischenstation. *„Der Herr ist an diesem Ort anwesend, und ich wusste es nicht"* [**1. Mose 28,16**]. Diese Zwischenstation wirkte wie eine geistliche Tankstelle. Gottes Verheißung und Jakobs Selbstverpflichtung haben ihn innerlich weitergebracht. Er weiß jetzt, wohin die Reise letztlich geht.

Zunächst geht es zumindest geographisch rückwärts: wieder in das Land seines Großvaters, der doch gerade aus Gründen der Verheißung jenes Land hinter sich gelassen hatte. Aber „theologisch" geht es vorwärts. Dem eigentlich verheißenen Land entgegen, der Volkwerdung entgegen und damit auch dem Segen für alle Völker entgegen. Das alles geschieht auf einem riesigen Umweg. Jakob „fährt" von Düsseldorf über Berlin nach Köln. So ist das nun mal: Wenn Gott auf krummen Linien gerade schreibt, dann sieht seine gerade Schrift manchmal wie ein Umweg aus.

Und jetzt wandern wir also mit Jakob mit. Zuerst nach Norden, dann nach Osten in das Land zwischen den Strömen. So wird dieses Land später auf Griechisch auch benannt sein: „Meso-potamien" – „zwischen den Strömen". Und dort liegt die Stadt, die Jakob sucht und aus der seine Familie stammt: Haran.

Da kann man den Atlas in die Hand nehmen, die Reise nachverfolgen und dann stellt man fest, dass Gottes Geschichte mit seinem Volk ihre Topographie hat. Gottes Geschichte mit seinem Volk – und da gehören wir dazu – **Gottes Geschichte mit uns spielt sich nicht in den Wolken ab und auch nicht in „U-Topia" – was übersetzt „kein Ort" heißt.** Gottes Wege mit uns finden im Hier und Jetzt statt. Sie sind greifbar und konkret. Wir erleben das und Gottes Wege wirken sich in unserem Leben aus und sind nachvollziehbar. Man kann sie also nachverfolgen.

Und so geht diese heilige Geschichte dann auch ganz erdverbunden weiter: mit Herden und einem Brunnen und vor allem mit einer Frau. Mit deren Schwester und einer Verwandtschaft. Mit dem Stammvater Laban, der der Bruder von Rebekka, Jakobs Mutter, ist. Damals gab es noch keine genetisch begründete Angst vor der Heirat unter Blutsverwandten. Ganz im Gegenteil, es war beinahe die Regel.

So heiratet Jakob – um das Ende dieser Brautschau schonmal vorwegzunehmen – schließlich beide Nichten seiner Mutter. Rahel und Lea. Lange sieht es mit Kindern schwierig aus und so bekommt er auch noch zwei Nebenfrauen. Und nach 14 Jahren Dienst bei seinem Schwiegervater steht er mit elf Kindern da. Darüber hinaus hat sich im Laufe der Zeit auch eine beachtliche Herde angefunden, die er sich teils erarbeitet und teils – wie könnte es anders sein – ertrickst hat.

Ein Vater, vier Frauen und elf Kinder. Es geht rasant vorwärts mit der Volkwerdung. Und wir merken, welch entscheidende, treibende Kraft die Frauen als Mütter des Volkes Israel haben. Statt von den „Jakob und Esau Geschichten" zu reden, könnte man genauso gut auch „Rebekka, Rahel und Lea Geschichten" dazu sagen.

Das ist deshalb interessant wahrzunehmen, weil uns Frauen im Fortgang der biblischen Geschichte immer wieder auch in ganz zentralen Rollen begegnen. Im Grunde hat es gar keine „Bibel in gerechter Sprache" gebraucht, um die Position der Frau in Kirche und Gemeinde zu stärken. Wer die Bibel aufmerksam liest, der stellt fest: Die Bibel würdigt und fördert die Stellung der Frau an vielen Ecken und Enden. Da ist z.B. Paulus, dem man eigentlich immer Frauenfeindlichkeit vorwirft. Aber wenn man seine Äußerungen gebettet in den zeitlichen Zusammenhang von damals sieht, entdeckt man: Paulus war ganz schön revolutionär in dem, was er Frauen zutraut und anvertraut. Auch im Umfeld von Jesus finden wir Frauen, die überaus gewürdigt werden.

Und nicht zuletzt hier in unserem alttestamentlichen Text. Mitten in den sogenannten „Vätergeschichten" sind es die Mütter, die die Geschichte ganz entscheidend mitgestalten. Rebekka beispielsweise war deutlich mehr als nur für die Produktion des Verheißungserben zuständig. Sie hat mitgestaltet. Und auch Jakobs Frauen Rahel und Lea werden zu prägenden Figuren in Gottes Geschichte mit seinem Volk. Wir tun gut daran, wenn wir mit diesem Blick auf den weiteren Verlauf unserer Geschichte sehen.

Jetzt sind wir aber erstmal noch gar nicht bei den Frauen und Kindern, sondern wir sind noch mit Jakob auf der Tour durch Wüsten und

Grassteppen und bei Flussüberquerungen. Jakob nähert sich dem Ort Haran. Aber die Frage stellt sich, je dichter man kommt, umso hartnäckiger: Wie soll man dort eine Frau finden? Dazu noch die richtige?

Jakob kommt an einen Brunnen und im Orient funktioniert so ein Lagerplatz am Brunnen wie ein Einwohnermeldeamt. Hier trifft man sich. Hier gibt es Auskünfte. Und zwar genauso spärlich, aber präzise wie heute in deutschen Behörden. Jakob begegnet drei Hirten mit ihren Herden. Man trifft sich immer mittags am Brunnen, weil der Stein, der den Brunnen abdeckt, nur mit allen Hirten zusammen bewegt werden kann. Jakob zeigt ihnen später, dass das sehr wohl allein geht, aber diese drei Hirten laufen noch im Beamtenmodus und so wird gewartet.

Jakob animiert zwar zum schnellen Abfertigen der Tiere, damit sie rasch wieder auf die Weide kommen, aber Gehör findet das nicht. So verläuft dann auch das Gespräch eher schleppend. Wie die Arbeitslust ist auch der Redefluss in der brütenden Hitze nicht besonders ausgeprägt. Jakob bekommt knappe, aber doch zielführende Auskünfte: „Wir sind aus Haran." „Wir kennen Laban." „Ja, es geht ihm gut." Und: „Ach guck mal da, da kommt gerade seine Tochter mit den Schafen."

Und dann geht alles ganz schnell. Als Jakob merkt, dass er am Ziel seiner Reise ist, ist er voll da. Er fängt sofort an, um die schöne Rahel zu werben: Er zeigt seine Bärenkräfte und wälzt den Stein ganz allein weg, an den sich die anderen nicht mal zu dritt getraut haben. Wie ein Gentleman tränkt er die Tiere seines noch unbekannten Schwiegervaters. Die beiden küssen sich und liegen sich heulend in den Armen. (Das ist ein normaler Begrüßungskuss. Nichts für die Drehbücher von Rosamunde Pilcher und Inga Lindström. Das kommt erst später bei der langjährigen Verlobungszeit.)

Jetzt überschlagen sich die Ereignisse: Rahel rennt nach Hause – lässt die Schafe Schafe sein. Und als Jakob die Dinge am Brunnen geregelt hat, kommt ihm schon Laban entgegen. Er lädt ihn nach Hause ein und Jakob ist am Ziel seiner Träume oder zumindest am Ziel seiner Reise. Begrüßung – Bewirtung und dann: „Erzähl doch mal!" Am Ende des Abends wird Jakob offiziell in die Familie aufgenommen. Laban verkündet öffentlich: *„Du bist wirklich mein Fleisch und Blut"* [**1. Mose 29,14**]. Das macht vieles einfacher!

Wirklich? Der kundige Leser ahnt, was das heißt. „Du bist wirklich mein Fleisch und Blut. Wir sind beide vom selben Schlag." Da müssten alle Warnlampen eigentlich angehen. „Das ist der Bruder meiner Mutter! Vorsicht, der ist genauso gerissen wie Mama und ich. – Bei dem musst du vorsichtig sein. Mit dem ist schlecht Geschäfte machen – mit mir ja schließlich auch." Das wissen wir, weil wir mit Abstand auf diese Geschichte blicken, aber Jakob ist erstmal froh, wieder in einer Familie gelandet zu sein. Und: Wir dürfen uns freuen auf eine weitere spannende Episode aus dieser Familiengeschichte.

„Du gehörst zur Familie." – Diese Erkenntnis macht nicht nur vieles einfacher, sondern auch manches komplizierter: Wie ist das? Soll und darf ein Verwandter einfach so in der Viehwirtschaft arbeiten und mithelfen? Und was ist mit den beiden unverheirateten Töchtern? Und so begegnet uns Laban fast typisch Deutsch und ergreift die Initiative zu einem vertraglich geregelten Arbeitsverhältnis.

Den größten Raum in den Vertragsverhandlungen nimmt die Lohnfrage ein. Laban fragt: „Was ist da denn deine Vorstellung, Jakob?" Jakob hat sich inzwischen in Rahel verguckt und so sind Liebesgeschichte und Lohnverhandlung ineinander verwoben. Von wegen, es wird alles einfacher.

Rahel ist die jüngere Tochter. Lea ist eigentlich die bessere Partie, aber Lea hatte „matte Augen". Jakob entdeckt in ihren Augen keinen Glanz. Der alte Luther hat ein bisschen respektlos und diskriminierend übersetzt: „Lea hatte ein blödes Gesicht". Rahel dagegen war eine gutaussehende Frau und auffallend schön. Wo die Liebe hinfällt. Was will man machen. **Lea ist einfach nicht sein Typ. Da hat es nicht gefunkt! Ganz im Gegensatz zu Rahel.** Das war im Grunde Liebe auf den ersten Blick. Die ist ihm schon am Brunnen aufgefallen.

Und jetzt erklärt sich Jakob bereit, in sieben Jahren den Brautpreis für Rahel abzuarbeiten. Und zwar: erst die Arbeit, dann das Vergnügen. Das ist ein hoher Preis, der Jakob aber nichts ausmacht, weil die Zeit bei so viel Liebe wie im Flug vergeht. *„Er liebte Rahel so sehr, dass ihm die Jahre vorkamen wie ein paar Tage"* [**1. Mose 29,20**].

An dieser Stelle kündigt sich schon der nächste Konflikt an. Dieses Mal zwischen zwei Schwestern, die bald einen regelrechten Geburten-Wettstreit inszenieren werden. Den übrigens Lea, die weniger attraktive Frau, mit 8 zu 3 für sich entscheiden wird. – Aber der Reihe nach:

Laban ist mit dem Brautpreis-Deal einverstanden. Er macht kein schlechtes Geschäft, denn er weiß, was er und wen er an Jakob hat. Über die sieben Jahre hören wir nichts – bis auf die Liebe, die die Arbeit erleichtert und die Zeit verkürzt. Das ist eine sehr kurze – allerdings auch eine kostbare und für das Alte Testament sehr ungewöhnliche und schöne Liebesgeschichte. Noch bei Jakobs Vater Isaak verlief die Liebe in umgekehrter Reihenfolge. Erst das „blind date" mit Hochzeit und danach entwickelte sich Liebe. (Hier wäre jetzt Platz für Rosamunde Pilcher, wenn man wollte.)

Nach sieben Jahren Vorleistung und Vorfreude ergreift Jakob die Initiative und drängt darauf, dass Laban die Hochzeit ausrichtet. Und so gibt es dann ein rauschendes und wahrscheinlich auch berauschendes Fest. Allerdings kommt es während des Festes zu einem schockierenden Zwischenfall. Jakob wird von Laban ausgetrickst. Obwohl das vielleicht zu harmlos formuliert ist. Im Grunde wird Jakob hier massiv betrogen. **In Rahel war Jakob verliebt. Aber Lea wurde ihm untergeschoben. Im wahrsten Sinne des Wortes, wenn man so will.** Und ob liebestrunken oder sonst betrunken, wird nicht erzählt. Auf jeden Fall merkt er nichts. „Am nächsten Morgen sah Jakob, dass Lea bei ihm lag." – Was für eine Enttäuschung und was für eine Sauerei eigentlich.

Nun ist Jakob also auch mal reingefallen. Und wie! Er war ja schon ein listiger Bruder. Aber Laban ist ein noch listigerer Onkel. Erinnern wir uns? „Du bist wirklich mein Fleisch und Blut." Laban und Jakob nehmen sich nicht viel in ihrer Hinterlistigkeit. Die Familienzugehörigkeit lässt sich nicht leugnen. Und auch das Betrugsmanöver kommt uns merkwürdig vertraut vor. Die Ähnlichkeit zu Jakobs Täuschung ist verblüffend: Hatte nicht Jakob seinem Vater auch einen falschen Sohn vorgeführt? *„Und am Abend, siehe, da war es Jakob und nicht Esau."* Hatte Jakob nicht das Erstgeburtsrecht bei Esau annulliert, auf das sich Laban jetzt aber beruft als Erstverheiratungsrecht?

Jedenfalls muss es Jakob am nächsten Morgen und bei der neuen Verhandlungsrunde um Rahel mächtig in den Ohren klingeln. Jetzt gibt es eine Quittung nach der anderen für seine früheren Betrugsmanöver. An dieser Stelle merken wir: Gott hat Humor! Wir mussten schon früher merken: Gott segnet einen Betrüger. Gott segnet Jakob trotz seiner Betrügereien. Aber: Nicht den Betrug legitimiert er, sondern den Betrüger liebt und segnet er trotzdem. Gott liebt nicht die Sünde, sondern den Sünder. Das ist ein himmelweiter Unterschied und das bekommt der von Gott geliebte Jakob auch zu spüren.

Ihm bleibt nichts anderes übrig, als auf die neuen Lohn-Diktate Labans einzugehen. Denn Laban fragt jetzt gar nicht mehr nach Jakobs Lohn- und Arbeitsvorstellungen, er legt einfach weitere sieben Jahre für Rahel fest. Er hat ja den verliebten Jakob in der Hand. Nur einen Bonus hat er für Jakob: Der kann Rahel gleich nach der Hochzeitswoche mit Lea zur zweiten Frau nehmen.

Und schon wieder begegnet uns eine schwierige Familiensituation. Zwei Frauen – ein Mann. Schon allein das ist eigentlich zu schwierig, um problemlos zu sein. Aber die beiden Frauen sind auch noch Schwestern. Und es ist einfach nicht richtig, wenn die jüngere der älteren den Rang abläuft. Das hätte bei Jakob und Esau auch schon beinahe zu Mord und Totschlag geführt. Nur dass die Jungs auseinandergehen konnten. Die Mädels aber nicht.

Rahel, die jüngere, ist eindeutig die Bevorzugte. Und das kann man Jakob diesmal nicht einmal zum Vorwurf machen. Er wollte von vornherein Rahel und nicht Lea. Im Grunde hat er jetzt 14 Jahre für Rahel gearbeitet und Lea musste er auch noch nehmen. Und das merkt natürlich auch Lea. Ein schweres Schicksaal. „Da werde ich jemandem untergemogelt, der eigentlich eine andere liebt. Und dann gesellt sich die große Liebe seines Lebens auch noch als Konkurrenz neben mich – und es ist meine eigene Schwester." In dieser Familie ist irgendwie alles schwierig. Diese Familie hätte man in jede Talkshow zu fast jedem Thema einladen können. Ich möchte mit Lea jedenfalls nicht tauschen.

Aber nicht nur Lea bekommt die Bevorzugung Rahels mit, sondern Gott auch. Gott sei Dank! Und daraus ergibt sich die nächste Fortsetzung des Romans. Jetzt könnte man sich fragen: Was macht Gott denn jetzt? Wo ist eigentlich Gott in dieser Geschichte? Er hält sich zurück! Er bleibt im Hintergrund, aber er schreibt wie mit Geheimtinte zwischen den Zeilen: „Der Herr sah, dass Lea zurückgesetzt wurde. Deshalb ließ er sie Kinder bekommen." Er hat auch Lea im Blick. Er lindert damit ihr Leid. Das wäre für uns heute nur ein billiger Trost. Da würde man sich scheiden lassen und hätte auch noch eine Handvoll Kinder als alleinerziehende Mutter an der Backe. Aber damals bedeutete das wirklich eine Lebenshilfe. **Gott hilft auch Lea, mit dieser Situation leben zu können.** Und wir erfahren nicht, dass sie ein bedauernswertes Dasein fristen musste. Gott hält sich bedeckt. Er bleibt im Hintergrund. Aber er zieht trotzdem seine göttlichen Fäden. Bei allen Komplikationen: Gottes Verheißungen führen zielstrebig auf die Erfüllung des Fruchtbarkeitssegens hin. Am Ende gehen elf Kinder aus dieser Doppelehe hervor. Und das werden später die zwölf Stämme Israels. (Der zwölfte, Benjamin, wird erst unterwegs auf dem Rückzug nach Kanaan, dem eigentlichen Land der Verheißung, geboren.)

Am Ende dieser Geschichte steht keine Familientragödie. Keine Lea, die ihres Lebens nicht froh wurde und auch kein Jakob, der die bittere Lektion lernen musste: „Da siehst du, was du hast. Es gibt Leute, die sind noch cleverer und gerissener als du." Am Ende dieser Geschichte steht keine Tragödie. Am Ende stehen Kindersegen, Volksgründung und Völkersegen. So, wie Gott es versprochen hatte.

Der Betrüger wird betrogen, aber noch mehr gesegnet, trotz allem. Das ist wieder so eine krumme Linie, auf der Gott grade schreibt. Und das müssen wir lernen! Und das können wir auch immer wieder wunderbar an diesen Geschichten lernen: Gott kommt zum Ziel. Auf Gott ist Verlass. Gott gleitet nichts aus der Hand. Wie komisch und tragisch es auch immer zwischendurch aussehen mag.

Amen.

Jakob trickst um Labans Herde – Jakob und Esau V

Länge:	ca. 10 Minuten
Bibelstellen:	**1. Mose 30,25–43** | Philipper 4,10–20 | Epheser 1,3
Thema:	„Schritte in die Freiheit" | Von Gottes Segen profitieren mehrere. | Gott übersieht die Schwachen nicht.
Aufbau:	Gehaltserhöhung gegen das Heimweh – Jakob muss bleiben. Gesegnete Tricks eines Züchters – Jakob wird reich. Segen sieht man nicht immer – und nicht immer sieht er nach Segen aus. Segen lässt sich nicht ausbeuten – Gott ist mit den Schwachen.
Sonstiges:	funktioniert gut als Reihe (Teil 5 von 6)

Jakob gelingt die Ablösung von seinem Schwiegervater noch nicht. Aber er gewinnt auf diese Art so große Herden, dass er durchaus einen Hausstand mit elf Kindern und vier Frauen versorgen könnte. Am Anfang steht seine Bitte: „Lass mich ziehen!" Das ist die Bitte um Freiheit. „Let my people go" – „Lass mein Volk ziehen", diese gleiche Bitte begegnet uns viele Jahre später bei Mose wieder, als es darum geht, dass Israel aus dem Arbeitslager in seine Heimat zurückgehen will. Es gibt manche Parallelen zwischen diesen beiden Auszügen: Beide Arbeitsverhältnisse haben im Frieden und einvernehmlich begonnen. Man war gerne in fremdes Land gegangen, um sich dort zu erholen von den schlechten Umständen zu Hause. Aber irgendwann zieht es einen wieder zurück dorthin, wo man herkommt.

Jakob hat bei aller Arbeit und trotz Gründung einer Großfamilie das Land der Verheißung nicht vergessen. Er ist nicht sesshaft geworden. Laban konnte ihm nur Asyl bieten, aber keine neue Heimat. Und so bittet Jakob um Auflösung eines nicht mehr klar definierten Arbeitsvertrages. Schließlich ist nach zweimal sieben Jahren das Arbeitsverhältnis ja auch nicht mehr gerechtfertigt. Jakob hatte einen Zeitvertrag und der ist ausgelaufen.

Das Problem ist nur, dass Laban nicht auf Jakob verzichten kann. Laban merkt: Was Jakob anfasst, das gelingt. Mit Jakobs Arbeitskraft ist eine Segenskraft kombiniert, die über das ganze Haus von Laban ausströmt. Und jetzt ist zu prüfen, ob es eine Zugewinngemeinschaft auf Gegenseitigkeit ist. Haben beide Seiten was davon?

Man kann sich im Grunde wundern, warum Jakob überhaupt um die Herausgabe seiner Frauen und seiner Kinder bitten muss. Und warum fängt er bei den jetzt folgenden Tarifverhandlungen in Bezug auf die Herden wieder bei Null an? So, als wenn ihm noch gar nichts gehören würde. Der Arbeitsvertrag unter Verwandten war offenbar nicht wirklich klar definiert.

Und jetzt steht Jakob vor seinem Schwiegervater und sagt: *„Erlaube mir, dass ich in meine Heimat zurückkehre. Gib mir, was meins ist, und dann mach ich mich auf den Weg“* [vgl. 1. Mose 30,25+26]. Jakob betont noch einmal: „Der Herr hat dich gesegnet auf meinen Spuren! Aber jetzt muss ich mich auch um meinen eigenen Hausstand sorgen, das musst du doch einsehen!“

Aber Laban geht auf diese Entlassungsbitte, auf diesen Freiheitswunsch überhaupt nicht ein. Jakobs Freiheit rückt in weite Ferne: Laban geht davon aus, dass Jakob weiter für ihn arbeitet. Völlig selbstverständlich. Eine Abfindungskündigung, ein Aufhebungsvertrag kommt überhaupt nicht in Frage. Allerdings darf Jakob selbst den Lohn bestimmen. Jakob legt die Konditionen fest, zu denen er weiterarbeiten wird.

Das klingt überaus großzügig. Aber wir wissen aus der Vergangenheit, dass es das nicht ist. Auch als es um den Brautpreis von Rahel ging, durfte Jakob selbst die Richtung vorgeben und trotzdem kam alles ganz anders. Die beiden trauen sich gegenseitig die ganzen 20 Jahre lang nicht über den Weg. Beide sind Trickser. Beide sind Schlitzohren der Sonderklasse, Meister der glatten Rede. Bei allem, was sie sagen, haben beide immer Hintergedanken:

Jakob sagt: „Du sollst mir gar nichts geben.“ Damit meint er keineswegs: „Ich arbeite weiter zum Nulltarif.“ Nein, Jakob hat eine Idee, wie die Herden aufgeteilt werden können: Es soll sich auf natürlichem Wege ergeben. Durch Geburten: „Alles, was einfarbig ist, gehört dir. Und ich nehme die ‚Fehlfarben'." Und Jakob denkt dabei im Hintergrund: „Da kann ich vielleicht was dran drehen und steuern." Laban lässt sich auf den Vorschlag ein. Wahrscheinlich, weil er weiß, dass Schafe im Regelfall komplett weiß und Ziegen komplett schwarz sind. Also einfarbig. Buntes ist ganz klar die Ausnahme.

Auch jetzt zeigt sich, wie wenig großzügig Laban denkt. Überaus sorgfältig – ja fast schon pingelig und pedantisch genau – sortiert Laban selbst seine Herde durch. „Wenn ich jetzt schon alles Gefleckte aussortiere und Jakob nur reines Genmaterial zur Verfügung stelle, dann wird das ein Hungerlohn, für den er bei mir arbeitet." So teilt Laban seine Herden und legt einen Sicherheitsabstand von drei Tagesreisen zwischen die gefleckten und die reinrassigen Tiere. „Nicht dass Jakob auf die Idee kommt und schummelt." Jetzt sollten nach Labans Vermutungen und Berechnungen kaum noch fleckige Tiere dabei herauskommen.

Aber es kommt anders. Er hat die Rechnung ohne den „Hirt" gemacht. Jakob ist ein gewiefter Züchter. Er hat einen seltsamen Hirtentrick auf Lager, eine Mischung aus Magie und Wissenschaft. Auf jeden Fall holt Jakob mit diesem Trick selbst aus der reinrassigen Herde jede Menge gefleckte Schafe und Ziegen heraus. Wir halten einen Augenblick inne, denn die Sache mit der Züchtung ist ein bisschen komplizierter. Das ändert unterm Strich aber für Jakob nichts. Weder an der Sache noch an dem günstigen Ausgang des Experiments: Nach sechs Jahren ist Jakob ein reicher Mann!

Es genügt uns zu wissen: Normalerweise sind Schafe weiß und Ziegen schwarz. Alles andere sind „Fehlfarben", ist B-Ware. Jetzt bringt die „reinrassige" Herde natürlicherweise auch immer ein paar Fehlfarben hervor. Das Erbgut ist ja gut durchmischt. Man spricht dabei von dominanten und rezessiven Erbfaktoren. Ist ein bisschen komplizierter, aber am Ende gibt es das immer wieder: dass auch ein paar fleckige Tiere dabei sind. Aber eben nicht so viele, dass Jakob davon reich werden könnte. Und so kalkuliert Laban ja auch. Aber das Ganze funktioniert nur, wenn die Fehlfarben, die es bereits in der Herde gibt, nicht mitzählen. Der Deal gilt also erst mit dem nächsten Wurf. Laban versucht schon wieder, seinen Neffen ein bisschen über den Tisch zu ziehen.

Später lesen wir auch noch, dass Laban in den sechs Jahren die Bedingungen immer wieder verändert. Also, wenn er gesehen hat: „Mensch, komisch, die werden ja alle scheckig", dann hat er gesagt: „Das machen wir im nächsten Durchgang aber anders." Gerade so, wie es in Labans Konzept passte. So kann man also sagen: Die Züchtertricks von Jakob sind reine Notwehr. Notwehr eines Abhängigen. Dass dieser Trick „funktioniert", ist also mehr Segen Gottes als Geschick Jakobs. Und wir merken: Der Segen Gottes lässt sich nicht aufhalten. Ganz im Gegenteil: Das ist wahrscheinlich wie im Stau auf der Autobahn. Der ständige Spurwechsel hat zur Folge, dass man gar nicht mehr voran kommt. Und so hat auch der ständige Tausch von „Du bekommst die Gefleckten" und „Nein, besser ich bekomme die Gefleckten" für Laban offensichtlich nur Nachteile. Am Ende greift sogar der Engel Gottes indirekt in den Züchtungsvorgang ein, indem er dafür sorgt, dass nur gesprenkelte Böcke Lust zur Paarung haben (steht im nächsten Kapitel – ganz interessant zu lesen). Das ist nicht verwunderlich, denn schließlich geht es darum, dass Jakob bald schon, gut ausgestattet, in das Land der Verheißung zurückkehrt.

Vielleicht müsste man zu Jakobs Züchtungstricks noch sagen, dass die ursprünglich aus magischem Denken stammen. Aber bei Jakob werden sie zur regelmäßig angewandten Technik. Und der Erfolg gibt ihm recht. Das ist im Grunde ein zutiefst postmodernes Verhalten: Es interessiert nicht, was richtig ist, sondern was funktioniert. Der zweite Trick Jakobs hat allerdings nichts mit Magie zu tun, sondern mit der Auslese von starken und schwachen Tieren. Bei schwachen Tieren versucht Jakob gar nicht erst, Gesprenkelte zu züchten: Also, wenn die Tiere von der regenarmen Sommerweide kommen und schwach sind, dann sollen sie doch gefälligst auch einfarbig bleiben.

Jetzt können wir uns darüber ärgern oder amüsieren, dass wir so detailliert in die antike Schaf- und Ziegenzucht einsteigen müssen. Was hat Gott mit Paarungen und Lämmern zu tun? – Eine ganze Menge!!! So ist das mit dem Segen in seiner materiellen Dimension!

Jochen Klepper beschreibt in dem Tischlied „Der Tag ist seiner Höhe nah" den alltäglichen Segen so:

Er segnet dich in Dorf und Stadt, in Keller, Kammer, Feld.
Was dir der Herr gesegnet hat, bleibt fortan wohl bestellt.
Er segnet dir auch Korb und Krug und True, Trog und Schrein.
Ihm kann es keinen Tag genug an Segensfülle sein.
Er segnet deiner Bäume Frucht, dein Kind, dein Land, dein Vieh.
Er segnet, was den Segen sucht. Die Gnade schlummert nie.
Er segnet, wenn du kommst und gehst; er segnet, was du planst.
Er weiß auch, dass du's nicht verstehst und oft nicht einmal ahnst."
[EG 457, Str. 4–7]

Hier kann man einiges über die Dimension des Segens Gottes lernen. „Ihm kann es keinen Tag genug an Segensfülle sein." „Er weiß auch, dass du's nicht verstehst und oft nicht einmal ahnst." Also: **Gott liebt es, überreich zu beschenken und manchmal können wir nicht einmal erahnen, wie reich wir beschenkt sind.**

Und dennoch muss man ebenso nüchtern sehen: Dieser sichtbare, anfassbare Segen fehlt manchmal wirklich. Dann kann und muss man um den alltäglichen Segen kämpfen. So lernen wir das auch bei Paulus, wenn er für eine gerade noch rechtzeitig eingetroffene Lebensmittel-Lieferung aus Philippi dankt [vgl. Philipper 4,10-20]. Auch im Mangel kann Paulus gesegnet sein an *„geistlichem Segen"* [Epheser 1,3]. Man kann keine leiblichen Kinder haben und ist doch reich mit Kindern / mit Nachkommen gesegnet. Es kann jeglicher Besitz fehlen und doch kann man, wie Paulus, „alles haben".

Aber wo sichtbarer, fühlbarer Segen ganz fehlt, wo Krankheit, Misserfolg und Todesfälle sich häufen und man sich selbst als „von allen guten Geistern verlassen" vorkommt, da lernt man den kleinsten materiellen Segen zu schätzen. **Wir brauchen im Gedanklichen eine Balance zwischen sichtbarem und unsichtbarem Segen.** Den Satz halte ich für wichtig. Deshalb nochmal: Wir brauchen im Gedanklichen eine Balance zwischen sichtbarem und unsichtbarem Segen.

Im wirklichen Leben sieht das nochmal anders aus. Da sehen wir manchmal vor lauter Leid oder auch vor großem Glück nicht mehr richtig klar. Wir haben in der Geschichte von Jakob nicht nur von materiellem

Segen gehört. Jakob kommt als Flüchtling zu Laban. Der durch Betrug gewonnene Segen hat ihn aus dem Vaterhaus getrieben. Bei seinen Verwandten wird er nun selbst betrogen. Aber im Dienst bei Laban meldet sich der Segen wieder.

Laban selbst konstatiert ihm das: „Es hat sich für mich gut gefügt, und der Herr hat mich deinetwegen gesegnet." Nur ist das jetzt ein Segen in Abhängigkeit, durch den sein Dienstherr gesegnet wird. Und Laban missachtet diesen Segen leider, indem er die Arbeitskraft Jakobs nur für sich ausbeuten will. Aber: **Segen lässt sich nicht ausbeuten.** Segen lässt sich nicht „melken". Man kann Segen nicht eigenmächtig ungerecht verteilen. Das kann nicht Gottes Segen sein, wo der eine alles und der andere nichts bekommt. Es ist eher andersrum: Dass wir, da wo wir von Gott gesegnet werden, in der Verantwortung stehen, diesen Segen gerecht und fair aufzuteilen. Segen lässt sich nicht ausbeuten.

Es zeigt sich hier, dass der Gott Jakobs mit den Schwachen ist. Der Gott Abrahams, Isaaks und Jakobs – der Gott, der immer derselbe ist – der Gott, an den ich glaube, ist mit dem Schwachen, der vom Starken ausgenutzt wird: Gott ist mit den Schwachen, auch wenn deren Methoden wissenschaftlich fragwürdig sind. Er lässt Jakob die List gelingen, mit der er sich aus der Abhängigkeit befreien möchtet. Unser Gott ist ein Gott, der auch die Schwachen im Blick hat. – So segnet Gott.

Amen.

Jakobs Ringkampf am Jabbok – Jakob und Esau VI

Länge:	ca. 13 Minuten
Bibelstellen:	**1. Mose 32,1–33** | 1. Mose 31 | 1. Mose 28,12ff | Psalm 121,8 | Matthäus 14,28–33
Thema:	Anfechtungen und Segenszweifel – unser Kampf mit Gott
Aufbau:	Nach dem Konflikt ist vor dem Konflikt – die Vergangenheit holt dich ein. Der Gott mit dem weiten Horizont wartet zuhause – willkommen zurück!

	Wenn Gott uns als Feind begegnet – warum Anfechtung wichtig ist. Gott bleibt nicht der Feind – ich fühle mich wie neu geboren.
Sonstiges:	funktioniert gut als Reihe (Teil 6 von 6)

Wir nähern uns langsam, aber sicher dem Ende der Jakobs-Erzählung. Und zum Ende der Geschichte holt die Vergangenheit Jakob wieder ein. Man sieht sich immer zweimal im Leben. Und fast macht es den Eindruck, als wenn die Konflikte in Jakobs Leben sich besonders an diesen Grundsatz halten.

Letztens haben wir gehört, dass Jakob von Laban weg wollte, um endlich für sich und seine Familie zu sorgen. Dazu kam es aber nicht! Stattdessen hat sich Jakob direkt bei seinem Schwiegervater ein Vermögen angesammelt. Aber letztendlich ist Jakob dann doch in die Freiheit geflüchtet [**vgl. 1. Mose 31,20-21**]. Mit allem, was er hatte. Diesmal allerdings, ohne sich von Laban zu verabschieden. Er hatte wohl gemerkt: „Der lässt mich sonst nicht gehen."

Jakob flieht also. Aber trotz eines Vorsprungs von drei Tagesreisen wird er von Laban eingeholt. Laban ist stocksauer. Aber er tut Jakob nichts, weil Gott ihm in einem Traum mitten auf der Verfolgungsjagd unmissverständlich klar macht: *„Komm nicht auf den Gedanken mit Jakob anders umzugehen als freundlich"* [**vgl. 1. Mose 31,24**].

Schon dieser Konflikt hätte für Jakob tödlich enden können. Hier hat Gott gesegnet und bewahrt, ohne dass Jakob es jemals erfahren hat. Laban und Jakob schließen schließlich einen Bund: Sie verpflichten sich, ihre jeweiligen Gebietsgrenzen nicht in böser Absicht zu überschreiten [**vgl. 1. Mose 31,52**]. Jakob verpflichtet sich außerdem dazu, Labans Töchter gut zu behandeln – was Laban eigentlich nach 20 Jahren auch ohne Vertrag hätte wissen können. Und Jakob verpflichtet sich, keine weiteren Frauen zu nehmen, wodurch Lea und Rahel „entwichtigt" werden könnten.

Das Ganze hier ist zwar eine Trennung und Loslassen fällt schwer, aber manchmal läuft Versöhnung trotzdem auf eine Trennung hinaus. Das ist dann eine Versöhnung, die keinen Gewinner kennt. Im Grunde haben doch beide Seiten überwiegend verloren. Aber man kann wenigstens in Frieden weiterleben. Jakob trickst viel und deshalb sieht Versöhnung leider bei ihm oft so aus: sich in Frieden trennen. Damit ist das Kapitel „Laban" für Jakob abgeschlossen. Im Grunde doch mit einem guten Ende. Aber so abgerundet das Verhältnis zu Laban jetzt ist, so offen und unbereinigt ist Jakobs Verhältnis zu Esau. Auf den wird er ja unvermeidlich wieder treffen, wenn er zurück will in das Land, in dem die Verheißung an ihn geerdet werden soll. Der eine Konflikt ist bereinigt, doch der nächste folgt sogleich. Das scheint bei Jakob durchweg so zu sein: Nach dem Konflikt ist vor dem Konflikt.

Jakob und Laban trennen sich also. Und Jakob kommt an den Rand des Ostjordanlandes (also: an die Grenzen seiner Heimat). Kaum da angekommen, begegnen ihm die Engel Gottes. Gleich ein ganzes Heerlager, so als könne Jakob Geleitschutz gebrauchen für die bevorstehenden Auseinandersetzungen.

Am Anfang [vgl. 1. Mose 28,12ff] und am Ende [1. Mose 32,3] seines Rückzuges nach Haran wird ihm die Nähe Gottes zugesichert. Man könnte mit Psalm 121,8 sprechen und sagen: *„Der Herr behüte deinen Ausgang und Eingang."* Das erlebt Jakob hier. „Ich begleite dich, wenn du meinst, mich verlassen zu müssen. Und ich freu mich, wenn du wiederkommst. Schön, dass du da bist. Du kommst nicht in ein Terrain zurück, dass von fremden Göttern regiert und von einem rachedurstigen Bruder besetzt ist; nein: Ich bin immer noch hier. Willkommen zu Hause."

Schon am Anfang der Bibel begegnet uns der Gott mit dem weiten Horizont. Wir denken bei dem Gott des Alten Testaments immer so exklusiv an Israel. Aber wenn wir genauer hinsehen, dann begegnet uns Gott schon von vornherein als der Gott aller Menschen. Gott begegnet uns von vornherein mit einem unheimlich weiten Horizont.

Gott ist zwar der Gott Abrahams, Isaaks und Jakobs. Und er fängt exklusiv mit ihnen und dem Volk Israel eine heilige Geschichte mit besonderen Verheißungen an. Aber das erwählte Volk ist von vornherein zum Segen für alle Völker bestimmt. *„In dir sollen gesegnet werden alle Völker, alle Nationen, alle Menschen auf Erden."* Und das sagt Gott nicht nur, sondern das erleben wir auch. Auch den Menschen außerhalb des Volkes Israel ist Gott nicht fern. Er hat ungehindert Zutritt und Zugriff auf fremdländische Gestalten und Gestalter der Geschichte: Er warnt Laban im Traum. Er begegnet dem Pharao in Ägypten. Er geht den Weg mit Jakobs Sohn Josef weiter, der die

Tochter eines ägyptischen Priesters heiratet und mit ihr zwei Söhne zeugt. Ephraim und Manasse. Halbblut sozusagen. Aber die beiden haben eine ganz zentrale Rolle in der Geschichte Israels ... Und wir finden noch viele Begebenheiten mehr. Das sind jetzt mal nur die, die in unmittelbarer Nähe zu unserer Geschichte zu finden sind.

An vielen Stellen des Alten Testamentes wird deutlich, dass Israel in erster Linie eine Glaubensgemeinschaft ist, die sich an diesen Gott mit dem weiten Horizont hält und klammert. Und erst in zweiter Linie ist Israel ein Volksstamm.

Gott meint es ernst, wenn er von Anfang an den Segen für die ganze Welt anstrebt. Wir sind nicht ausnahmsweise Nutznießer der Gnade und Zuwendung Gottes. Das hat sich nicht zufällig und glücklicherweise so ergeben. Nein, **Gott hatte von Anfang an Interesse an uns – oder besser Sehnsucht nach uns.**

Und dieser Gott, der mit in die Gottesferne gegangen ist, wartet jetzt an der Grenze der Heimat und heißt Jakob wieder willkommen. Klingt komisch. Ist bei Gott aber möglich. Gott begleitet. Aber er wartet auch schon da, wo wir erst noch hinwollen. Gott kann das! – Und wir profitieren davon.

Und mit so vielen Engeln im Rücken muss eigentlich auch für Jakob alles gut gehen. Aber Jakob ist trotzdem unsicher und ängstlich. Die Morddrohung Esaus schwebt nach wie vor über seinem Kopf. Er erlebt einen kalten Krieg ohne Kriegserklärung. Sein Bruder zieht ihm mit 400 Söldnern entgegen. In wortloser Entschlossenheit und doch sprechen sie eine deutliche, ja drohende Sprache [**vgl. 1. Mose 32,7**].

Dieses Mal scheint alles Taktieren und Tricksen von Jakob nichts zu nützen. Die Wirkung der ersten Herden-Vorhut und deren untertänigste Wortwahl in Richtung Esau verpuffen [**1. Mose 32,4–6**]. Das macht auf Esau keinen Eindruck. Und auch die zweite Welle – als Jakob aus der Demonstration seines Reichtums ein Geschenk für Esau machen will – verläuft sich im Sand. Dabei ging es hier immerhin um 580 Tiere in insgesamt neun Herden. Auch die Abnahme dieser Geschenkeparade beeindruckt Esau wenig. Obwohl das alles doch als Wiedergutmachung für Esau gedacht ist. Für den Segen, der ihm entgangen ist, weil Jakob ihn darum gebracht hatte. Das ist als gut gemeintes Zeichen des Versöhnungswillens gemeint. *„Denn*

Jakob dachte sich: Mit dem Geschenk, das ich vorausschicke, will ich Esau um Versöhnung bitten" [1. Mose 32,21].

Jakob bleibt nach beiden diplomatischen Vorstößen weiterhin unsicher. Esau kommt immer näher. Jakob reagiert auf diese drohende Katastrophe mit der Teilung seines Volkes und seiner Herden in zwei Lager. Und in einer letzten Sicherungsmaßnahme bringt er seine Kernfamilie auf die andere Seite des Flusses. Er bleibt allein zurück und stellt sich so der unangenehmen und eventuell sogar tödlichen Konfrontation mit Esau.

Das ist tapfer. Aber es ist Jakob möglich, weil er – zwischen den taktischen Rettungsmaßnahmen – in einem Gebet die Begegnung mit Gott sucht [1. Mose 32,10-13]. Dabei erinnert Jakob Gott an seine mehrmaligen Marschbefehle: „Ich mach das doch nicht zum Spaß. Du hast doch gesagt, dass ich zurückgehen soll." Die Richtung der Weg-Weisung war immer die gleiche: Kanaan! In Kanaan sollen die Verheißungen geerdet werden.

Also: Jakob erinnert Gott daran. Und er bekennt gleichzeitig seine eigene Unwürdigkeit und er staunt über die Treue Gottes, die er bis jetzt schon erfahren hat. Er sieht seinen alten abgewetzten Wanderstab. Das war alles, was er hatte, als er aus diesem Land auszog. Und im Kontrast dazu fällt sein Blick auf die zwei Lager, in die er jetzt seinen Besitz aufteilen musste – aber vor allem auch konnte. **Selbst wenn nur die Hälfte seines Besitzes verbleibt, ist sein Leben und Überleben gesichert.**

Jakob hat von seiner Seite aus der Barmherzigkeit und Treue Gottes nichts entgegenzusetzen. Aus einem armen „Wandervogel" auf der Flucht wurde ein reicher „Scheich". Nur eben immer noch auf der Flucht. Und so verwundert es nicht, dass ein Hilfeschrei folgt [vgl. 1. Mose 32,12]: „Rette mich, denn ich fürchte mich vor meinem Bruder. Der bringt es noch fertig und erschlägt mich und meine Lieben – und die ganze Tour und Tortur war umsonst."

Jakob appelliert an die großen Worte Gottes: „Wie war das denn mit den Nachkommen wie Sand am Meer?" Eine Antwort gibt es nicht. Es bleibt ein ergebnisoffener Appell an Gott. Jakob hat seine Herden aufgeteilt, seine Familie in Sicherheit gebracht, Gott an seine Verheißung erinnert. Mehr kann er im Moment nicht tun. Und jetzt steht er allein da und harrt der Dinge, die da kommen.

Dieser Konflikt ist schwieriger als der mit Laban und er bleibt zunächst ohne Ausgang. Aber ohne zu viel vorweg nehmen zu wollen, kommt es auch hier zu einer Versöhnung und zu friedlicher Koexistenz. Mit hohem Aufwand (auch materiellem Aufwand) und mit viel Buße kann Frieden geschlossen werden. Es wird nicht weiter am Streit festgehalten, aber man trennt sich auch hier.

Nach dem Konflikt ist vor dem Konflikt. Und leichter wird es dabei nicht. Erst Laban, dann Esau und jetzt kommen wir zum nächsten offen ausgetragenen Konflikt Jakobs. Es kommt zur nächsten, diesmal alles entscheidenden Begegnung mit Gott.

Man könnte sie überschreiben mit: „Wenn Gott uns als Feind begegnet." *„Plötzlich war da jemand, der bis zum Morgengrauen mit ihm kämpfte"* [1. Mose 32,25]. Eine Geschichte, in der es einem körperlich, seelisch und geistlich kalt den Rücken hinunterläuft. Zunächst wusste Jakob überhaupt nicht, mit wem er es da zu tun hat. Und so kämpft Jakob mit Bärenkräften um seine Existenz. Und tatsächlich: Der Ringkampf bleibt bis zum Morgengrauen unentschieden. Jakob wird zwar am Ischiasnerv seiner Hüfte getroffen, er verrenkt sich etwas, er wird gehbehindert geschlagen. Aber er lässt immer noch nicht los. Wobei er die Bitte um Segen zunächst erst einmal rein magisch versteht: Wer eine göttliche oder dämonische Macht im Schwitzkasten hat, der will sie auch zur Abgabe von Kraft erpressen. Der will Power abzweigen. **Jakob weiß erstmal gar nicht, was diese Situation ist. Aber jemand wie er wittert immer irgendeine Art von Geschäft.** Selbst wenn es ein Traum wäre, dann müsste er noch im Schlaf Geschäfte machen.

So könnte Jakob diese Konfrontation bis dahin rein „mythologisch" verstehen. – Obwohl er diese Unterscheidung zwischen Mythos und Wirklichkeit ja noch gar nicht kennen kann. Diese Unterscheidung macht man ja erst viel später. Aber er könnte diese Situation bis hierhin verstehen als eine unheimliche Begegnung, als einen Traum, der Bedeutung und Auswirkung auf sein Leben hat.

Aber dann kommt das Gespräch mit dieser Macht. Und die Worte bringen Klarheit in das Unheimliche: Jakob wird nach seinem Namen gefragt und bekommt einen neuen Namen zugewiesen. Jakob wird zum Gottesstreiter. Israel! Diesen Namen führt das erwählte Volk nicht umsonst weiter. Das Volk Israel – das Volk der Gottesstreiter: Streiten gegen Gott – von Angesicht zu Angesicht. Und streiten mit Gott – Seite an Seite. Beides gehört fortan zur Geschichte von Jakob. Und auch zur Geschichte des Volkes Israel insgesamt.

Jakob, das ist nicht nur eine Familiengeschichte, nicht nur eine Stammesgeschichte. Jakob ist das Urbild – der Urtyp der Volksgeschichte Israels. Das Volk Israel lernt sich als „Gottesstreiter" zu verstehen. Israel kämpft segensreich Seite an Seite mit Gott. Aber Israel ist auch ein Volk, das – im Bild gesprochen – den Schlag Gottes spürt und hinkend in die Morgenröte geht. Ganz besonders deutlich wird das im Exil in Babylon, wo Israel angeschlagen und teilweise hinkend, nur noch als heiliger Rest hervorgeht.

Jakob wird hier zum Urbild Israels und genauso wird Israel später zum Urbild der Erwählten und Gesegneten aus allen Völkern. Da baut diese Geschichte eine Brücke zu uns. Zu unseren Anfechtungskämpfen und Segenszweifeln. Auch als Christen. Auch als Christen sind wir angefochten und zweifeln am Segen Gottes.

Warum begegnet uns Gott als Feind? Keiner hat sich so ausführlich mit der Anfechtung Jakobs am Jabbok beschäftigt wie Luther. Diese Frage hat ihn grundlegend gequält. An dieser Frage wäre Luther – wenn er denn katholisch geblieben wäre – schier zerbrochen. Warum versucht uns Gott? Da musste bisheriges kirchliches Denken reformiert werden.

Und das ist Luthers Lehre aus dieser Geschichte: Dass Gott mit uns – auch mit uns Christen – manchmal so umgeht wie mit Jakob: Gott versucht uns, wenn er uns als Feind begegnet. Diese Versuchung, diese Anfechtung ist der Kampf des Glaubens gegen unser eigenes Misstrauen – oder vielleicht müsste man anstatt „Misstrauen" lieber „gegen den Mangel an Vertrauen" sagen. Und diese Anfechtung ist eine der drei grundlegenden Dinge, die unseren Glauben nach Luther ausmachen: oratio, meditatio und tentatio. Gebet, Bibelstudium und Anfechtung. Diese drei Dinge gehören notwendigerweise in unsere Glaubensgeschichte.

In der Anfechtung holt uns unsere Vergangenheit ein. So wie bei Jakob. Und wir erkennen in der Anfechtung – so wie Jakob – unsere Unwürdigkeit vor Gott. „Was bin ich denn für ein armer, elender Mensch? Bin ich nur dazu geschaffen, Übles zu ertragen? Ich erleide, ohne dass ich je Luft holen könnte, ein Übel nach dem anderen. – Nach dem Konflikt ist schon gleich wieder vor dem Konflikt. Es gibt keinen unter den Lebenden, der mehr Kalamitäten hat als ich: So sehe ich Esau regieren, triumphieren, wachsen und mehr werden an großer Ehre, an Machtmitteln und Einkünften. Mit einem ganzen Heer kommt er mir entgegen. Was, wenn Gott seinen Spruch geändert hat, wenn er mich verworfen hat und den Bruder in Gnaden annimmt?"

Die Vergangenheit holt uns ein, wir erkennen unsere Unwürdigkeit und zweifeln an Gottes Vorhaben, uns trotzdem zu segnen. Das ist menschlich! Das passiert zum Beispiel einem Petrus viele Jahre später auch wieder: steigt aus dem Boot, tritt auf das Wasser, verliert das Vertrauen in Jesus und geht unter [vgl. **Matthäus 14,28–33**].

Und das passiert uns auch! In der Anfechtung zweifeln wir an Gottes Vorhaben, uns trotz allem zu segnen. Und deshalb gehört die Anfechtung für Luther zwingend zum Leben als Christ dazu. Weil wir in der Anfechtung lernen – wenn auch schmerzhaft: Gottes Segen ist kein Stück Seife. Gottes Segen nutzt sich nicht ab.

Wir brauchen von Zeit zu Zeit diese Anfechtung, weil das der Kampf des Glaubens ist – gegen unseren Mangel an Vertrauen. Wir Menschen suchen immer wieder die erneute Bestätigung – auch wenn es weh tut. Und das ist das Entscheidende: Letztendlich bleibt Gott ja nicht der Fremde. Gott bleibt nicht der Feind, der uns und unseren Glauben gefährdet. Gott versucht uns nicht, um zu töten, um Glauben zu zerstören. Sondern Gott versucht, um neu zu schaffen, um zu festigen und um zu stärken. Und so kann Jakob aufatmen und ihm geht im wahrsten Sinne des Wortes die Sonne auf, obwohl er mit einer Hüfte hinkt: Etwas Schlimmeres und gleichzeitig Schöneres kann ihm auch in der Begegnung mit seinem noch nicht versöhnten Bruder nicht mehr passieren.

Gott selbst ist ihm begegnet. Er hatte sich bis jetzt ganz und gar auf seinen schwierigen Bruder konzentriert. Aber jetzt kann er sich auf den Segen und die Sonne und auf seinen neuen Namen „Gottesstreiter" konzentrieren. Er begegnet dem alten, lebenslangen Konflikt wie neu geboren.

Amen.

BAUCHSCHMERZ-GESCHICHTEN

Vor einiger Zeit habe ich auf einer Freizeit einen Workshop angeboten. „Bibelstellen, die uns Bauchschmerzen machen." Ich wollte mit Jugendlichen auch über die Stellen der Bibel ins Gespräch kommen, die mir nicht gefallen. Die mir Bauchschmerzen machen. Nicht, weil ich auf alle schwierigen Bibelstellen die richtige Antwort oder sogar die Lösung kennen würde, sondern, weil ich der festen Überzeugung bin, dass man auch über die Stellen reden muss.

Gerade die Bibelstellen, in denen mir Gott so ganz fremd vorkommt… gerade an den Bibelstellen muss ich mich doch stoßen. Ich muss mich an ihnen reiben. Gerade hier ist die Wahrscheinlichkeit groß, dass ich Seiten Gottes erkenne, die mir neu sind. Und muss das nicht mein Bestreben sein? Neue Seiten an Gott zu entdecken? Mich der Herausforderung zu stellen, Gott auch unbequem sein zu lassen? Ich kann Gott doch nicht so lassen, wie ich ihn gerne hätte und wenn es unbequem wird, gucke ich weg. Was, wenn es gerade hier etwas für mich zu entdecken und zu lernen gibt? Immerhin sind doch auch diese Texte nicht aus Versehen zum Bibeltext geworden. Die stehen doch nicht zufällig in der Bibel. Auch diese Texte sagen etwas über Gott aus und stellen mich in meinem Leben vor Herausforderungen.

Ich lade dich ein, dich mit mir auf das Abenteuer zu begeben, sich solchen Texten zu stellen. Und vielleicht fordert der ein oder andere Text eine Richtungsänderung in deinem Denken von Gott und in deinem Handeln vor Gott und den Menschen. Du darfst gespannt sein…

Die zwei Schöpfungsgeschichten – Widersprüche in der Bibel

Länge:	ca. 13 Minuten
Bibelstellen:	**1. Mose 1,1–2,4 | 1. Mose 2,5–25**
Thema:	Glaubwürdigkeit der Bibel | bewusste Widersprüche
Aufbau:	Ich bin nicht der Anwalt der Bibel! 2 Geschichten – 5 Minuten – ein Haufen Widersprüche (voller Absicht) Die ganze Schöpfung beruht auf Gottes Befehl! Der Mensch braucht gesunde Beziehungen (zu sich selbst, zu anderen Menschen, zu Gott). Widersprüche stellen nicht die Glaubwürdigkeit der Bibel in Frage, sondern zeigen Grenzen auf.

„Widersprich nie einer Frau! Warte fünf Minuten und sie widerspricht sich selbst." Dieser Spruch hat mich geprägt, als ich so ungefähr 16 Jahre alt war. Es war die Zeit, in der es die erste Gleichstellungsbeauftragte in unserer Schule gab. Die Emanzipation war nicht mehr aufzuhalten. Und solche Sprüche waren unsere verzweifelten Versuche, sich gegen die drohende Übermacht zu wehren. Dieser Spruch unterstreicht all die klassischen Vorurteile, die zwischen Frauen und Männern existieren: Frauen reden viel, wenn der Tag lang ist. Und wenn er kurz ist, reden sie schnell. Männer reden, weil sie etwas erklären wollen. Logisch, strukturiert und kurz soll es sein. Diesen Anspruch haben Frauen nicht. Frauen reden, um gehört zu werden. Männer, um verstanden zu werden.

Den Wahrheitsgehalt von dem, was Frauen sagen, darf man also nicht zu hoch ansiedeln: „Widersprich nie einer Frau. Warte fünf Minuten und sie widerspricht sich selbst." Dieser Scherz gibt längst nicht mehr meine Einstellung wieder. Aber ich finde ihn nach wie vor lustig. Ich kann herzhaft darüber lachen. Weil ich weiß, dass es ein Scherz ist. Eine Karikatur, die wenn überhaupt, nur völlig überzeichnet die Realität widerspiegelt.

Aber, so gerne ich diesen Scherz habe, er ist nicht – oder nicht mehr –

gesellschaftsfähig. Dass Frauen sich innerhalb kürzester Zeit selbst widersprechen, das darf man auch als Scherz in der Öffentlichkeit nicht mehr sagen. Das ist ja auch **völlig richtig. So ein Pauschalurteil über Frauen hat mit der Realität wenig zu tun.**

Anders sieht es aus, wenn dieser Spruch nicht auf Frauen bezogen wird. Anders sieht es aus, wenn mir jemand sagt: **„Widersprich nie der Bibel. Lies einfach fünf Minuten weiter und sie widerspricht sich selbst."** So eine Einstellung ist durchaus gesellschaftsfähig. Solche Sätze begegnen mir auch heute noch auf Geburtstagsfeiern von ehemaligen Arbeitskollegen, auf Klassenfahrten oder beim Grillen mit meinem atheistischen Nachbarn.

Widersprich nicht der Bibel. Lies **fünf Minuten weiter** und sie widerspricht sich doch selbst. Diese oder ähnliche Sätze begegnen uns öfters, als uns lieb ist. Und wehe, man hat es mit einem bibelkundigen Gegenüber zu tun. Schneller als wir gucken können, werden wir von anderen zum Anwalt der Bibel erklärt. Schneller als du gucken kannst, steckst du in der Defensive. Das werden lange Diskussionen. Und oftmals hilft dir nur der Alkoholpegel deines Gegenübers aus dieser misslichen Lage raus. Denn: Dein Nachbar hat ja recht! Die Bibel ist voll von vermeintlichen Widersprüchen. Und wenn du dich zum Anwalt der Bibel machen lässt, dann hast du ganz schön was zu tun, wenn du alle Widersprüche in der Bibel wegdiskutieren willst.

Ich will mich nicht mehr zum Anwalt der Bibel machen lassen. Ich will mich nicht mehr in eine Ecke drängen lassen. Wenn jemand sagt: „Sag mal, du glaubst doch an Gott und an die Bibel und das Ganze da. Ist dir noch nie aufgefallen, dass sich die Bibel widerspricht?"

Lange Zeit habe ich immer gesagt: „Ja? Wo denn?" Und dann kommt – wenn es schlecht läuft – ein Vorwurf nach dem anderen und ich fange an zu schwimmen und versuche irgendwie, mich und die Bibel da rauszureden. Und das klappt mal mehr, meist aber weniger gut. Da habe ich keine Lust mehr drauf. Ich will anders darauf antworten: „Ich bin nicht der Anwalt der Bibel, aber ich will dir sagen, warum ich trotzdem daran glaube. Zeig mir einen Widerspruch in der Bibel und ich zeig dir zwei andere."

Ich brauche gar keine fünf Minuten, um auf Widersprüche zu stoßen.

Man muss ja nur vorne anfangen: Da liest man einen Schöpfungsbericht, der mit meinem Biologieunterricht schon mal nicht zusammenpasst. Aber gut: Ich glaub ja auch nicht an meinen Biolehrer. Aber innerhalb von fünf Minuten stoße ich auf eine zweite Version, wie alles hier entstanden ist, die mit der ersten auch nicht zusammenzubringen ist.

Ist uns das bewusst? Zuerst lesen wir von der Siebentagewoche. (Ich will uns das jetzt gar nicht alles vorlesen. Aber ich lade dich ein, das mal nachzulesen. Steht ganz vorne in der Bibel und dauert – wie gesagt – ca. fünf Minuten.) Da lesen wir, wie Gott am Montag erstmal das Licht anmacht. Da wird die Unterscheidung von Tag und Nacht eingerichtet. Am Dienstag klärt sich oben und unten. Der Horizont wird zur Grenze zwischen Himmel und Erde gemacht. Am Mittwoch gibt es dann die erste Doppelschicht. Vormittags wird die Erde in Festland und Meer aufgeteilt und am Nachmittag wird eingesät. Gras, Kraut und Bäume. Erste Früchte gibt es auch schon. Am Donnerstag kommen Sonne, Mond und Sterne. Am Freitag werden all die Tiere gemacht, die keine Arbeitsfläche in Anspruch nehmen. Nämlich Wassertiere und Vögel. Damit ist immer noch Platz auf der Erde. Am Samstag wird noch mal ein ordentlicher Schlag reingehauen. Vormittags die Landtiere und nachmittags mich – also den Menschen. Und am Sonntag ist endlich Ruhe. Selbstauferlegte Sprechpause. Reden ist Silber, Schweigen ist Gold. Sechs Tage lang sind die genialsten Dinge entstanden. Nicht durch handwerkliches Geschick, sondern durch Gottes Wort. Und am siebten Tag ist mal Ruhe.

So viel zur ersten Version.

Keine 5 Minuten später widerspricht sich die Bibel selbst. Da spielt Gott auf einmal „Backe, backe, Kuchen“. Da bastelt der Schöpfer selbst. Da wird noch selbst Hand angelegt. Auch die Rahmenbedingungen sind anders: Die Erde ist schon da. Allerdings noch völlig leer. Kein Mensch, der das Land bebaut. Es gibt aber auch noch nichts, was er bebauen könnte, denn Gott hatte es noch nicht regnen lassen. Es gibt also noch kein Kraut und keine Sträucher. Das Einzige, was es gibt, ist Nebel. Und der macht alles feucht. Also: Ein riesiger Haufen Klackermatsch ist da. Das ist alles! Und aus diesem Matsch macht Gott den Menschen. Und er beatmet ihn auch. Mund-zu-Nase-Beatmung. Gott haucht dem Menschen sein Leben ein.

Erst danach legt Gott dem Menschen einen Garten an. Im Grunde sowas wie eine Baumschule. Ein Garten voller Bäume und in der Mitte stehen zwei besondere, von denen nicht genascht werden darf. Der Baum des Lebens und der Baum der Erkenntnis von Gut und Böse.

Das ganze Setting erinnert mich an die Jungscharfreizeit im Sommer, wo ein kleiner Junge vor einem alten Baumstamm hockte, an dem schon die Rinde abblätterte und sagt: „Och – schade!“ Und ich hab ihn gefragt: „Sag mal, Felix, was ist denn schade?“ Und Felix guckte mich an und sagte: „Ich hab hier ein Marienkäferparadies gebaut. Aber – es kommt keiner.“

So wie Felix ein Marienkäferparadies angelegt hatte, so legt Gott hier ein Menschenparadies an. Und hier schreibt einer seine Vorstellungen, wie so ein Paradies seiner Meinung nach aussehen müsste. Sogar an eine Bewässerungsanlage ist gedacht. (Der Mann scheint Bauer oder Ingenieur zu sein.)

Einziger Unterschied zu Felix: Gott hat den Menschen schon, der in diesem Garten spielen soll. Und Gott setzt den Menschen in den Garten. Und was ist? Langeweile: *„Es ist nicht gut, dass der Mensch allein ist. Ich will ihm eine Hilfe machen – ein Gegenüber, das ihm entspricht“* [**1. Mose 2,18**].

Und jetzt kommt der Schöpfung zweiter Teil:

Aus dem Rest Klackermatsch wird ein Tier nach dem anderen gemacht. Aber so viele Tiere auch entstehen, es ist keine Gehilfin dabei. Dem Menschen fehlt nach wie vor ein Gegenüber. Der Mensch braucht jemanden, der aus dem gleichen Holz geschnitzt ist. Und das sieht Gott auch so und macht aus Originalteilen des Mannes die Frau.

2 Geschichten. – 5 Minuten. – Ein Haufen Widersprüche.

Ich habe das jetzt ein bisschen flapsig erzählt. Einfach, weil dadurch die Unterschiede deutlicher werden. Ich will gar nicht versuchen, aus beiden Berichten einen umfassenden zu machen. In der Bibel steht ganz bewusst kein Directors-Cut. In der Bibel finden wir ganz bewusst zwei unterschiedliche Berichte über die Entstehung der Welt. **Keiner dieser beiden Berichte kann sagen, dass seine Darstellung die einzig richtige ist.**

Und jetzt kommt für mich der wichtigste Teil dieser Predigt. Bis jetzt war alles ein bisschen lustig. Für den einen vielleicht zu lustig, für den anderen vielleicht herrlich ehrlich. Bis jetzt ging es darum, die Widersprüche aufzuzeigen, die wir in der Bibel entdecken, diese Unterschiede ernst zu nehmen und sie nicht einfach wegzudiskutieren.

Aber jetzt geht es darum, warum ich trotz dieser Widersprüche, trotz dieser Unterschiede glauben kann. Ich bin nicht der Anwalt der Bibel. Aber ich bin gerne der Anwalt meines Glaubens. Ich werde mich nicht für jedes Wort in der Bibel rechtfertigen. Und trotzdem glaube ich an einen Gott, der mir in der Bibel begegnet. Jetzt geht es darum, warum ich trotz dieser Widersprüche, trotz dieser Unterschiede glauben kann.

Wir haben zwei völlig unterschiedliche Berichte. Und wir würden verzweifeln an dem Versuch, diese beiden Berichte deckungsgleich zu machen. Und ich glaube, dass diese beiden Berichte mit voller Absicht so unterschiedlich und direkt hintereinander in der Bibel stehen.

Keiner dieser Berichte kann sagen, dass seine Darstellung die einzig richtige ist. Und ich glaube: Keiner dieser Berichte will sagen, dass seine Darstellung die einzig richtige ist.

Alles Reden vom Schöpfer oder von der Schöpfung muss sich seiner Grenzen bewusst sein. Alles Reden von der Schöpfung ist Reden über den Schöpfer. Alles Reden von der Schöpfung ist menschliches Reden über göttliches Handeln. Und die Bibel ist angemessen zurückhaltend, wenn es darum geht, Gott auf Abläufe festzulegen.

Diese Zurückhaltung wünsche ich mir von manchem Wissenschaftler oder von manchem pseudowissenschaftlichen Nachbarn, der seinen Schöpfungsbericht auspackt, seine Evolutionstheorie, seine Urknallhypothese oder sonst irgendetwas. Diese Zurückhaltung, die die Bibel hier an den Tag legt, würde auch den Menschen gut zu Gesicht stehen, die ihren Schöpfungsbericht für die einzig richtige Darstellung halten.

Was die Bibel hier auf anschauliche Art und Weise deutlich macht, und woran sie keinen Zweifel lassen will, ist folgendes: Die Schöpfung ist ein Geschehen in der Zeit. Wir reden über geplantes Wachstum. Schöpfung passiert nicht aus Versehen. Schöpfung entsteht nicht aus sich selbst. Alles, was ich sich selbst überlasse, entwickelt sich zurück und nicht weiter. Bestes Beispiel dafür ist die einzige große Pflanze, die wir in unserem

Wohnzimmer hatten. Da ist man mal vierzehn Tage nicht da. Und? Nichts ist. Ausgetrocknet statt aufgeblüht. Wüste statt Urwald. Schöpfung passiert nicht aus Versehen. Da steckt ein Plan dahinter. Alles Geschehende beruht auf Gottes Befehl. Sei es wie im ersten Bericht auf Gottes allmächtigem Wort oder wie im zweiten Bericht, dass Gott allem Lebenden sein Leben einhaucht. Alles, die ganze Schöpfung, beruht auf Gottes Befehl.

Darin ist die Bibel eindeutig! Da ist einer, der die Fäden in der Hand hält. Da ist einer, der einen ganzheitlichen Plan für Schöpfung und Geschichte hat.

Und dieser Plan ist mehr als nur „Schaffe, schaffe, Häusle baue", wie der Schwabe sagen würde.

Christian Loer hat mal gesungen: „Leben sollte mehr sein als nur Arbeit, Schlaf und Essen. Das leuchtet jedem eine, doch auf viele trifft es zu." Und genau, weil das so ist, genau deshalb schreibt die Bibel von einer Siebentagewoche.

Gott sieht den Menschen als Krone der Schöpfung. Als Ebenbild, als Spiegelbild von sich selbst. Und er hat uns Menschen den Auftrag gegeben, seine Schöpfung zu bebauen und zu bewahren. Und weil er weiß, dass wir alles bebauen und alles bewahren können, nur uns selbst nicht, deshalb schreibt die Bibel von einer Siebentagewoche.

Wir sind Abbild Gottes und deshalb sollen wir auch seine Arbeitsweise abbilden. Gottes Arbeit geschieht ganzheitlich. Was er anfängt, das bringt er zu Ende. Auch die Schöpfung geschieht auf ein Ziel hin. Und dieses Ziel ist nicht das letzte Werk – sondern die Ruhe. Am siebten Tag vollendete Gott sein Werk, indem er ruhte. Der Ruhetag ist erst die Vollendung seiner Produktivität. Die Ruhe vollendet erst die Schöpfung. So wie eine Woche sieben Tage hat und nicht nur sechs, so gehört das Erholen zum Bebauen und Bewahren der Schöpfung dazu. Wenn wir von Gott bestimmt sind, die Erde zu bewahren, dann gehört dazu auch, dass wir uns bewahren, dass wir auf uns aufpassen und uns ausruhen. Deshalb schreibt die Bibel von der Entstehung der Welt in sieben Tagen. Nicht, weil sie sagen will, dass diese Darstellung die einzig richtige ist.

Und auch der zweite Bericht stellt die Fürsorge Gottes für den Menschen auf besondere Weise heraus. Der Bericht beginnt und endet mit der Schaffung des Menschen. Und alles dazwischen tut Gott mit Bedacht. Auch hier ist die Schöpfung von vorne bis hinten durchdachtes Geschenk Gottes an den Menschen. Und auch hier geht es um das Bebauen und Bewahren. Und auch hier will Gott, dass der Mensch zur Ruhe findet. Dass der Mensch ein Gegenüber findet, bei dem er zur Ruhe kommen kann. Die nachfolgenden Kapitel handeln davon, warum das für den Menschen so schwierig ist. Weil der Mensch Beziehungen oft leichtfertig aufs Spiel setzt. Seine Beziehung gegenüber Gott – siehe Sündenfall. Seine Beziehungen gegenüber seinen Mitmenschen – siehe Umgang zwischen Kain und Abel. Und seine Beziehungen gegenüber sich selbst – siehe den Egoismus, der zur Sintflut führt.

Und auch dieser Bericht will nur einen Teil unserer menschlichen Natur erklären. Nämlich, warum Mann und Frau zusammengehören. Weil es nicht gut ist, dass der Mensch allein ist. Weil der Mensch gesunde Beziehungen braucht. Gegenüber sich selbst, gegenüber anderen Menschen und gegenüber Gott.

Die Bibel will Wegweiser sein. Hin zu einem Leben, wie Gott es gemeint hat. Deshalb glaube ich trotz vermeintlicher Widersprüche.

Es gab eine Zeit während meiner Ausbildung am Johanneum, an der Bibelschule, in der ich dachte, diese Herangehensweise an die Bibel zieht mir die Grundlage meines Glaubens unter den Füßen weg. Wenn sich nicht jedes einzelne Wort der Bibel verteidigen lässt, wenn ich Widersprüchliches zulassen muss, dann geht mir die Grundlage meines Glaubens kaputt. Und dann schrieb da ein ehemaliger Studierender einen Brief an unsere Bibelschule, der an einem Gebetsabend vorgelesen wurde und untendrunter stand sinngemäß: Allen Studierenden wünsche ich eine gehörige Portion des Dennoch-Glaubens.

Dieses Wort ist mir eine große Hilfe geworden. So will ich Bibel lesen. Ich will sagen: „Ich glaube dennoch – ich glaube trotzdem." So will die Bibel meiner Meinung nach gelesen sein. Wenn ich auf Fragen oder Widersprüche stoße, dann will ich nicht die Ecken und Kanten, an denen ich mich gestoßen habe, abfeilen, sondern ich will fragen: Wie kann ich trotzdem oder gerade deshalb glauben?

Widersprüche stellen nicht die Glaubwürdigkeit der Bibel in Frage, sondern machen deutlich, dass alles Reden von und über Gott sich seiner Grenzen bewusst sein muss. Ich werde mir nicht anmaßen, zu sagen: „So und so ist es gewesen“ und die Bibel tut es an manchen Stellen eben auch nicht.

Wer mir sagt: „Widersprich nie der Bibel. Lies **fünf Minuten weiter** und sie widerspricht sich selbst“ und wer mir das zum Vorwurf macht, dem möchte ich sagen: „Lies mehr als nur fünf Minuten weiter. Die Bibel widerspricht sich an manchen Stellen, aber sie tut es bewusst. Das sind die Grenzen der Bibel. Und es ist gut, diese Grenzen einzuhalten, wenn man von und über Gott reden will.“

In diesem Sinne wünsche ich euch Gottes Segen und viel positive Spannung beim Bibellesen.

Amen.

Opferung Isaaks – Gottvertrauen

Länge:	ca. 15 Minuten
Bibelstellen:	**1. Mose 22,1–19** | 5. Mose 26,5–9 | 1. Mose 12,1 | 1. Mose 12,4a | 1. Mose 15,6 | 1. Mose 16,10 | 1. Mose 2,17
Thema:	Gottvertrauen kann man lernen. Wie weit könntest du mitgehen? Und geht vielleicht noch ein Schritt weiter?
Aufbau:	Abraham ist nicht so vorbildlich, wie wir immer denken. Gott überfordert nicht. – Wie weit kannst du mitgehen? – Gott kommt damit klar. Knoten im Kopf – Gott fordert die Opferung von Isaak – wie grausam?! Gottvertrauen kann man lernen – Schritt für Schritt. Manchmal bleibt Gott mir fremd. Darf man eigentlich auch dagegen sein? Lohnt es sich, dagegen zu sein? Da, wo unser Leben am seidenen Faden hängt, hält Gott seine schützende Hand über uns. Gott tut letztlich selbst, was er von Abraham doch nicht fordern will.

Von Zeit zu Zeit muss man sich über seine Zukunft Gedanken machen. Manchmal kommt man an Weggabelungen seines Lebens, an denen es gilt, Weichen zu stellen. Manchmal fragen wir nach Gottes Wegen, manchmal sind sie offensichtlich und manchmal sind unsere Wünsche so eindeutig, dass wir schnell entscheiden – bevor Gott noch auf andere Ideen kommt.

Silvester ist so ein klassischer Moment, wo wir mal innehalten und uns fragen, was die Zukunft wohl bringen wird, was sie bringen sollte und was wir dafür vielleicht anpacken oder verändern müssen.

Aber auch zu anderen Zeiten ist dieses Fragen immer mal wieder angebracht.

Aufbrüche, Durchstartversuche, Neuanfänge sind für das Volk Gottes immer schon Thema gewesen. Das zieht sich als eine Art Roter Faden durch das Alte und Neue Testament.

Christen werden ganz am Anfang schon als „Anhänger des neuen Weges“ beschrieben. Nicht des neuen Standpunktes. Christen sind in Bewegung. Stillstand ist der Tod. Und das nicht erst seit Christus. Das Volk Gottes ist immer in Bewegung. Einer der ersten Bekenntnistexte in 5. Mose 26 – das kleine heilsgeschichtliche Credo – beschreibt das schon so: *„Ein heimatloser Aramäer war mein Vater. Er ging nach Ägypten und lebte dort als Fremder. Nur wenige waren damals mit ihm gekommen. Doch sie wurden dort ein großes Volk, mächtig und zahlreich. Da behandelten die Ägypter uns schlecht und unterdrückten uns. Sie zwangen uns zu harter Arbeit. Wir aber schrien zum Herrn, dem Gott unserer Väter. Der Herr hörte unser Schreien und sah unser Elend, unsere Mühe und Unterdrückung. Er führte uns aus Ägypten, mit starker Hand und machtvoll ausgestrecktem Arm. Er tat Zeichen und Wunder, großartig und gewaltig zugleich. Er brachte uns an diesen Ort und gab uns dieses Land, ein Land, in dem Milch und Honig fließen“* [5. Mose 26,5–9].

Also, aus Aram (eigentlich kam Abraham von noch weiter weg) durch das spätere Israel nach Ägypten und von da wieder zurück. Mit ständigen Haltestellen und Haltepunkten und immer wieder mit neuen Aufbrüchen. Teils aus Alternativlosigkeit, weil es so nicht bleiben konnte, teils aufgrund von Zukunftschancen, die am neuen Wohnort größer eingeschätzt wurden und manchmal auch, weil Gott einfach den Hinweis oder den Auftrag zu einem neuen Wachstumsschritt gegeben hatte. Immer ist es eine Frage des Gottvertrauens. Aufbrüche sind immer auch eine Frage des Gottvertrauens. Es gibt so viele Aufbruchsgeschichten in der Bibel, dass einem schwindelig werden könnte.

Wenn wir an Silvester melancholisch auf ein neues Jahr blicken, dann tun wir das, indem wir Vergangenheit und Zukunft gleichermaßen in den Blick nehmen. Rückblick und Ausblick. Das ist gar nicht so unschlau. Wenn ich die Richtung bestimmen will, in die es gehen soll, dann ist es gut, zu wissen, wo man herkommt. Vergangenheit und Zukunft. Das gehört irgendwie beides zusammen. Und **Gottvertrauen hat immer mit Vergangenheit und mit Zukunft zu tun.** Und mit beidem kennt Abraham sich aus. Deshalb ist es lohnend, auf Abraham zu schauen.

Gott fordert Abraham heraus. Er fordert ihn heraus, seine Vergangenheit hinter sich zu lassen. Es ist Zeit für einen Neuanfang. Viel konkreter wird Gott nicht: *„Verlass dein Land, deine Verwandtschaft und das Haus deines Vaters…"* [**1. Mose 12,1**].

Irgendwann kommt diese Zeit, wo dieser Wechsel für einen jungen Menschen ansteht. – Wir werden erwachsen. Es zieht uns in die große weite Welt. Man kann auch zuhause bleiben. Und man kann da auch glücklich werden oder glücklich bleiben, aber irgendwann ist es Zeit, auf eigenen Füßen zu stehen. Früher oder später. Jetzt ist es bei Abraham deutlich eher später. Abraham ist nicht mehr jung. Er ist das genaue Gegenteil. Abraham ist 75 Jahre alt. Zeit für Neues und Zeit für Aufbrüche sind nicht nur eine Frage des jugendlichen Leichtsinns. Wir müssen nicht ständig in Bewegung sein, aber in Gottes Augen sollten wir immer in Bewegungsbereitschaft sein: „Verlass dein Land, deine Verwandtschaft und das Haus deines Vaters…" Kein leichter Schritt. Ich weiß, wovon ich rede. Ich bin ein sehr heimatverbundener Mensch und habe diesen Schritt einmal vollzogen. – Ich bin viele Jahre später wieder in meiner alten Heimat gelandet. Und ich bin Gott dafür dankbar, aber ich befürchte, er könnte das gleiche Spiel nochmal mit mir treiben… Nicht nur seine Zelte abbrechen, sondern auch seine Wurzeln ausgraben, ist längst nicht so einfach, wie es sich anhört. Bei der letzten Herbst-Sturmwelle lagen bei uns vor der Tür ein paar entwurzelte Bäume und man konnte quasi sehen, wie schmerzhaft das gewesen sein muss, wenn es einen entwurzelt.

Und jetzt ist Abraham ein Glaubensheld, weil er geht. Davon sollte man sich eine Scheibe abschneiden. Ich möchte mir auf die Schulter klopfen und sagen: „Hab ich gemacht." – Nicht ganz so kompromisslos – immerhin bin ich in meine Heimat zurückgekehrt. Ich lebe wieder da, wo ich mich als Kind wohlgefühlt habe und habe auf dem Grundstück meiner Eltern gebaut. Aber ich bin losgezogen. Vielleicht nicht ganz so kompromisslos wie Abraham, aber immerhin.

Aber gucken wir mal genauer hin: Ganz so kompromisslos kann Abraham das auch nicht denken. Er wird als vorbildlich hingestellt – weil er geht. Aber so ganz erfüllt er den Auftrag nicht: Verlass dein Land – check. Verlass das Haus deines Vater – check. Verlass deine Verwandtschaft – Hmm…?!

„Da ging Abram los, wie der Herr es ihm befohlen hatte. Lot ging mit ihm" [1. Mose 12,4a]. – Hoppla. Lot war doch sein Neffe. Was denn nun? Ging Abraham los, wie der Herr es zu ihm gesagt hatte oder nahm er seinen Neffen mit? Abraham bricht nicht alle Kontakte ab. Seinen Neffen nimmt er mit. Keine Ahnung warum: Vielleicht war er Lots Patenonkel und er wollte ihn nicht alleine lassen… Vielleicht war Lot einfach Abenteurer und hat so lange gebettelt, bis er mit auf die spannende Reise durfte… Oder vielleicht war Lot so eine Art lebendiges Kuscheltier, ohne dass sich Abraham nicht von zu Hause weggetraut hätte.

Wie auch immer: Abraham kann gar nicht so kompromisslos denken, wie Gott Schritte von ihm fordert. Abraham geht. Aber nicht ohne seinen Neffen. Und für Gott scheint das in Ordnung zu sein. Er kann damit leben. – Aber auf dem Teil der Geschichte liegt kein Segen.

Lot gehört nicht in die Segensgeschichte, die Gott mit Abraham schreiben will. Mit Lot gibt es nur Ärger. Das macht das Leben kompliziert. Streitigkeiten um die neu aufgebaute Existenz. Streit um Wasserrechte. Und Abraham bezahlt es teuer, als er sich von Lot trennt. Der bekommt den größeren Teil vom Kuchen. Abraham merkt, dass er sich von Lot trennen muss, aber im Grunde schickt Lot Abraham in die Wüste. Im wahrsten Sinne des Wortes. Lot geht dahin, wo der Pfeffer wächst (Pfeffer braucht es etwas feuchter) und Abraham bleibt in der Wüste. Abraham bezahlt es teuer, dass Lot ihn begleitet hat. Und damit kehrt längst kein Frieden ein. Kurze Zeit später kommt Lot in den Knast (unverschuldet zwar – als Kriegsgefangener), aber Abraham muss ihn wieder raushauen. Und danach wird es auch nicht ruhig um ihn. Wegen ihm feilscht Abraham mit Gott um eine total verlotterte Stadt. Abraham macht sich stark für eine verdorbene Stadt, die es überhaupt nicht wert ist, gerettet zu werden. Aber weil Blut dicker ist als Wasser, kann Abraham das Schicksal von Sodom nicht egal sein. Weil das Schicksal von Sodom gleichzeitig auch das Schicksal von Lot ist. Sein Neffe lebt dort... Lot macht nur Ärger. Die Bibel wäre viele Seiten dünner, wenn Abraham sich diese Episode geschenkt hätte. Lot gehört nicht in die Segensgeschichte von Gott mit seinem Volk: „Verlass dein Land, deine Verwandtschaft und das Haus deines Vaters." Ist das denn zu viel verlangt? Offensichtlich schon. Zumindest in dem Moment.

Wie auch immer: Abraham haut nicht in den Sack. Abraham zieht sich nicht ganz zurück und ist komplett aus der Geschichte raus. Abraham bricht nicht ab. Abraham bricht auf. Und wir lernen aus der Geschichte: Gott überfordert nicht.

Er fordert bis an die Grenze. Kompromisslos. Aber er nimmt dich mit. Er überfordert dich nicht: So weit, wie du gehen kannst, so weit geh. Wenn du dein Kuscheltier unbedingt brauchst, dann nimm es halt mit. Wenn du ohne deinen Neffen nicht leben kannst, dann nimm ihn mit. Bevor du gar nicht gehst... nimm ihn mit. – Gott überfordert nicht.

Wie weit kannst du gehen? Geht auch noch ein Schritt weiter? Dann geh einen Schritt weiter. **Manchmal ist es auch dran, Grenzen zu überschreiten. Wie weit kannst du gehen?** Geht noch ein Schritt weiter? Wenn nicht, dann geh wenigstens so weit.

Abraham geht aus seinem Land und von seines Vaters Hause und vom Großteil seiner Verwandtschaft. Den Rest nimmt er mit. Davon wird Abraham sich später verabschieden. Wenn er so weit ist. Das wird auch nochmal schmerzhaft, aber bis es so weit ist, lebt Gott damit, dass Lot weiter Teil der Geschichte bleibt.

Wenn Gott dich in Beschlag nimmt: Sag nicht: Ich kann das nicht, also mach ich das nicht. Gott lässt mit sich reden. Gott überfordert nicht.

Jahre später geht es um die Zukunft für Abraham. Gott hatte ihm eine Zukunft versprochen: „Ich werde mit dir etwas ganz Neues aufbauen." Aber diese Zukunft lässt auf sich warten.

Und auch hier glaubt Abraham der Verheißung Gottes. Und er wird dafür als vorbildlich hingestellt, weil er glaubt. *„Abram glaubte dem Herrn, und das rechnete er ihm als Gerechtigkeit an"* [1. Mose 15,6].

Aber so ganz erfüllt er den Anspruch nicht. So kompromisslos wie Abraham in der Kinderstunde immer hingestellt wird, glaubt er nicht. Die Zukunft lässt ganz schön lange auf sich warten und Abraham wird mit der Zeit immer nervöser.

Irgendwann will er Gott unter die Arme greifen: Für die Zukunft braucht es doch Nachkommen. Aber die hat Abraham nicht. Und die kommen auch nicht. Und anscheinend kommen sie auch nicht nach. Also hilft Abraham nach. Er wechselt die Pferde. Beziehungsweise die Frauen. Das ist zwar mit Sara abgesprochen, genaugenommen kommt sie sogar auf diese für uns heute zu recht krank klingende Idee. Aber das macht die Idee auch nicht besser. Auf jeden Fall zeugt Abraham ein Kind mit seiner Magd (mit Hagar). Ismael ist das Ergebnis. Ein Kapitel vorher hieß es noch: *„Abram glaubte dem Herrn, und das rechnete er ihm zur Gerechtigkeit."* Wie weit ist es mit dem Glauben her? Abraham nimmt die Zukunft selbst in die Hand. Weil er eben nicht glaubt, dass Gott das noch regeln wird.– Aber wisst ihr was? An Abrahams Glauben und an seiner Gerechtigkeit wird nicht gerüttelt. Gott relativiert die Aussage über Abraham nicht. *„Abram glaubte dem Herrn, und das rechnete er ihm zur Gerechtigkeit"* – trotz seiner nervösen Zuckungen.

Und wieder kann Gott mit dieser eigenmächtigen Planänderung leben. (Besser sogar als Abraham und Sarah – wie sich herausstellt.)

Und wieder wird es schmerzhaft, Ismael aus dem Drehbuch herauszunehmen. Und so leicht, wie Sarah sich das vorgestellt hat, wird es nicht. Wie auch immer: Abraham wird jetzt Vater. Und er stellt sich dieser Verantwortung. Und auch Gott entzieht sich dieser Verantwortung nicht. Und wir lernen aus der Geschichte: Gott bleibt sich treu und Abraham muss zu seinen Taten stehen. Konsequent. Auch für Ismael bleibt Platz. Du kannst dein Kind nicht einfach in die Wüste schicken, wenn es dir nicht mehr gefällt. Ismael war nicht geplant. Aber er bekommt einen Teil des Segens ab. Gott verspricht der Mutter von Ismael, der Magd von Abraham: *„Ich werde deine Nachkommen so zahlreich machen, dass man sie nicht zählen kann“* [**1. Mose 16,10**]. Das klingt verdächtig nach dem gleichen Versprechen, dass Gott Abraham gegeben hat. Ismael ist nicht Teil der großen Geschichte mit Gott und seinem Volk. Aber das ist nicht sein Problem. Er kann nichts dafür und so wird auch er nicht zu kurz kommen. Gott ist treu und bleibt es auch. Und er steht auch zu den nervösen Zuckungen, die Abraham eigenmächtig zu verantworten hat. Wie schon bei Lot kann Gott mit der Planänderung leben, auch wenn das Konsequenzen hat, die für Abraham folgenschwer und teilweise schmerzhaft sind.

Und wenn die Zeit reif ist, dann greift Gott seinen Plan wieder auf: Gott schreibt mit Abraham und Sarah Geschichte. Isaak ist das Ergebnis. Isaak ist Abrahams Zukunft. Daraus wird Israel.

Aber auch hier bleibt Gott der Fordernde, der Herausfordernde. Abraham soll auf einmal seinen Sohn opfern. Das macht Knoten im Kopf. Das ergibt keinen Sinn. Warum soll Abraham seine Zukunft wieder aufs Spiel setzen? Was fordert Gott?

Abraham muss sich verabschieden. Immer wieder. Von seiner Vergangenheit und jetzt von seiner Zukunft. Beides muss Abraham lassen, um in Gottes Verheißung zu bleiben. Tut er es nicht, verliert er seinen Gott. Macht er es, verliert er seinen Sohn. Pest oder Cholera – ein klassisches Dilemma. Aber: **Abraham hat etwas gelernt: Gottvertrauen.** Es ist ganz offensichtlich besser, Gottes Wege zu gehen. So schwer sie auch sein mögen.

Abrahams Wendungen ist Gott immer mitgegangen, aber sie haben das Leben komplizierter gemacht – waren letztlich schmerzhaft. Es wäre immer besser gewesen, Gottes Wegen gleich kompromisslos zu folgen. Manchmal war es Abraham nicht möglich. Und dann ist Gott das mitgegangen. Aber eine Verbesserung des ursprünglichen Plans war es nie.

Es ist ganz offensichtlich besser, Gottes Wege zu gehen. So schwer sie auch sein mögen. „Das kann der doch jetzt nicht ernst meinen.“ Da regt sich Widerspruch im Bauch. Da schreit alles in uns: „Das geht nicht. Da kann ich nicht mitgehen!!!“ – **Okay! Wie weit könntest du denn mitgehen? Geh so weit mit, wie du gehen kannst. Gott kommt damit klar.** Zur

Not dreht Gott eben mit dir noch eine Extrarunde. Die hat er aber mit Abraham zu diesem Zeitpunkt schon gedreht. Und Abraham kann diesen Schritt jetzt schweren Herzens mitgehen. Das ist Gottvertrauen! „Du hast mir eine Zukunft versprochen und du hast mir eine geschenkt. Jetzt steht diese Zukunft wieder auf dem Spiel. Du wirst sie nicht verspielen. Ich vertraue dir." Diesmal gibt es keine nervösen Zuckungen von Abraham. Und diese Ruhe regt jeden heutigen Leser auf. Und diese Ruhe beschreibt bestimmt auch nicht den inneren Gemütszustand von Abraham. Aber das ist Gottvertrauen.

Manchmal sind Gottes Wege undurchschaubar. Manchmal bleibt Gott mir fremd. Und in der Geschichte von Abraham und Isaak bleibt Gott Abraham erstmal fremd. Abraham kennt diesen Gott so nicht. Das merkt man daran, dass in dieser Geschichte nicht von Jahweh oder JHWH die Rede ist. Immer steht da „Elohim". Das ist eine allgemeine Gottesbezeichnung – ein allgemeiner Gottesbegriff. Wenn man die Geschichte in der Bibel liest, dann fällt das auf. (Im Deutschen nicht, weil es im Deutschen diese Unterscheidung nicht gibt. Aber im Hebräischen gibt es unterschiedliche Worte für einen Gott und den Gott. Das eine ist ein allgemeiner Begriff und das andere ist sein Name.) Und in dieser Geschichte steht nur der allgemeine Gottesbegriff. Erst als Gott Abraham zurückpfeift und das Opfer austauscht, erst ab da lesen wir wieder den vertrauten Gottesnahmen: JHWH.

Manchmal bleibt Gott mir fremd. Weil ich seine Wege nicht verstehe. Weil sie mir vielleicht auch unsympathisch sind. Oder weil sie mir mächtig gegen den Strich gehen. Und dann frage ich mich: Darf man eigentlich auch dagegen sein? – Ja, darf man. Mehrfach ist Abraham das sogar. – Lohnt es sich, dagegen zu sein? – Nein. Wenn man Abraham fragt: niemals.

Manchmal bleibt Gott mir fremd in dem, was er tut oder will. Wir tun aber trotzdem gut daran, uns darauf einzulassen. Es dient zu unserem Besten. – Was ist das Ergebnis dieser Geschichte?

Abraham behält Isaak als ein Geschenk. Und Gott bekommt Isaak als ein Geschenk. Ab hier ist Isaak ein Geschenk für beide Seiten. Hier an dieser Stelle wird Isaak zum Gottesvolk, das Abraham versprochen war und das doch ganz zu Gott gehört.

Spätestens ab jetzt sind Gott und Isaak (der später den Namen Israel bekommt) untrennbar verbunden. Denn wir lernen: Gott ist kein Sadist, der Menschenopfer fordert. Im Gegenteil: Da, wo unser Leben am seidenen Faden hängt, hält Gott seine schützende Hand über uns.

Und unser Leben hängt immer am seidenen Faden. Seit unserer eigenmächtigen Trennung von Gott hängt unser Leben am seidenen Faden. Das war nicht Gottes Plan für unser Zusammenleben. Er hätte sich gewünscht, dass der Mensch den Baum der Erkenntnis links liegen lässt und gehorsam bleibt. Aber das konnte der Mensch nicht so kompromisslos denken. Und Gott ist diese Wendung mitgegangen. Das hat unser Leben komplizierter gemacht. Unser nervöses Zucken, unser voreiliger Obstkonsum, unser Verbesserungsversuch des göttlichen Plans haben unser Leben kompliziert gemacht. Seitdem hängt unser Leben am seidenen Faden, weil wir von Gott, der Quelle unseres Lebens getrennt sind. Das wieder auf die Reihe zu bekommen, wird einiges kosten. Wir werden etwas opfern müssen dafür. Das fordert Gott nicht ein, weil er auf Rache aus ist, sondern weil er sich der Verantwortung nicht entzieht und auch uns nicht einfach aus der Verantwortung entlässt. Unser Tun hat Konsequenzen. Aber Gott tut letztlich selbst, was er von Abraham doch nicht fordert – was aber von ihm zu fordern wäre.

Wie kommen Gott und Mensch wieder zusammen? Das wird etwas kosten: Es kostet das Leben! Als Gott und Mensch sich trennten, stand diese Konsequenz im Raum: *„Esst nicht von diesem Baum, sonst müsst ihr sterben“* [vgl. 1. Mose 2,17]. Die Trennung von Gott und Mensch kostet das Leben. Dass Abraham Isaak zu opfern hat, ist grausam, aber es wäre folgerichtig: Die neue Gemeinschaft mit Gott kostet das Leben. – Das ist unsere Konsequenz. Doch letztlich tut Gott selbst, was er von Abraham dann doch nicht fordern will.

Gott springt Abraham schützend in den Arm. Niemand ist Gott schützend in den Arm gesprungen, als es um seinen Sohn ging. Wer auch? Das ist kein Vorwurf an uns. Wer hätte das auch tun sollen? Keiner sollte das tun. Gott wollte diesen Preis bezahlen. Für uns und an unserer Stelle.

Gott und Mensch kommen wieder zusammen. Der Preis dafür ist hoch. Es kostet das Leben. Und Gott hat schon bezahlt. Auf einmal steckt ganz viel Evangelium in dieser grausamen Geschichte. Manchmal bleibt Gott mir fremd. Weil ich seine Wege nicht verstehe. Und weil sie mir unsympathisch erscheinen. Darf man auch dagegen sein? – Ja, darf man. Mehrfach ist Abraham das auch. Lohnt es sich dagegen zu sein? – Nein. Wenn man Abraham fragt: niemals. Alles, was Gott tut und fordert, dient dem Leben. Das darfst du glauben. Alles, was er tut und fordert, strebt einem Ziel entgegen: nämlich, dass du und er wieder zusammenkommen. Ob du das glaubst oder nicht – es ist so.

Ich wünsche dir dieses Gottvertrauen. Das kann man lernen. Wie weit könntest du gehen? Wie weit reicht dein Vertrauen? Und ginge vielleicht auch ein Schritt weiter? – Geh so weit mit, wie du gehen kannst. Gott kommt damit klar. (Wahrscheinlich besser als du.) Zur Not dreht Gott mit dir noch eine Extrarunde. Gottvertrauen kann man lernen.

Amen.

Elisa und die Bären – Warum?

Länge:	ca. 16 Minuten
Bibelstellen:	**2. Könige 2,19–25** | Johannes 1,12 | Lukas 10,16 | Josua 6,26 | 1. Könige 12,26–33 | Lukas 23,34 | 1. Korinther 7,13 | Johannes 20,23a
Thema:	Ist Gott grausam?
Aufbau:	(1) Wer im Auftrag Gottes unterwegs ist, macht sich nicht lächerlich – Gott steht zu dem, was sein Mitarbeiter sagt. (2) Pass auf, was du sagst – Gott stellt sich zu seinen Mitarbeitern. (3) Was bringen wir unseren Kindern bei? – Über Gott macht man sich nicht lustig.

Text gemeinsam lesen

Wir müssen über diese Texte im Gespräch bleiben, weil ich allein vielleicht an ihnen verzweifle. Und allein fehlt mir auch der richtige Blick, der richtige Zugang – gerade, wenn ich an einzelnen Stellen besonders emotional angegriffen bin...

Kann ich den Text denn überhaupt lesen, ohne an die 42 Kinder zu denken, denen diese Begebenheit zum Verhängnis wird?

Wenn ich diesem Text allein begegne, dann komme ich über diese Schwelle gar nicht weg. Wie soll das auch gehen? Ich bin Familienvater von drei kleinen Jungs. Und ich weiß, wie unbekümmert die Jungs unterwegs sind und wie leichtfertig Kinder sich über eine Glatze lustig machen...

Als glatzköpfiger Familienvater kann ich diesem Text nicht ausweichen. Auch, wenn er zunächst unbequem ist. Ich bin von beiden Seiten betroffen...

Aber vielleicht steckt in diesem Text noch mehr. Etwas, das mich nicht nur betroffen macht, sondern etwas, das ich lernen könnte. Ich will nicht unsensibel wirken, aber ich vermute, dass es in dieser Geschichte nicht zuallererst um die beiden Bären und die toten Kinder geht. Und auch nicht in erster Linie um die Frisur eines Propheten. Wir werden nachher darauf zurückkommen – zumindest auf die Kinder – versprochen, auch weil diese Szene für mich zum Himmel schreit.

Aber am Anfang würde ich meinen Blick gerne auf den Propheten richten. Ich vermute, der Gewinn dieses Textes liegt darin, sich mit Elisa zu identifizieren.

Wer war dieser Elisa? Ich kenne Elia. Das war der größte Prophet, der in der Bibel vorkommt. Aber wer ist Elisa? Elisa ist sein legitimer Nachfolger. Gerade in dem Text vor der Bärengeschichte lesen wir, wie Elia von der Bildfläche verschwindet. Und wie nur Elisa – als engster Vertrauter von Elia – in der Nähe ist: Als engster Vertrauter darf er dabei sein. Er bekommt sogar den Prophetenmantel von Elia, das offizielle Erkennungszeichen seines Ziehvaters.

Und als Elisa später allein zurückkommt, ist für alle anderen Prophetenschüler und auch für das ganze restliche Volk klar: Elisa ist der neue Elia. Und so wird Elisa in eine Aufgabe hineingeworfen, die er sich selbst so nicht ausgesucht hätte, und die ihm wahrscheinlich auch zu groß scheint, oder die ihm zumindest noch zu früh kommt.

Willkommen in meiner Welt!

Als Christ bin auch ich heute im Auftrag Gottes unterwegs. Dass ich dieser Aufgabe gewachsen bin, würde ich von mir aus nicht behaupten.

Wahrscheinlich ist das auch der Grund, warum ich mir das in manchen Situationen gar nicht bewusst mache. Im Gegenteil. Ich blende es sogar ganz gerne aus.

Ich? Ein Prophet? Ein Hinweis auf Gott im heutigen Alltag? Bei der Arbeit? Beim Einkaufen? In der Bibliothek? Im Schwimmbad? Auf dem Marktplatz? Beim Elternabend?

Wenn man meinem Mantel ansehen würde, dass ich im Auftrag des Herrn unterwegs bin... Mir wäre das in den meisten Fällen unangenehm. Mein öffentliches Bekenntnis ist gerne auf einen Aufkleber am Auto beschränkt. Da spricht mich keiner an, wenn man den liest. Das ist ja – Gott sei Dank – meistens an der Ampel... Da steigt keiner aus und klopft bei mir an der Scheibe...

Elisa wird darauf angesprochen. Sein Bekenntnis klebt nicht auf der Heckscheibe. Man erkennt ihn schon von weitem als Propheten. Er trägt den Mantel von Elia. Und damit ist er auf Sendung. Ob er will oder nicht. Er wird gesehen und mit Gott in Verbindung gebracht. Und so handelt er, wenn er handelt, im Auftrag Gottes.

Willkommen in meiner Welt? In deiner Welt? Dürfen wir uns eigentlich mit einem Propheten identifizieren? – Ich sage „Ja" – das müssen wir sogar.

Propheten sind gläubige, gottesfürchtige Menschen. Und sie haben den Auftrag, das Wort Gottes in die aktuelle Zeit zu sagen. Ein Prophet legt Gottes Wort für heute aus. Diesen Auftrag bekommen im Alten Testament nur wenige Personen. Menschen, die Gott in ganz besonderer Weise nahestehen.

Das Neue Testament geht da einen Schritt weiter: Mit Jesus ist Gott uns Menschen ganz besonders nahegekommen. Und denen, die an seinen Namen glauben, denen gibt er die Macht und das Recht, Kinder Gottes zu werden [**vgl. Johannes 1,12**]. Als Christen sind wir Kinder Gottes. Welcher Prophet könnte Gott näherstehen als sein eigenes Kind?

Ja, wir Christen leben im Auftrag Gottes. Und, wann immer wir den Mund aufmachen, reden wir im Auftrag Gottes. *„Wer euch hört, der hört mich"* [**Lukas 10,16 – Luther**], sagt Jesus seinen Jüngern. Selbst, wenn wir uns nicht zu den Jüngern zählen wollen, weil wir nicht einer der 12 Freunde waren, die mit Jesus um die Häuser gezogen sind: Jesus beauftragt seine Jünger, andere zu Jüngern zu machen, indem sie von Jesus lehren. Indem sie alles, was Jesus ihnen beigebracht hat, in den Alltag der Menschen bringen. Und die Personen, die auf diese Art und Weise von Gott hören, werden wieder zu Jüngern, zu Kindern Gottes, denen wiederum dieser Auftrag gilt.

Wir können, dürfen und sollen uns also mit einem Propheten identifizieren. Und gerade Elisa bietet eine unheimlich gute Identifikationsfläche. Denn Elisa erfährt in voller Bandbreite, was es heißt, mit Gott und für Gott unterwegs zu sein.

Elisa ist kein abgehobener Theologe. Elisa steht mit beiden Beinen in der Lebenswelt seiner Zeit. Die „kleinen" Alltagsprobleme seiner Mitmenschen beschäftigen ihn. Elisa ist ein sympathischer Zeitgenosse. Er ist ein Genosse seiner Zeit. Und das sind wir hoffentlich auch.

Die Menschen in Jericho kommen mit ihren Alltagsproblemen zu ihm. „Elisa, es ist so schön hier. Ein richtig guter Ort zum Leben. Aber wir haben ein Problem mit dem Wasser." Das Wasser ist ungenießbar. Als Theologen dürfte das Elisa nicht verwundern. Seitdem Josua damals mit dem Volk Israel die Stadt Jericho mit Pauken und Trompeten dem Erdboden gleich gemacht hatte, seitdem war diese Stadt kein guter Ort mehr zum Leben. Gott selbst hatte davor gewarnt, diese Stadt wieder aufzubauen. Aus theologischer Sicht überrascht die Unfruchtbarkeit des Wassers nicht. Das Ganze ist aber rund 300 Jahre her. Und Elisa ist ein sympathischer Zeitgenosse. Und er legt Gottes Wort im Heute aus. Ganz offensichtlich handelt Elisa hier nicht eigenmächtig. Er redet im Auftrag Gottes: *„So spricht der Herr: Ich habe dies Wasser gesund gemacht; es sollen hinfort weder Tod noch Unfruchtbarkeit von ihm kommen."* Das musst du dich erstmal trauen. 300 Jahre nachdem Gott gesagt hat: „Hier baut keiner mehr was. Und wenn doch, dann ist mit meinem Segen nicht zu rechnen." 300 Jahre später – als erste Prophetentat – sich hinzustellen und zu sagen: „Im Namen Gottes: Von hier geht wieder Leben aus."

Wenn ich Elisa gewesen wäre, mir hätte in dieser Geschichte ein kleiner Satz gefehlt. Zwischen Problemanzeige und Lösungsansatz hätte ich gerne den expliziten Zuspruch Gottes gehört, dass ich mich dabei nicht lächerlich mache. Bevor ich die Quelle versalze, hätte ich mich gerne abgesichert, dass Gott auch vorhat zu handeln. Ich traue mich nicht so freizügig und selbstverständlich, Wunder zu versprechen. Hier geschieht sichtbar gewordene Schuldvergebung. Unter dieser Schuld hat eine ganze Region 300 Jahre zu leiden gehabt. Und Elisa spricht Vergebung aus und für alle sichtbar, nachvollziehbar und kontrollierbar geschieht das auch.

Elisa erlebt hier, was es heißt, mit Gott und für Gott unterwegs zu sein: Wer im Auftrag Gottes unterwegs ist, macht sich nicht lächerlich.

„So wurde das Wasser gesund bis auf diesen Tag nach dem Wort Elisas, das er sprach."

Fällt dir etwas auf? „So wurde das Wasser gesund [...] nach dem Wort Elisas, das er sprach."

Elisa handelt im Auftrag des Herrn. Daran lässt er keinen Zweifel. Die Prophetenformel „So spricht der Herr" ist ein ganz sicheres Anzeichen dafür. Und auch die Zeichenhandlung, die er vollzieht, macht klar: Das ist kein naturwissenschaftliches Experiment, sondern erbetenes Eingreifen Gottes. Es ist eine Zeichenhandlung. Von dem Salz im Wasser wären selbst heutzutage mit unseren modernen Messmöglichkeiten schon nach wenigen Minuten nicht mal mehr Spurenelemente nachweisbar. Also Grundlage des Handelns von Elisa ist der Auftrag des Herrn.

Die Begründung für das Wirken Gottes an dieser Stelle ist das Wort von Elisa. „So wurde das Wasser gesund [...] nach dem Wort Elisas, das er sprach." Gerade so, als ob Gott sagen wollte: „Was hätte ich denn tun sollen, wenn Elisa es in meinem Namen verspricht. Ich stehe zu dem, was mein Jünger sagt."

Das ist der Zuspruch in diesem Text: Gott stellt sich zu seinen Leuten. Bedingungslos.

Jesus sagt das so: „Wer euch hört, der hört mich".

Diesen Zuspruch müssen wir hören und verinnerlichen. Wir dürfen und werden im Auftrag Gottes reden. Und Gott bindet sich an das, was wir sagen und versprechen. Das tut er freiwillig.

Wisst ihr, warum Bauingenieure Architekten nicht leiden können. – Weil Bauingenieure die Dummen sind, die halten müssen, was die Architekten versprechen. Der Architekt streicht aus optischen Gründen eine Stütze im

Plan und der Bauingenieur muss zähneknirschend einen Weg finden, wie sich das statisch machen lässt. Gott knirscht nicht mit den Zähnen.

Gott tut das freiwillig. Durch das, was wir sagen, und trotz dem, was wir sagen: Gott kommt zum Ziel. Gott bindet sich freiwillig und selbstverständlich an das, was wir sagen.

Was für ein Zuspruch! Wenn ich mit jemandem ein Übergabegebet spreche, dann spreche ich ihm zu, dass er das Ewige Leben hat. Und das tue ich nicht vorbehaltlich. Und erst recht nicht vorbehaltlich einer göttlichen Bonitätsprüfung. Wem wir in der Seelsorge Sündenvergebung zusprechen, dem ist die Sünde vergeben. Darauf darf sich der Sünder verlassen. Und wenn er sich ehrlich darauf verlassen darf, dann müssen wir uns auch darauf verlassen können, dass Gott nicht erst prüft, ob wir das hätten sagen dürfen, und dass er das dann vielleicht auch so sieht. „*Wem ihr die Sünden vergebt, dem sind sie wirklich vergeben. Wem ihr sie aber nicht vergebt, dem sind sie nicht vergeben*" [**Johannes 20,23**]. Das ist Teil unseres Auftrages, dass Gott sich an das bindet, was wir sagen.

Gott steht für uns ein. Springt für uns in die Bresche. Und das gilt nicht nur für die Momente, wo wir ganz offensichtlich in seinem Namen unterwegs sind. Das gilt nicht nur da, wo wir Menschen konkret zusprechen, was sowieso schon Allgemeingültigkeit vor Gott hat. Da, wo wir quasi nichts falsch machen können. Sondern: Wo immer wir uns als Christen zu erkennen geben und uns angreifbar machen, da solidarisiert sich Gott mit uns. In unserem Alltag, in der Bibliothek, beim Einkaufen, bei der Arbeit und beim Elternabend. Wo immer wir uns angreifbar machen, weil wir uns als Christen zu erkennen geben. Da sind nicht wir angreifbar, sondern Gott. Denn wer uns verachtet, der verachtet den, der uns gesandt hat [**vgl. Lukas 10,16c**]. Wenn wir als Christen leben, dann kann man nicht trennen, wann wir Christ und wann wir Privatmensch sind. Diesen Unterschied gibt es nicht.

Wir geben Gott ein Gesicht in dieser Welt und mit diesem Gesicht lässt er sich gerne sehen. Und er wird es nicht zulassen, dass wir in seiner Geschichte die Dummen bleiben.

Elisa erlebt das. Er macht sich auf den Weg nach Hause. Nach Bethel. Bethel ist ein spannender Ort. Und ein Ort voller Spannungen. Auf der einen Seite befindet sich dort eins der beiden Zentralheiligtümer des

Nordreiches [vgl. 1. Könige 12,26–33]. Diese Zentralheiligtümer sind Gott ein absoluter Dorn im Auge, weil sie u. A. an das goldene Kalb aus der Wüstenzeit erinnern. Und zum anderen gibt es in Bethel eine wichtige Prophetenschule, der Elisa vorsteht. Hier treffen also Welten aufeinander.

Diese Jungen, die sich über die Frisur von Elisa lustig machen, die begegnen Elisa nicht zufällig. Sie laufen ihm absichtlich entgegen, um ihn zu verspotten. Hier wird die ganze Ablehnung einer Generation deutlich, die verächtlich auf Gott blickt. Die Kinder plappern nur nach, was sie von ihren Eltern gehört haben: „Das neue Zentralheiligtum lässt den alten Gott alt aussehen. Der Gott Israels ist zu schwach, sich der neuen modernen Religion zu widersetzen. Man muss mit dem Zeitgeist gehen.“ Kommen uns diese Töne heute nicht bekannt vor? Die Jungen verspotten Elisa, weil sie sicher sind, dass er ihnen nicht beikommen kann. Das will Elisa nicht auf sich sitzen lassen und Gott kann das nicht auf sich sitzen lassen.

Und jetzt wird es grausam. Elisa verflucht die Kinder im Namen des Herrn und Gott schickt zwei Bären aus dem Gebüsch, die 42 Kinder töten. Grausam! Aber auch aus dieser Katastrophe will ich zwei Dinge lernen. Einmal als selbst glatzköpfiger Mitarbeiter Gottes und einmal als Familienvater:

(1.) Pass auf, was du sagst. *„Er drehte sich zu ihnen um, sah sie an und verfluchte sie im Namen des Herrn.“* Und wir haben eben gelernt: Gott bindet sich an das, was wir sagen. Aber was ich eben noch als Zuspruch erlebt habe, wird zum Anspruch an mich. Pass auf, was du sagst. Gott stellt sich zu seinen Leuten. Elisa wird nicht der Dumme in der Geschichte sein. Und du wirst es auch nicht. Was im Namen des Herrn passiert, dahinter steht Gottes ganze Person. Seine geballte Macht, die wir Menschen so oft unterschätzten. Das ist für mich eine unheimliche Beruhigung auf der einen Seite, weil es eine innere Absicherung für mich bedeutet. Aber gleichzeitig ist diese Geschichte auch eine Warnung für mich. Pass auf, was du sagst. Jesus hat später anders reagiert. Wie wünschenswert wäre es, wenn wir mit Jesus sagen könnten: *„Vater, vergib ihnen, denn sie wissen nicht, was sie tun“* [Lukas 23,34]. Jesus ist nicht zum Verderben der Menschen gekommen, sondern zu ihrer Rettung. Indem Gott selbst auf

die Erde kommt, macht er noch einmal einen Schritt auf uns Menschen zu. Einen Schritt göttlicher Liebe. Und diese Liebe erträgt alles [**vgl. 1. Korinther 7,13**] – jedenfalls solange wir leben.
Das ändert nichts am Ernst der Lage: **Wer Gott auf die leichte Schulter nimmt, spielt mit seinem Leben.** Und dieses Spiel kann man nicht gewinnen!
Dass Gott sich sofort sichtbar zu dem Fluch bekennt, hat Elisa vielleicht gar nicht erwartet. Es hätte auch äußerlich wahrnehmbar einfach nichts passieren können. An der geistlichen Wirklichkeit hätte sich nichts geändert: Wer Gott nicht ernst nimmt, kann das Leben nicht gewinnen. Aber ich hätte mir in der Geschichte für Elisa gewünscht und wünsche mir das für mich noch viel mehr, dass ich in so einer Situation anders reagieren könnte. Hätte Elisa doch nur angehalten, gelacht und die Kinder zu einer Kinderstunde eingeladen. Und hätte er ihnen von der Liebe Gottes erzählt und den Kindern deutlich gemacht, dass Gott mehr Gewicht in ihrem Leben hat, als sie erahnen, und dass sie mit ihrem Leben spielen, wenn sie sich über Gott lustig machen. Aber diese geduldige Perspektive ist erst mit Jesus in die Welt gekommen. Und deshalb will ich aufpassen, was ich sage. Gerade weil ich weiß, dass mein Wort in Gottes Ohren Gewicht hat. Als Mitarbeitender lerne ich also: Pass auf, was du sagst.
(2.) Aber zweitens lerne ich auch als Familienvater etwas aus diesem Text. Was lebe ich meinen Kindern vor? Kinder machen nur nach, was sie bei den Eltern sehen. Und du kannst sagen, was du willst, sie tun, was du tust.
Wir achten so sehr darauf, dass unsere Kinder sicher sind. Wir nehmen sie an die Hand, wenn sie über die Straße gehen. Wir kaufen einen Fahrradhelm, damit sie bei einem Unfall geschützt sind. Das erste Taschenmesser ist oft stumpfer als der Stock, den sie schnitzen. Jedes Spielgerüst braucht alle möglichen Sicherheitssiegel und wehe es guckt irgendwo eine Schraube raus. Und für den Toilettensitz in der Bahn haben wir Desinfektionstücher in der Tasche. **Wir tun alles, damit unsere Kinder körperlich unversehrt durchs Leben kommen. Investieren wir die gleiche Zeit, die gleiche Mühe und die gleiche**

Kraft da hinein, dass unsere Kinder geistlich unversehrt durchs Leben kommen? Bringen wir ihnen bei, dass leichtfertig ausgesprochene Worte trotzdem eine Wirkung haben? Lernen sie von uns, dass längst nicht alles witzig ist? Können sie bei uns sehen, wie man Stille Zeit macht? Merken sie, dass wir nach Gottes Willen fragen? Reden wir mit ihnen, wenn sie ihre Geschwister als Idioten beschimpfen? Machen wir ihnen bewusst, dass man sich nicht nur bei Menschen entschuldigt, sondern Dinge auch vor Gott bereinigt? Lernen sie nicht nur bei Oma „Danke" zu sagen, sondern auch bei Gott? Beten wir für und mit unseren Kindern?

Das alles ist keine Garantie dafür, dass sie sich für ein Leben mit Jesus entscheiden. Und wir sollten uns hüten, es uns gegenseitig zum Vorwurf zu machen, wenn unsere Kinder sich nicht an Gott orientieren. Aber wir machen es uns zu einfach, wenn wir die Geschichte nur lesen und sagen: So darf Gott doch nicht sein. Wir sollten diese Geschichte lesen und auch unsere Verantwortung darin erkennen: Passen wir auf unsere Kinder auf!

Gott sei Dank begegnet uns in Jesus auch ein Mehr an Geduld. Wir haben Zeit, Gott zu suchen und zu finden. Das ist Gnade. Aber der Gott des Alten und des Neuen Testaments ist der Gleiche. Und das Ende der Geschichte ist kein anderes, auch wenn heute keine Bären aus dem Gebüsch kommen. Wir leben in einer Zeit der Gnade. Wir haben noch Zeit, um unser Verhältnis zu Gott zu klären. Nutzen wir sie!

Was bleibt mir zum Schluss von dieser Geschichte in Erinnerung? Diese Geschichte wird mir immer schwer im Magen liegen. Aber drei Dinge will ich behalten:

(1.) Als allererstes den riesigen Zuspruch, dass ich im Auftrag Gottes reden darf und soll. Wem ihr die Sünden vergebt, dem sind sie wirklich vergeben. Gott traut mir unheimlich viel zu. Und er stellt sich zu meinem Wort. Gott bindet sich an das, was ich sage. – Der Hammer.

(2.) Und zweitens ist mir das gleichzeitig auch eine Warnung. Mit dieser Zusage kann ich nicht leichtfertig umgehen. Ich kann nicht gut nennen, was Gott böse nennt. Zumindest nicht absichtlich. Mit Gottes Zuspruch ist auch ein Anspruch verbunden. Wem ihr die Sünden vergebt, dem sind sie wirklich vergeben. Aber: Wem ihr sie nicht vergebt, dem sind sie auch nicht vergeben.

Damit traut Gott mir nicht nur viel zu, damit mutet er mir auch eine ganze Menge zu. Und das soll mich vorsichtig und bedacht beim Reden machen. Pass auf, was du sagst!

(3.) Und dieser Text macht uns drittens wachsam im Umgang mit der nächsten Generation: Lehrt eure Kinder Ehrfurcht. Über Gott macht man sich nicht lustig.

Wir passen auf, dass unsere Kinder körperlich möglichst unversehrt bleiben. Aber passen wir auch geistlich auf sie auf?

Amen.

Vaterunser / Der Schalksknecht – Vergebung

Länge:	ca. 11 Minuten
Bibelstellen:	**Matthäus 6,12 | Matthäus 18,21–35**
Thema:	Gibt es eine Vorbedingung für Vergebung?
Aufbau:	Hängt Gottes Vergebung von meiner ab? Schritt I: Gott vergibt, wenn wir zu Kreuze kriechen. Schritt II: Déjà-vu mit vertauschten Rollen – der Schuldner wird zum Gläubiger. Zwischenfazit: Gottes Vergebung und mein Vergeben gehören wohl doch zusammen. Knotenlöser: „Wie oft muss ich vergeben?" – Da gefällt mir schon die Frage nicht. (seelsorgerlicher) Schluss: Es ist eine lebensnotwendige Bitte, dass ich vergeben kann.

Ich bin ein typisch „durchgeglaubtes" Kind: Meine Eltern sind entschiedene Christen. Ich habe die Kinderstunde besucht, bin in der Jungschar groß geworden, der Teenkreis hat mich geistlich geprägt und der Jugendkreis war wie ein zweites Zuhause für mich. Ich habe so gut wie jede christliche Gruppe mitgenommen und durchlebt. Ich war sogar im Posaunenchor.

Ich habe mich irgendwann für ein Leben mit Jesus entschieden, aber ich kann nicht von mir behaupten, dass das ein Wendepunkt in meinem Leben gewesen wäre. Für mich ist die Existenz Gottes von Anfang an Realität gewesen. Es gibt so durchgeglaubte Kinder, denen du in der Kinderstunde 'ne Geschichte erzählen kannst und du hast zwei Sätze gesagt, und sie fallen dir ins Wort und rufen: Kenne ich schon! – Wahrscheinlich war ich so ein Kind.

Und wahrscheinlich ist mir auch von da die Faszination für genau diese Texte geblieben. Diese „Kenn-ich-schon-Texte". Ich rede unheimlich gerne über Texte, die schon jeder kennt. Ich liebe es, mir Geschichten aus der Bibel anzugucken, von denen ich selbst denke: „Da ist doch nichts Neues für mich drin." Und ich liebe es, dann doch über etwas zu stolpern, das mich überrascht.

Das Vaterunser ist genau solch ein „Kenn-ich-schon-Text". Diesen Text kennt jeder christliche Jugendliche. Jeder Konfirmand kennt dieses Gebet. Und das Vaterunser ist so ein Gebet, was auf den ersten Blick keinen vom Hocker haut. Augen zu und durch. Das Vaterunser hat etwas von Tradition: Es kommt immer kurz vorm Ende des Gottesdienstes. Alle stehen schon auf – als wollten sie schon nach Hause. Man macht die Augen zu und senkt den Blick. Man rattert dieses Gebet runter. Immer die gleichen Worte. – Immer die gleiche Stimmlage. – Und ich ertappe mich dabei, dass ich manchmal schon an den Rückweg denke, obwohl meine Lippen sich noch bewegen.

Auf einer Jungscharfreizeit kam mal die Frage auf, warum alle beim Vaterunser immer so traurig sind. Ein Kind hatte gefragt: „Die gucken immer nach unten. Die reden gelangweilt. Mit ganz tiefer Stimme." Und wir haben uns gefragt, ob das so sein muss. Und dann haben wir es anders gemacht: Wir haben die Augen aufgelassen. Wir haben nach oben gekuckt. Wir haben mit fröhlicher Stimme gesprochen. – Und siehe da: Das geht auch!

Seitdem bete ich das Vaterunser anders. Ich spreche das Gebet so, als wenn ich mit jemandem reden würde. Und manche Passage wird mir dadurch neu bewusst. „Und vergib uns unsere Schuld, wie auch wir vergeben unseren Schuldigern." Ein bisschen komisch, der Satz. Das sind so gar nicht meine Worte. Vielleicht habe ich deshalb so lange nicht auf die Bedeutung geachtet. Aber da ist sie wieder: meine Faszination für das Altbekannte. Und ich schaue mir diesen Satz genauer an:

Was bete ich da eigentlich? Will ich das wirklich? Stelle ich da gerade einen Zusammenhang her zwischen der Vergebung, die Gott mir zuspricht, und meinem Vergeben? „Vergib du mir, so wie ich vergebe." Hängt Gottes Vergebung von meiner ab?

Mein Bauch sagt ganz entschieden „Nein"! Aber das Vaterunser scheint „Ja" zu sagen. Dieser Gedanke ist mir erstmal fremd und unbequem. Wenn das stimmt, wie kann ich das dann beten?

Ich will verstehen, warum ich so beten soll. Zumindest an dieser einen Stelle ist das Vaterunser sperrig. Hängt Gottes Vergebung von meinem Vergeben ab? Kann mir nur vergeben werden, wenn...? Das kann ich nicht glauben. Und dann nehme ich mir das Vaterunser vor. So wie es uns in der ältesten Form überliefert ist. So original wie möglich. (Ich habe das große Glück, dass ich Griechisch studieren musste und dass das Neue Testament als erstes in Griechisch aufgeschrieben wurde. Also schaue ich da nach.) Das kann Jesus doch unmöglich so gesagt haben. Und dann habe ich diesen Vers übersetzt. Und es hat mich aus den Latschen gehauen: Das wird ja immer schlimmer.

Wenn man das genau übersetzt, dann heißt es eigentlich: „Und vergib uns unsere Schuld, vorausgesetzt dass auch wir denen, die an uns schuldig geworden sind, vergeben haben."

Wie kann das sein? Das habe ich in der Kinderstunde anders gelernt. Das habe ich in der Jungschar anders erzählt. Und das finde ich bei Gott eigentlich so faszinierend: Wenn Gott vergibt, dann ist das vergeben und vergessen. Dann ist meine Weste wieder weiß. Er wirft unsere Sünde ins tiefste Meer. Da kommt keiner mehr ran.

Jesus muss doch noch mehr zum Thema Vergebung zu sagen haben als nur diesen einen Satz. Das kann er doch so nicht stehen lassen. – Und in der Tat: **Vergebung ist ein großes Thema in der Bibel. Und auch Jesus redet ständig davon.**

Da gibt es eine Geschichte, die Jesus als Beispielgeschichte erzählt: Das Himmelreich, das müsst ihr euch vorstellen wie einen König. Und dieser König kommt irgendwann auf die Idee, dass er sagt: „Mensch, ich verleihe immer so viel, irgendwann muss ich ja auch mal wieder was zurückbekommen." Und dann ruft er einen seiner Diener und sagt: „Heute ist Zahltag.

Ruf mal alle zusammen, die mir noch Geld schulden. Ich will zurückhaben, was mir zusteht."

Als erstes kommt gleich ein Großschuldner. Der ist im Grunde pleite. 10.000 Zentner Silber hat er sich geborgt. Keine Ahnung, was der damit gemacht hat. Egal: Er hat sie gebraucht. – Er hat sie geliehen. – Jetzt sind sie weg.

10.000 Zentner. – Ich wiege ungefähr zwei Zentner. Und jetzt stellt euch mal vor: 5.000 x ICH und das alles aus Silber. – Und das sind die Schulden eines Mannes. Dieser Typ kann noch so ernstlich beteuern: „Ich zahl dir alles zurück." Einen Scheiß macht der. Jeder weiß, dass das nicht geht. Der Typ ist pleite! Und dessen ist er sich auch selbst bewusst: „Ich hab mich verzockt. Ich spiele nicht in deiner Liga. In deinem Königreich habe ich nichts zu melden. Uns trennen Welten! Wir reden nicht auf Augenhöhe." Und deshalb bleibt er auch nicht auf Augenhöhe. Er fällt vor dem König auf die Knie. **Er tut das einzig Richtige: Er weiß, dass er nichts zu melden hat und er kriecht zu Kreuze.**

Das einzig Richtige! Der König (der ja für das Himmelreich steht – wir erinnern uns) hat Erbarmen. „Du bist zu Kreuze gekrochen. Auf dieses Kreuz habe ich mich festnageln lassen. Dafür ist das Kreuz da!" Und er richtet den Kerl auf und lässt ihn frei. Und die Schuld erlässt er ihm auch. Vollkommener Schuldenschnitt. Eben noch bis über beide Ohren verschuldet. Mit Staatsschulden an der Backe. Und jetzt: ein freier Mann!

Er darf sich frei bewegen. In einer Welt, von der er nie zu träumen gewagt hätte. (Bis auf dieses eine Mal, wo er es versucht hat. Wo er sich 10.000 Zentner Silber geliehen hat und wo er versucht hat, in dieser Welt Fuß zu fassen und wo er mächtig auf die Fresse geflogen ist.) Und jetzt ist er ein freier Mann. Mitten in dieser Welt, die ihm mehr als zwei Nummern zu groß ist. – **Ey, der Typ schwebt nicht nur auf Wolke sieben. – Der Typ ist im Himmel! Und genau das will Jesus ja auch sagen: Mein Kreuz ist deine Möglichkeit, in den Himmel zu kommen!**

Da ist er wieder. Der Gott aus der Kinderstunde. Der Gott, den ich kenne. Und der Gott, von dem ich schwärmen möchte. Der Gott, dem völlig klar ist, dass ich nicht in den Himmel gehöre, und der mich trotzdem einlädt, dabei zu sein. Ich hab's ja gewusst: So ist Vergebung!

Aber die Geschichte geht weiter: Der Mann tanzt aus dem Palast und ist völlig benebelt. Aber die erste Person, die er trifft, holt ihn wieder ins Hier und Jetzt zurück. Und diese Person ist 'ne ganz arme Wurst. Ein richtig armer Schlucker. Auch der ist bis über beide Ohren verschuldet, nur dass seine Ohren viel weiter unten sind. Der steht kurz vor der Privatinsolvenz wegen ein paar läppischer Groschen. 100 Silbergroschen. Die musste er sich leihen. Und von wem? Wer leiht einem 100 Silbergroschen? – Jeder! Jeder leiht einem 100 Silbergroschen. Da kannst du jeden fragen. Das sind selbst Peanuts für jemanden, der Staatsschulden in Höhe von 10.000 Zentnern Silber hat. Und genau den hat er gefragt. 100 Silbergroschen sind Nichts! Aber für diesen armen Schlucker ist es alles.

Aber wenn unser Freund aus der ersten Szene sich an eins erinnert, dann daran, dass heute doch Zahltag ist. Also spricht er seinen Kumpel an: „Du, wie sieht's aus? Wann bekomme ich mein Geld?"

Der aufmerksame Hörer erlebt an dieser Stelle ein **Déjà-vu: Zwei Männer stehen sich gegenüber. Der eine ist im Himmel und mit seiner (zugegeben rechtmäßigen) Forderung macht er dem anderen das Leben zur Hölle.** Und das Déjà-vu ist noch nicht vorbei. Wir erleben alles nochmal in Kleinformat. Der arme Schlucker fällt auf den Boden und winselt. „Ich hab's nicht. Noch nicht, aber ich will dir alles bezahlen. Gib mir noch ein bisschen Zeit."

Bei 100 Silbergroschen hätte ich mir auch vorstellen können, der Typ bleibt auf Augenhöhe stehen, lächelt und sagt: „Das ist jetzt nicht dein Ernst, oder? Wegen so einem bisschen stellst du dich an? Tschuldigung. Hab ich grad nicht. Geb ich dir morgen." – Aber das tut er nicht. Er nimmt das nicht auf die leichte Schulter. Er weiß, dass er nicht im Recht ist und er weiß, dass er das Geld nicht hat und er kriecht zu Kreuze. Déjà-vu.

Aber jetzt wird's kurios. Jetzt stellt sich unser Glückspilz von eben ziemlich kleinlich an. Und da dreht es mir den Magen um. Sowas macht man nicht. Der Typ verklagt die arme Wurst. Der bringt den andern hinter Gittern. Alles in mir schreit: „Junge, du peilst die Lage nicht." Und genauso sehen das alle, die diese Szene erleben und wahrscheinlich geht es euch auch so.

Und was macht man da? Petzen. Ist auch nicht die feine englische Art. Meinen Kindern versuche ich das immer auszureden, aber hier heiligt der Zweck die Mittel. Die Kollegen, die das mit ansehen müssen, die rennen zum König und petzen. Und auch in der Beispielgeschichte von Jesus gibt es Gerechtigkeit: Der König platzt vor Wut. Er ruft den ersten Knecht nochmal zu sich und zeigt ihm, wo der Frosch die Locken hat. Er puzzelt den alten Schuldschein wieder zusammen und besteht auf die Rückzahlung der Staatsschulden.

Das ist das Ende der Geschichte. – Ich finde es durchaus fair. – Mein Bauchgefühl ist hochzufrieden. Aber es stellt mich vor ein Problem: Gottes Vergebung und mein Vergeben gehören wohl doch zusammen. „Und vergib uns unsere Schuld, vorausgesetzt dass auch wir unseren Schuldigern vergeben haben." Jesus wollte wohl wirklich, dass wir so beten.

Ich bekomme langsam Knoten im Kopf und ich fürchte, die werden fester, anstatt dass sie sich lockern. Mir hilft dabei, wenn ich auf die Vorgeschichte gucke. Die Vorgeschichte, die Jesus dazu bringt, von den beiden Schuldnern zu erzählen. Da kommt nämlich Petrus zu Jesus und sagt: „Chef, wie siehts aus: Du bist doch King Dingeling of Vergebung. Ich hab da mal ne Frage: Wie oft vergebe ich denn so? Wie oft muss ich das denn machen? Manche kommen ja immer wieder. Irgendwann muss doch auch mal Schluss sein. Was meinst du dazu? Mich nervt's ja schon beim zweiten Mal. Beim dritten Mal werde ich aggressiv und irgendwann kann ich nicht mehr. Aber wie ich dich kenne, hast du da mehr Erbarmen. Sieben ist doch deine Zahl, oder? Du sagst bestimmt sieben Mal, oder? Ey, Jesus, aber dann muss auch wirklich Schluss sein."

Und Jesus nimmt Petrus bei Seite und sagt: „Nee, nicht sieben Mal. Siebzig mal sieben Mal." Und ich bin mir sicher, dass Jesus weiß, dass Petrus nicht bis 490 rechnen und schon gar nicht so weit zählen kann. Jesus steht da und sagt im Grunde: „Alter, da gefällt mir schon die Frage nicht. ‚Wann ist denn mal gut?' Frage ich jemals: ‚Wann ist denn mal gut?' Nein! Frage ich nicht. Meine Vergebung ist bedingungslos: Wir spielen nicht in einer Liga. Wir sind nicht auf Augenhöhe, das ist uns beiden klar. Aber trotzdem schaue ich dir in die Augen. Immer wieder. Und immer wieder gern. Wie kann es da sein, dass du dich fragst, wie oft man vergeben muss? Wenn du das fragst, dann scheinst du nichts verstanden zu haben. Bist du wirklich noch dabei, widerwillig zu vergeben? Über dir lacht die Sonne, weil dir alles vergeben ist, was uns voneinander trennt. Und das sind Welten, mein Freund! Du müsstest vor Dankbarkeit platzen. **Es müsste dir eine Ehre sein, deinen Mitmenschen zu vergeben, weil dann durch dich ein bisschen Himmel hier auf Erden durchblitzt.** Wenn du vergibst, dann verherrlichst du mich dadurch. Das hast du im Vaterunser schon längst gebetet. Darin steckt der ganze erste Teil des Vaterunsers: Geheiligt werde dein Name, dein Reich komme, dein Wille geschehe. Wie im Himmel so auf Erden. Wenn das dein Wunsch ist und wenn ich den ernst nehmen kann, soll und darf, dann verstehe ich deine Frage nicht: Wie oft muss ich vergeben?“

Wenn du nicht bereit bist zu vergeben, dann hast du ganz offensichtlich nicht verstanden, was Gott uns schenkt, wenn er den Himmel für uns aufmacht. **Hängt Gottes Vergeben von meiner Vergebung ab? – Sicherlich nicht! – Aber Gottes Vergebung hängt mit meiner zusammen!** Denn meine Vergebung ist der natürlichste und selbstverständlichste Ausdruck meiner Dankbarkeit. Gottes Vergebung und mein Vergeben gehören untrennbar zusammen.

Und jetzt bin ich Mensch und ich bin auch Deutscher, ein ziemlich typischer sogar und ich weiß, wie schwer es fällt, auf sein gutes Recht zu verzichten. Und genau deshalb gehört diese Bitte ins Vaterunser. – Weil es, genau wie die anderen Bitten, eine Bitte um Lebensnotwendiges ist.

Genaugenommen sind das zwei Bitten in einer: Es ist eine lebensnotwendige Bitte, dass ich vergeben kann, weil es mich belastet, wenn ich anderen etwas nachtragen muss. Und weil es mir den Blick auf Gott versperrt und auf die Gnade, die Gott mir erwiesen hat. Mir versperrt es den Blick auf Gott. Mich trennt es von Gott, wenn ich nicht vergeben kann. Deshalb ist das eine lebensnotwendige Bitte. Denn je nachdem, worum es sich handelt, kann ich vielleicht nicht vergeben. Weil ich nicht aus meiner Haut kann. Weil alles in mir auf mein Recht pochen will. Und dann muss ich beten. Dann muss ich mit Gott darum ringen, dass ich vergeben kann. Und es ist eine lebensnotwenige Bitte, dass mir immer wieder aufs Neue vergeben wird. – Nicht weil Gott die alten Dinge doch immer wieder hochholt, sondern weil ich immer wieder neu schuldig werde. – Vielleicht besonders, weil ich mich mit der eigenen Vergebung so unendlich schwertue.

Ich liebe das Vater Unser. Und ich lade euch ein, es aus vollem Herzen mitzusprechen. Augen auf – Kopf hoch: Vater unser *im Himmel. Geheiligt werde dein Name. Dein Reich komme. Dein Wille geschehe wie im Himmel so auf Erden. Unser tägliches Brot gib uns heute. Und vergib uns unsere Schuld, wie auch wir vergeben unseren Schuldigern. Und führe uns nicht in Versuchung, sondern erlöse uns von dem Bösen. Denn dein ist das Reich und die Kraft und die Herrlichkeit in Ewigkeit.*

Amen.

Jesu wahre Verwandte – Jesu Umgang mit seiner Familie

Länge:	ca. 12 Minuten
Bibelstellen:	**Markus 3,31–35** | Johannes 19,26+27 | Lukas 19,10 | Josua 24,15
Thema:	Wer gehört zur Familie von Jesus?
Aufbau:	Sicht von Maria: Jesus macht die Familie peinlich. Sicht von Jesus: Wasser ist dicker als Blut. Sicht eines Zuhörers: Wir sind alle Brüder und Schwestern. Zusammenfassung – Jesus distanziert sich nicht von seiner Familie.

Sicht von Maria:

Wie lange soll das noch so weitergehen? Wenn ich es nicht besser wüsste, dann würde ich ins Zweifeln geraten. Ich hatte nichts mit Josef. Ich habe einen Engel gesehen und der hat mir gesagt: Es ist Gottes Sohn, der in dir heranwächst. Jesus ist nicht Josefs Sohn. – Also nicht sein leiblicher. Er ist Gottes Sohn. Wer ist sich da sicherer als ich? Und ich bin mir sicher!

Ich bin auserwählt, Gottes Sohn, den Retter der Welt, großzuziehen. Ich darf auf ihn achten. Ihn ins Leben begleiten. Ihn einweihen, ihm Manieren beibringen. Ich habe das für ein Privileg gehalten. Ich war jung und naiv. Ich habe die Verantwortung nicht gesehen. Habe ich etwas falsch gemacht? Und wenn ja, was? Wann wird dieser Kerl endlich erwachsen? Ich kann doch nicht immer auf ihn aufpassen. Jesus ist jetzt über dreißig Jahre alt. Wann fängt er endlich an, Gottes Sohn zu sein? Er legt sich mit allen an, die Theologie studiert haben. Ist der noch ganz bei Trost?

Danke Jakobus, dass ihr mitgekommen seid. Was würde ich nur ohne euch machen? Ich habe den Jungen nicht mehr im Griff. Aber vielleicht könnt ihr ihn ja zur Vernunft bringen. Auf seine Brüder muss er doch hören. Wie lange müssen wir ihn vor sich selbst schützen? Der ist ja völlig von Sinnen. Das ganze Volk läuft ihm hinterher. Alle betört er mit seinem Gefasel. Aber nichts davon entspricht dem, was wir vom Sohn Gottes erwarten.

Ich glaube, da vorne muss es sein. – Hammer, ist das voll. Wie kommen wir denn da rein? Jakobus, frag doch mal, ob einer Jesus rausholen kann – seine Familie wartet.

(wenige Minuten später) Was heißt, er kommt nicht? Ich bin seine Mutter! Was hat er denn gesagt? Das kann er doch nicht machen. Wir sind doch eine Familie. In einer Familie hilft man sich. Wir gehören zusammen. Man vertraut sich. Die ganzen Leute hier, die kennt Jesus doch gar nicht. Die können ihm doch unmöglich genauso wichtig sein wie wir. Oder sogar wichtiger. Lasst mich sofort durch zu meinem Sohn. Jetzt ist er völlig übergeschnappt…

Sicht von Jesus:

Ach Mama, schade, dass du mich nicht sehen kannst – schade, dass wir nicht allein sind. Ich würde dich gerne in den Arm nehmen und ganz offen mit dir reden. Aber du könntest es wahrscheinlich nicht verstehen.

Wenn du wüsstest… Ich weiß, du hast dir den Sohn Gottes irgendwie anders vorgestellt. Aber genau deshalb bin ich hier. Ihr alle habt euch den Sohn Gottes anders vorgestellt. Aber so ist es nicht. Gottes Rettungsplan für die Menschen sieht ganz anders aus. Ich will, nein ich muss den Menschen zeigen, dass sie da falsche Erwartungen haben.

Mama, wenn du wüsstest... Wenn ich Wunder tue, dann doch nicht, weil Zauberei mein Hobby ist. Mit jedem Wunder will ich den Menschen etwas vom Himmel zeigen. Sie sollen sehen, dass Gott Wunden heilt, auch wenn die Römer weiter das Land regieren. Mein Vater ist größer als dieses kleine „1:1-Denken". Mit jedem Wunder bekommt ihr einen kleinen Einblick in den Himmel, in die Herrlichkeit Gottes. Wer an mich glaubt, der erkennt, dass ein Leben in Gottes Herrlichkeit schon hier beginnt, und zwar unabhängig von materiellem Wohlstand und politischer Durchschlagskraft.

Wer den Willen meines Vaters tut, wer nach dem Willen Gottes lebt, der gehört zu meiner Familie. Das macht Familie doch aus: dass man sich gegenseitig vertraut. Ich weiß, was ich sage, ist neu. Und das ist schwer zu denken und nachzuvollziehen. Mama, ich weiß, dass dich das überfordert. Und von Jakobus weiß ich das auch.

Es ist nicht leicht, der Bruder von Gottes Sohn zu sein. Ich bin doch auch ganz Mensch. Ich bin nicht besonderer als ihr. Und irgendwie bin ich es doch. Mama, ich wünschte, du könntest mich verstehen. Und irgendwann wirst du das auch. Und Jakobus bekommt das auch unter die Füße. Wenn du wüsstest... Auch auf Jakobus könntest du richtig stolz sein. Er wird mal eine ganz wichtige Säule für die Kirche. Er wird mit Anteil haben daran, dass Gottes Reich sich weiter ausbreitet. Aber jetzt versteht er noch nicht. Wie soll er auch. Ich bin sein großer Bruder! Wie soll er in mir den Retter der Welt sehen können. Das braucht Zeit. Und Abstand. Erst wenn ich hier fertig bin und wenn ihr mich nicht mehr hautnah bei euch habt, dann werdet ihr das verstehen. Das braucht Zeit und die sollt und werdet ihr haben.

Aber diese Leute hier neben mir, die sind gekommen, weil sie mir glauben. Ja mehr noch: Sie sind gekommen, weil sie an mich glauben. Sie haben den Himmel gesehen. Sie laufen mir die Bude ein. Ich komme nicht mal zum Essen. Und weißt du was, das macht nichts. Wenn ich ihnen nur den Blick in den Himmel freimachen kann, dann hungere ich gerne. Ich brauche das nicht. Mama, das ist Familie. Diese Menschen vertrauen mir. Und sie haben recht damit. Sie lernen von mir. Mama, hast du schon mal was von mir gelernt? Oder Papa, oder Jakobus? Aber das macht doch auch Familie aus. Ihr wisst, dass ich Gottes Sohn bin. Der Engel hat es dir gesagt.

Und die Art und Weise, wie du mich bekommen hast, wischt jeden Zweifel daran aus. Ich bin Gottes Sohn. Und wenn das keiner weiß, zumindest du und ich, wir wissen das.

„Blut ist dicker als Wasser", sagt man so schön. Aber hier stimmt das nicht. Blutsverwandt mit mir zu sein, das allein nützt euch nichts. Aber wer getauft ist, wer sich zu mir bekennt – und damit auch zu meinem Vater, der ist gerettet. In diesem Falle ist Wasser dicker als Blut. Wer meine Taten sieht und meine Worte hört, der kann nicht anders, als durch mich den Vater zu sehen. Der kann nicht anders, als durch mich an Gott zu glauben und sein Leben ihm zu geben.

Deshalb bin ich Mensch geworden. Deshalb bin ich hier. Die Menschen sollen erkennen, wie viel sie Gott bedeuten. Gott hat alle Menschen lieb. Und er will alle Menschen gewinnen.

Wer ist denn meine Mutter oder mein Bruder oder meine Schwester? Wer gehört denn zur Familie? Wer mich versteht. Wer meine Taten sieht und meine Worte hört! Und wer den Willen Gottes tut, der ist mein Bruder und meine Schwester und meine Mutter. Der gehört zur Familie. Zur göttlichen Familie.

Mama, du bist meine Mutter, ja. Meine leibliche. Aber das interessiert hier gerade nicht. Hier geht es um den Himmel. Deshalb habe ich das gesagt.

Sicht eines Zuhörers:

Was war das denn gerade? Da kommt die Familie von Jesus und ihn interessiert das gar nicht. Der scheint ganz schön sauer auf seine Familie zu sein. „Ich kenne euch nicht mehr." Das ist schwere Kost. Daran hat man lange zu knabbern. Was muss das die Mutter verletzt haben? Da zeigt Jesus auf wildfremde Leute und sagt: Das sind meine Mütter. Das sind meine Geschwister. – In der Haut von seiner Familie will ich nicht stecken. Die hat er zutiefst getroffen. Was haben die ihm denn getan? Oder hat er etwas ganz anderes damit gemeint?

Wir als Geschwister von Jesus... Ich als Bruder von Jesus. – Das muss cool sein. Das habe ich mir immer gewünscht. Einmal zu den anderen zu sagen: „Pass bloß auf! Sonst hol ich meinen großen Bruder." Und wenn das dann auch noch Jesus ist. – Obwohl: Drohen kann ich damit keinem. „Ich hol sonst meinen Bruder, und der…, der…, der kommt dann und der liebt dich auch!" ☺

Dann sind das ja alles meine Brüder und Schwestern. Jeder andere hier. Jeder andere, der auch an Gott glaubt und nach seinem Willen fragt und lebt.

Wahre Verwandtschaft beruht doch auf gemeinsamen Erlebnissen. „Weißt du noch…" Wenn man das sagen kann, dann ist das ein Zeichen dafür, dass man zusammengehört. Dass man was zusammen erlebt hat. Und eins haben wir alle erlebt. Eins haben alle Christen erlebt: Wir alle haben erlebt, dass wir Sünder sind. Dass wir ohne Gott verloren sind, weil wir in Sünde verstrickt sind und weil wir uns auch immer wieder in Sünde verstricken. Wir kommen da nicht raus. Und wir haben alle erlebt, dass Gott uns vergibt und uns trotzdem zu seinen Kindern macht. Dass Gott uns in seine Familie aufnimmt – trotz aller Unzulänglichkeit. Das schweißt zusammen.

Ich bin Jesu Bruder? Krass. Er hat mich angeguckt, er hat auf mich gezeigt und er hat gesagt: „Das ist mein Bruder! Denn, wer Gottes Willen tut, der ist mein Bruder und meine Schwester und meine Mutter." Aber woher weiß er das? Tue ich das überhaupt? Tue ich den Willen Gottes? Ich weiß doch erst so wenig von Jesus und von dem, was er erzählt. Ich bin fasziniert von diesem Kerl. Man hat ständig das Gefühl, dass man direkt in den Himmel gucken kann, wenn man Jesus auf die Finger schaut oder an den Lippen hängt. Aber verstehe ich, was Gottes Wille ist und gelingt es mir, das auch umzusetzen? Ich versuche das. – Klar! Aber reicht das?

Seit ich Jesus kenne, bin ich ein anderer Mensch. Es lebt sich anders, wenn einem Gott so nahekommt. Es lebt sich anders, wenn der Himmel schon auf Erden beginnt. Ich habe einen anderen Blick für die Menschen um mich her bekommen. Irgendwie liebevoller. Ich habe das Gefühl, wenn man Jesus sieht und wenn man ihn hört, dann versteht man immer mehr, wie Gott dieses Leben gewollt hat. Und das fasziniert mich. Ja, ich will den Willen Gottes tun.

Ich muss ja zugeben, das geht runter wie Öl. „Das ist meine Familie", hat er gesagt. Und ich gehöre dazu. Jesus zählt mich zu seinen Verwandten.

Verwandte gehören doch auf ewig zu einem. Die sind einem wichtig. Ich bin Jesus wichtig. Das kann ich kaum glauben. Wir waren doch so viele. Und er hat das zu allen gesagt.

Zusammenfassung:

Drei Geschichten. Aber schnell haben wir gemerkt: Das ist alles eine Geschichte. Nur aus drei Blickwinkeln. Da ist Jesu Familie. Wir wissen fast nichts von Jesu Familie. Aber immer, wenn wir von ihr etwas lesen, dann blitzt durch, dass sie es nicht leicht hatten mit Jesus. Und mit der Rolle, die er einnahm.

Sie kommen und wollen Jesus wegholen. „Der macht die ganze Familie peinlich. Der ist von Sinnen. Der hat sie nicht mehr alle." – So denken sie von ihm.

Und das meinen seine Verwandten nicht böse. Jesus war ganz und gar Gott. Und das ist nicht leicht zu begreifen, wenn man Jesus ganz und gar als Mensch erlebt. Jesus war beides ganz und gar. Aber wenn man leiblicher Bruder von Jesus ist, dann hat man keinen Blick für die Göttlichkeit von ihm.

Das konnten sie erst viel später verstehen, als sie ein bisschen Abstand gewonnen hatten. Da geht ihnen so manches Licht auf.

Was wir in dieser Geschichte lesen, ist keine Distanzierung. **Jesus distanziert sich hier nicht von seiner Mutter oder von seinen Brüdern.** Das wäre ihm wesensfremd. Das kann ich so mit Sicherheit sagen, weil wir ja sehen, wie fürsorglich Jesus weiter zu seiner Familie steht. Später, als Jesus am Kreuz hängt, da befielt er seine Mutter der Fürsorge seiner engsten Vertrauten an. Er bittet seinen Freund Johannes: Kümmere du dich um sie [**vgl. Johannes 19,26+27**].

Jesus distanziert sich hier nicht von seiner Familie, aber er will sagen: Es gibt mehr als Blutsverwandtschaft. Das wichtige ist, dass du mein Bruder oder meine Schwester im Herrn bist. Dass du auch ein Kind Gottes wirst. Denn dazu bin ich gekommen. Jesus ist gekommen, verlorene Menschen (in Gottes Augen verlorene Menschen) zu Gottes Kindern zu machen. Menschen zurück zum Vater zu bringen und die Beziehung zu Gott wieder herzustellen [**vgl. Lukas 19,10**].

Ich lese uns den Predigttext aus Markus 3,31–35 (vorlesen).

Ich aber und meine Familie: Wir wollen dem Herrn dienen [vgl. Josua 24,15]. Ich will den Willen Gottes tun. Ich will Jesu Bruder werden. Ich will Kind Gottes sein. Du auch?

Amen.

Verdorrter Feigenbaum – Wutausbruch

Länge:	ca. 9 Minuten
Bibelstellen:	**Markus 11,12–14+20–24**
Thema:	Mangelnde Impulskontrolle? – Diesen Jesus verstehe ich nicht.
Aufbau:	Darf Jesus eigentlich anders sein? Was regt mich hier eigentlich so auf? Der Feigenbaum ist sinnbildlich für uns. Wir sollen Früchte bringen. Wir werden unserem Auftrag nicht gerecht. Wir sollten dazu da sein, dass mehr Menschen zu Jesus finden und nicht weniger. Dankenswerterweise verflucht Gott einen Baum und nicht mich.

Heute habe ich wieder eine Jesusgeschichte mitgebracht, die Fragen aufwirft. Ich liebe es, mich mit Bauchschmerzgeschichten zu befassen. – Mit Geschichten, die mir auf den ersten Blick Bauchschmerzen machen. Wo sich Widerstand in mir regt, auch wenn ich das noch nicht gleich in Worte fassen kann. Auch der Text heute ist so eine unbequeme Geschichte. Das scheint keine Sternstunde von Jesus zu sein. Wir haben gerade die Rahmengeschichte gehört, die rund um die Tempelreinigung geschieht. Jesus ist auf dem Weg in den Tempel und weil wir schon ein bisschen spoilern können, weil wir schon mal ein paar Zeilen in der Bibel überspringen und nach vorne gucken können, wissen wir jetzt schon: Dort wird ihm endgültig der Kragen platzen.

Heute ist wohl nicht so ganz der Tag von Jesus. Sonst hat er sich doch eigentlich immer ganz gut unter Kontrolle. Nur heute scheint ihm eine Laus über die Leber gelaufen zu sein und jeder, der ihm querkommt, scheint das ausbaden zu müssen.

„Diesen Jesus verstehe ich nicht." – Das ist das Thema von heute. Und ich weiß nicht, wie es euch geht. Manche Geschichten in der Bibel werfen Fragen auf. Diese zum Beispiel: **Gibt es bei Jesus sowas wie mangelnde Impulskontrolle?** Müsste Jesus nicht anders sein? Was hat das mit einem liebenden Gott zu tun? Diesen Jesus kenne ich so nicht. Ich kenne Jesus anders. Dieser Jesus ist mir nicht sympathisch. Wenn ich Jesus wäre, würde ich das anders machen. Kann man an so einen Gott glauben?

Und dann ringt man mit diesen Bibelstellen. Ich hoffe zumindest, dass man dann damit ringt. Ich finde das wichtig, dass man das tut. Totschweigen ist keine Lösung. Drüber hinwegsehen, ist keine Lösung. Sonst holen einen diese Geschichten immer wieder ein und beim nächsten Mal stolpert man drüber und die Anfragen addieren sich.

Aber wie finde ich denn einen Ansatzpunkt, um solche Fragen zu klären? Wo fange ich an? Wie finde ich eine Erklärung für etwas, das mir unerklärlich scheint?

Ich habe mich richtig lange mit dem Bibeltext befasst, habe Kommentare gelesen, Bibelstellen drumherum studiert. Einen Blick in die Geschichte und Umwelt des Neuen Testamentes geworfen. Aber das macht richtig Arbeit. Ich habe da richtig Zeit reininvestiert. Und vielleicht sind die Ergebnisse nicht mal brauchbar für dich. Sogar das kann sein. Nicht alles, was mir hilft, ist auch überzeugend oder nachvollziehbar für dich. Und vielleicht ist auch nicht jeder Zugang für jeden möglich.

Wie kann ich mit solchen Fragen umgehen? Ich will euch ein paar Tipps geben: Meine erste Frage, bevor ich mich so einem Text nähere, ist eine grundsätzliche: **Darf Jesus eigentlich anders sein?** – Das ist eine wichtige Frage. Darf Jesus eigentlich anders sein, als wir erwarten? Wer hat gesagt, wie Gott zu sein hat? Wer entscheidet, was Jesus tun darf und was nicht?

Wenn es einen Gott gibt, dann kann ich mir den ja nicht aussuchen. Wenn Gott der größte Unsympath wäre... dann wäre das unheimlich schlecht für mich und für uns. Aber was könnte man tun? – Nichts. Weil es Gott ist, über den wir reden. Weil er Gott ist – und nicht wir.

Also: Gott hat das Recht, unbequem zu sein. Und nur weil uns das nicht passt, hört er nicht auf zu existieren. Die Rangfolge würde sich dadurch nicht ändern. Er bleibt Gott und ich bleibe Geschöpf.

Ich habe aber eine gute Nachricht für euch. – Das Evangelium – also die gute Nachricht für heute lautet: Gott ist kein Unsympath!!! Glück gehabt. – Könnte man sagen.

Gott ist kein Unsympath. – Wenn er es wäre, wäre er immer noch Gott. Aber er ist es nicht. Alles, was wir über Gott lernen, zeichnet ein anderes Bild. Und so will ich mich auf Spurensuche begeben und will darum ringen, was Jesus mir mit dieser Geschichte sagen will. Denn alles, was ich von Jesus sonst weiß, lässt mich glauben, dass er es gut mit uns Menschen meint. Gott sehnt sich danach, dass unser Leben gelingt. Und deshalb glaube ich fest daran, dass auch diese Geschichte dem Leben dient. Das war meine erste grundlegende Frage, bevor ich mich konkret mit dem Text auseinandersetzen kann.

So, und wie gehe ich jetzt mit meinen Anfragen an einen unbequemen Text um? – Als erstes versuche ich einen Schritt zurückzugehen. Und ich frage mich, was regt mich eigentlich so auf? Ich versuche Worte dafür zu finden, was ich nicht verstehe.

Und hier ist es, dass Jesus einen Baum verflucht, weil er nicht die Früchte trägt, die Jesus sich verspricht. Jesus ist doch ungerecht zu diesem Baum! Mein Bauchgefühl hat Mitleid mit dem Baum. – Aber es ist und bleibt ein Baum. – Gut, wenn ich das schonmal reflektieren kann.

Ich stolpere darüber, dass ich mich mit diesem Baum identifiziere. Hallo, es ist ein Baum.

Bäume gehören zu Gottes guter Schöpfung. Aber zu dem Teil, den Gott in die Hände von uns Menschen gelegt hat, damit wir sie uns nutzbar machen. Wir sollen sie gebrauchen. Und das tun wir: Wir fällen Bäume und bauen Häuser daraus. Dabei hat mir der Baum gar nichts getan. Oder wir machen Schmuck aus Holz oder Zahnstocher. Je nach dem… – Mancher Baum hat auch noch Pech in seinem Verwertungszweck. Will nicht jeder Baum lieber Verlobungsring als Grillkohle werden? Will nicht jeder Baum gerne ein Schiff sein? Ständig in Bewegung bleiben und Abenteuer erleben? Wie unfair, wenn du dann als Wegwerfprodukt, als Zahnstocher oder als Eisstiel endest. Und wir essen die Früchte von Bäumen. Und keiner dieser Bäume hat uns was getan. Aber wir fressen ihre Früchte weg. Einfach nur so. Weil sie gut schmecken.

Ich will mich nicht lustig machen. Aber ein bisschen komisch ist das schon... Oder eben auch nicht... Denn dafür sind Bäume da! Wir sollen, dürfen und werden Bäume gebrauchen. Und Jesus benutzt den Baum, um den Menschen um ihn herum etwas deutlich zu machen. Jesus möchte den Menschen sagen: „Es geht so nicht weiter." Dazu eignet sich der Feigenbaum besonders, weil Feigen und Israel zusammengehören. Feigen sind im Grunde sowas wie die Nationalfrucht Israels. Und genau wie der Feigenbaum Früchte hervorbringt, ist das Volk Israel dafür da, um geistliche Früchte hervorzubringen.

Es ist die Bestimmung des Feigenbaums: Früchte tragen. Und hier geht es um die Bestimmung Israels – um die geistliche Bestimmung. Israel soll Früchte tragen – geistliche Früchte. Israel soll ein Segen sein für alle Völker. Alle Menschen sollen den Weg zu Gott finden, weil sie an Israel sehen können, wie eine gelingende Beziehung zwischen Gott und Mensch aussieht. Fossi Bäumer, Dozent am Marburger Bibelseminar, bezeichnet deshalb das Volk Israel auch als Beispielvolk Gottes.

Aber Israel wird diesem Auftrag nicht gerecht. – Also zumindest das Israel, das Jesus vor Augen hat. Genauso wie dieser Baum mit seinen Blättern große Früchte verspricht, man aber keine an ihm findet, so regt sich Jesus darüber auf, dass Israel sich aufspielt und für die anderen Menschen mehr Fluch als Segen ist.

Es scheint so, als ob Menschen aus aller Welt über Israel und über den Tempel Zugang zu Gott finden könnten. Aber in Wirklichkeit legt man den Menschen Steine in den Weg: Gäste dürfen maximal in den Vorhof des Tempels und da werden sie auch noch abgezockt. Weil sie Tiere zum Opfern von den Israeliten kaufen müssen. Ihre Tiere können gar nicht gut genug sein. Die müssen erst durch den Tempel-TÜV. Sonst gelten die nicht. „Deine Taube hat keine Zulassung." „Aber du hast Glück, ich verkaufe dir eine Turteltaube… Ist nicht ganz billig, aber der Zugang zu Gott sollte dir doch auch was wert sein, oder?" – Wer entscheidet denn darüber, wer zu Gott kommen darf und wer nicht? Und da macht Jesus deutlich, dass das so nicht geht. Und dazu gebraucht er einen Baum. Wo ist eigentlich unser Problem?

Vielleicht sollten wir diese Geschichte hören und uns auch fragen, wo wir Menschen davon abhalten, zu Jesus zu finden, anstatt, dass wir Jesus vorschreiben, wie er sein darf. Wo werden wir unserem Auftrag nicht gerecht? Wo laden wir Menschen nicht in die liebende Gegenwart Gottes ein?

Wo definieren wir Grenzen, anstatt uns auf die Mitte, auf Jesus zu konzentrieren? Vielleicht sollten wir nicht mitleidig auf den Baum gucken, sondern auf Menschen, denen wir den Zugang zu Gott erschweren. Und dann ist es interessant wahrzunehmen, dass das etwas ist, was Jesus aus der Haut fahren lässt. Darüber kann man nicht hinweglächeln. Das ist ein Problem: Wenn es unsere Bestimmung ist, Menschen mitzunehmen in die Gegenwart Gottes, dann läuft etwas grundlegend falsch, wenn wir das nicht tun! – Und ja, das lässt Jesus dann aus der Haut fahren. Da kann er dann richtig emotional werden…

Unsere Aufgabe ist nicht, Zulassungsbeschränkungen aufrechtzuhalten, sondern den Fokus auf die Mitte zu legen: Leuten zu zeigen, wie man sein Leben an Jesus orientiert. Und sie einzuladen, das auch zu tun. Um es nochmal mit Fossi Bäumer zu sagen: Beispielvolk zu sein – darauf kommt es an. Einladendes Beispielvolk. Ich orientiere mich an der Mitte. Damit verlieren Grenzen an Bedeutung.

Auf dem Weg zur Mitte werden Grenzen immer nur in die richtige Richtung überschritten. Völlig selbstverständlich. Das kann gar nicht anders sein.

Also, es geht nicht darum, regelfrei durchs Leben zu kommen. Sondern die Frage ist, wie verbissen müssen Zugangsbeschränkungen sein? Leben wir beispielhaft. Jesus entgegen. Wenn wir selbst beispielhaft leben, dann wird das einladend sein für andere. Das heißt es, Leute mitzunehmen in die Gegenwart Gottes. Und sie so zu einer Entscheidung zu führen, dass sie selbst entscheiden wollen, ob sie da bleiben wollen.

Deshalb räumt Jesus im Tempel auf. Deshalb verflucht Jesus einen Baum. Damit ich mich fragen lasse, ob ich meinem Auftrag gerecht werden und ob ich beispielhaft für andere lebe.

Dankenswerterweise verflucht Jesus dafür einen Baum und nicht mich. Ich merke an dieser Geschichte, wie wichtig das Jesus ist. Weil er sich danach sehnt, dass mehr Menschen Zugang zu ihm bekommen und nicht weniger. Das ist ihm wichtig. Extrem wichtig. So wichtig, dass die Pferde mit ihm durchgehen können, wenn sich da jemand in den Weg stellt. Aber weil seine Liebe zu mir auch grenzenlos ist, deshalb entlädt sich dieser Frust nicht an mir, sondern an einem Baum.

Ich habe verstanden. Wir haben verstanden. Hoffentlich.

Amen.